대한민국 이커머스의 역사

대한민국 이커머스의 역사

since 1996
현직자의 인사이트로 살펴본
IT 플랫폼 26년사

이미준(도그냥) 지음

프롤로그

대한민국 이커머스, 현직자의 인사이트로 이해시켜드립니다

우리는 왜 쿠팡을 비롯하여 대형 이커머스를 운영하는 회사들이 적자를 내는 것에 익숙해졌을까. 그리고 우리는 왜 이커머스에 가격 할인은 물론 모든 면에서 최상의 서비스를 당연하게 요구하는 걸까?

사용자 경험을 다루는 분야에는 '멘탈 모델Mental Model'이라는 단어가 있다. 이제는 굉장히 익숙해진 단어인데, 특정 서비스를 이용할 때 자연스럽게 떠올리는 서비스 흐름이나 틀을 이야기한다. 예를 들면 이제는 누구나 온라인 주문을 하고 난 뒤 현재 배송 상태를 확인하기 위해 '마이페이지의 주문 배송 내역에서 주문을 찾아서 상태를 확인하고 발송됐으면 배송 조회를 누른다'는 것을 알고 있다. 이런 것이 머릿속에 남아 있는 '온라인 주문 배송 조회에 대한 멘탈 모델'이다.

마찬가지로 우리가 이커머스 사업에 대해 가지고 있는 생각, 즉 할인이나 프로모션 또한 하나의 거대한 멘탈 모델이라고 할 수 있다. 우리가 '상식'이라고 생각하는 것은 사실 멘탈 모델이며, 모든 사람의 멘탈 모델이 완전히 일치하지도 않는다.

나는 이커머스 회사에서 서비스 기획 일을 시작할 때부터 항상 이런 점이 궁금했다. 그리고 이커머스 서비스를 만드는 일을 하면서, 더더욱 이커머스 사용자들의 멘탈 모델이 형성된 과정과 그것에 영향을 준 이커머스 업계들의 대응 방식을 알고 싶었다. 해외에서 성공한 서비스가 국내에서는 실패하는 경우도 많아서 무언가 차이가 있을 거라 생각했다. 아마 역사학과 출신인 터라 더더욱 이런 호기심이 생긴 듯하다. 역사학은 각 사건들을 연관지어 생각하는 맥락적인 이해를 통해 대상의 변화와 흐름의 근저에 있는 원인을 생각하게 한다. 인문학인 역사를 공부하는 것은 사회와 인간의 태도를 보는 데 있어 나름의 관점을 갖게 해주는 장점이 있다. 나만의 관점이 생기면 그때부터는 '온고이지신'과 같은 방식으로 앞으로의 방향도 조심스레 예측해볼 수 있다. 그렇게 '우리나라 이커머스의 역사'에 대해 막연히 정리해보고 싶었을 즈음 마침 기회가 찾아왔다.

2016년 초, 이커머스 시장은 모바일 중심으로 완전히 재편되어 급격히 성장하고 있었다. 당시 내가 다니던 그룹사의 이커머스 회사는 PC에서 모바일로 전환되던 시점에 승기를 놓쳐 큰 타격을 입은 상태였고, 재기하기 위한 서비스 전략이 필요했다. 사원 때부터 함께 일해왔던 이종봉 팀장님이 팀 내에 몇몇을 모아놓고 미션을 주었다. 앞으로 우리나라 이커머스가 어떻게 바뀌어나갈지 각자의 방식으로 조사를 해보라는 것이었다. 어떤 팀원은 아마존을 포함한 해외 사례를 조사했고, 어떤 팀원은 경쟁사 전략을 분석했다. 그리고 나는 이 기회를 놓치지 않고 '우리나라 이커머스의 흐름'을 분석하기로 했다. 역사의 흐름에서 무언가 배울 수 있다는 믿음이 있었기에 사뭇 기대도 되었다. 그게 이 책의 시작이다.

처음에는 정리된 자료를 찾으려고 했다. 그런데 놀랍게도 해외 아마존의 역사보다 국내 이커머스에 대한 자료가 더 적었다. 솔직히 참고할 자료가 하나도 없었다. 직접 해야겠다고 마음을 먹고, 나는 역사학과에서 사용하던 방식을 적용하기로 했다. 국내 서비스의 역사를 대변하는 키워드별로 뉴스 기사를 모은 다음 연표로 정리하고 시대순으로 연결고리를 잡아 스토리를 엮은 것이다.

내가 이커머스 일을 시작한 2011년을 기준으로 역사는 대략 반으로 나뉘었다. 입사 전의 모습들은 기사를 봐도 이해되지 않는 부분이 많았다. 다행히 내가 다니던 '롯데닷컴'이 국내 이커머스에서 가장 오래된 회사(인터파크와 같은 날 오픈)였기에 회사에 남은 선배들을 찾아다니며 당시의 상황이나 흐름에 대해 물었고, 그 시절 사용자로서의 나의 기억도 떠올려보았다. 2011년 이후의 역사는 직접 현장에서 일한 나의 생생한 시점을 담을 수 있었다. PC 시절에 해당하는 부분은 연도별로 딱 무자르듯 변화하기보다는 연결되듯이 흘러갔으나, 모바일이 등장한 이후에는 매년 급격한 변화가 나타났다(이 책의 목차에서도 PC 시절까지는 겹치는 부분이 있으나, 모바일부터는 1년 단위로 기록된 것을 볼 수 있다). 어느 정도 연표와 목차가 정리되자 이커머스 서비스에 대해 뭔가 보이기 시작했다.

"아, 이때 이런 서비스가 나왔고, 고객들이 이렇게 변화해왔구나."
"아, 우리가 하는 일이 이래서 생겨났구나."

이게 바로 말로만 듣던 인사이트인가 싶었다. 미션은 끝났지만 나는 이 자료가 다른 사람에게도 도움이 될 거라고 생각했다. 그래서 조사한 내용을 바탕으로 글을 쓰고 '브런치(http://brunch.co.kr/@windydog)'에 올리기 시작했다. 브런치 구독자가 늘어가면서, 나는 내가 깨달은 내용을 더 적극적으로 필요한 사람에게 나눠주고 싶었다. 브런치 구독자를 대상으로 4시간짜리 소규모 워크숍을 진행했다. 반응은 기대 이상이었다. 참가자 모두가 내가 공유한 이커머스의 흐름과 맥락에 공감하고 기분 좋은 후기도 남겨주었다. 짜릿했다. 워크숍을 듣지 못한 한 대학생의 요청으로 포스터와 상세 페이지까지 만들면서 재 오픈을 하기도 했고, 점차 주기적으로 열게 되면서 나 또한 6개월 단위로 이커머스의 흐름을 정리하고 현재 시장 상황을 파악하는 루틴을 갖게 되었다. 사내에서도 이를 나누고 싶은 욕심에 반년마다 입사하는 신입사원 직무 교육 때 이커머스의 역사를 강의했다.

이커머스 역사에 대한 강의를 하면서, 역시나 가장 성장한 사람은 나였다. 2017년부터 시작된 강의는 사내외를 돌며 30회 이상 진행되었고, 점점 내용이 탄탄하게 보강되었다. 2020년 10월에는 그로스쿨와 손을 잡고 기존 4시간 분량에 더 많은 사례와 설명을 담아 '이커머스의 역사 : 매운맛'이라는 9시간짜리 강의를 만들었다. 이 강의는 오디오북 플랫폼 '윌라'에도 올라 벌써 1만 명 이상의 사람들이 청취했다.

"신기술이 넘쳐나는 시기에 왜 지난 역사부터 살펴봐야 할까요?"

강의를 시작할 때 내가 가장 먼저 던지는 질문이다. 역사 강의이긴 하지만, 사실 사람들의 마음속에 있는 가장 큰 의문일 거라 생각했기 때문이다. 4차 산업혁명이 등장하면서 우리는 셀 수 없이 많은 신기술 정보에 압도되어 살아가고 있다. 딥러닝이나 블록체인, AR/VR, NFT 등 이해하지 못하면 세상에 뒤처지는 것처럼 느껴진다. 사실 맞는 말이다. 그런데 현장에서는 신기술만 중요한 것이 아니다.

현재 IT 업계에서 가장 중요한 기술은 단연 AI다. 그런데 AI를 배운다고 해서 모두가 비즈니스에 잘 써먹지는 못한다. SK그룹에서 AI 전략을 이끌었던 정도희 님은《인공지능 시대의 비즈니스 전략》이란 책에서 일관되게 강조했다. AI를 현업에 적용하려면 '기존 비즈니스 실무를 파악하는 것'이 더 중요하다고. 외부에서 AI를 오랜 기간 연구한 인재를 영입한다고 해도 비즈니스에 대한 이해가 부족하면 기업의 주력 사업이 되는 기능을 만들어낼 수 없다고 말이다.

내가 경험한 이커머스에서도 그랬다. 나는 현장에서 무수히 많은 신기술이 검토되고 또 적용되지 못해 바스러지는 것을 보았다. 이커머스 현장에 적용시키겠다며 멋진 솔루션을 제시한 스타트업들이 실무 적용에 실패해 결국 용두사미로 끝나는 것도 많이 보았다. 이유는 같았다. 이커머스를 이해하지 못하고 기술만 구현하려 했기 때문이다. 지금 주목받는 NFT나 블록체인도 기술만 이해하는 것이 아닌 쓸모를 드러낸 비즈니스 용처를 찾아야 한다.

나는 대한민국 이커머스의 역사를 이해하는 것이 우리가 현재 이 시장에서 하고 있는 일을 명확하게 알려준다고 생각한다. 이런 맥락적 이해가 있으면 신기술을 사용하기 위한 부분도 더 또렷하게 판단할 수 있다. 실제로 강의를 들은 수강생 중 한 명이 그간 흩어져 있던 이해와 지식의 빈틈이 메워져 '뿌리'가 만들어졌다며, 꼭 책으로 내주었으면 좋겠다고 했다. 아직 누구도 이야기하지 않은 주제를 책으로 쓰는 도전을 하게 된 이유다. 나 역시 더 많은 사람이 우리나라 이커머스 역사를 통해 우리가 발붙이고 있는 이 시장을 더 잘 바라보고 성장시켜 갔으면 좋겠다.

단, 해석에 대해서는 상처받지 않길.

유명한 역사학자 카E.H.Carr의 "역사란 현재와 과거의 부단한 대화"라는 말이 있다. 포스트모더니즘 사학에서는 역사가의 사관과 해석이 역사를 바라보는 중요한 관점임을 강조한다. 이 책은 역사서일 수 있으나 이커머스 26년사의 흐름 중 반은 사용자로, 반은 이커머스를 만드는 기획자로 현장에 있던 사람의 시각으로 해석되었다. 어떤 면에서는 나라는 인간이 이커머스에서 일해온 기록이자 회고일 수 있다. 자신의 경험과 상황을 분석하여 쓴 역사서를 '사찬 사서'라고 한다. 원래 현대사에 대한 해석은 논쟁이 많은 법이다. 더군다나 동시대를 살아가고 있기에 동의하지 않는 부분도 있고, 입장에 따라서는 왜곡되었다고 느낄 수도 있다. 원래 역사서를 읽을 때는 무조건 받아들이기보다 팩트를 기반으로 각자의 해석과 관점을 만들어낼 재료를 얻는다고 생각해야 한다. 그래서 역사학과는 모든 역사기록을 '사료(역사의 재료)'라고 부른다.

부디, 한 개인이 사용자에서 현직 메이커로 이커머스를 넘어 온라인 플랫폼 시대로 넘어가는 26년을 어떻게 관통해왔는지, 그 변화를 즐겁게 여행하듯 읽어주면 좋겠다. 그러다가 대한민국 이커머스를 혁신시킬 만한 포인트를 찾아낸다면 이 책의 더할 나위 없는 영광이 될 것이다.

- 이커머스 서비스 기획자, 이미준

♡ 대한민국 이커머스 연표

범례: 이커머스에 직접적인 사건 / 이커머스에 참고해야 하는 사건 / 사회·경제적 위기

○ 해외	연도	○ 국내
아마존 책 온라인 판매 이베이 경매 사이트 오픈	1994	
	1995	배송가능한 소규모 전자제품 또는 백화점 제품 TV 홈쇼핑 개국(LG홈쇼핑, CJ39)
	1996	롯데인터넷백화점, 인터파크 오픈
가격 비교 사이트 등장(NETBOT 등)	1997	IMF 외환위기 한메일넷 오픈 야후 코리아 검색 사이트 오픈
페이팔 서비스 오픈 야휴 스토어 쇼핑몰 호스팅 런칭	1998	옥션(경매, 공동 구매) 오픈 IMF 외환위기 이후 최저가의 집착!
Zappos(최초의 온라인 only 샵) (중국) 알리바바 닷컴 런칭(B2B)	1999	G마켓(오픈마켓) 인터파크 자회사로 오픈 다음 카페 서비스 런칭 네이버 검색 포털 오픈
	닷컴 버블	
Mercata, 최초의 공동 구매 사이트 등장	2000	커뮤니티에 기반한 공동 구매의 발생 아이러브스쿨, 다모임 등 커뮤니티 활성화
아마존 모바일 서비스 시작 (중국) 바이두 검색 포털 서비스 시작 911 테러	2001	옥션 이베이 인수(오픈마켓으로 전환) 공동 구매 서비스 등장 : 라이코스, 공구 가이드 등 우리홈쇼핑, 농수산홈쇼핑 개국
아마존 모바일 서비스 시작	2002	온라인 상품군 확대 전자 제품 → 의류, 도서 등 확대 개인/소호 쇼핑몰 확대 : Cafe24(2002), 메이크샵(2000), 고도몰(2002) → 국내 인터넷쇼핑몰 수 2,334개로 증가 Yes24 등 전문 쇼핑몰 대거 등장 사이버 머니에 의한 온라인 콘텐츠 소비 강화 한일 공동 월드컵 개최 네이버 지식in 서비스 런칭
애플, 아이튠즈 스토어 런칭(음악/컨텐츠 판매용) (중국) 타오바오 오픈/알리페이 간편결제 런칭 Google Adwords 광고 서비스 런칭	2003	프리챌 유료화와 싸이월드 미니홈피의 인기 상승 → 도토리 등 사이버 포인트샵 대두 PC 메신저 서비스 3강 체제 (MSN 메신저, 네이트온, 버디버디)

2004

Woot.com, 최초의 Deal-a-Day 사이트 오픈
페이스북 서비스 본격 런칭

멜론, 음악 스트리밍 서비스 오픈과 소리바다 폐지 논쟁
네이버 블로그, 카페 서비스 인기

2005

소셜 커머스 등장 (SNS 공유로 가격 다운)
아마존 프라임 요금제 런칭(연간 회원 2-day 쇼핑)
SNS(FB, TW)에 상품 공유 트렌드 발생
Cyber Monday 세일이 처음 시작됨
유튜브 오픈

네이트온, 통신사와 연계한 친구추천 서비스로 1인 강자

2006

구글 체크아웃 런칭(오픈 ID 결제 대행)

트레져 헌터 문화 확산
가격 비교 사이트 매출 급상승(에누리닷컴/다나와)
네이버, 다음 등 포털 가격 비교 서비스 런칭
디시인사이드(1999), Slr클럽, 뽐뿌(2005) 쇼핑 정보 커뮤니티 활발
아프리카TV 개인방송 서비스 오픈

모바일 혁명

2007

애플, 아이폰 출시
구글, 안드로이드 무료 공개

구매 시 파워블로거 등 임플루언서 집단 의존
카페, 블로그 등 온라인 모임에서 공동 구매 현상 증가

2008

Groupon 오픈(지역 기반 Deal-of-The Day)
Magneto, 개인 쇼핑몰 플랫폼 서비스 런칭
아마존 FBA(물류창고) 소호 서비스 런칭
에어비앤비 오픈(공유 경제 모델)

온라인 판매 사기 피해에 대한 보상 정책으로 인기
11번가 오픈

2009

세계 경제 위기(모기지 사태)

G마켓 미국 이베이에 인수
네이버 체크아웃 서비스 런칭(오픈 ID 결제 대행 서비스)
모바일의 등장과 모바일에서 적합한 소셜 커머스 등장
아이폰 국내 도입
멜론 스마트폰 스트리밍 서비스 런칭

2010

모바일 활용 카드간편결제 서비스 태동기
→ 예) 스마트폰 카드 리더
우버 오픈(공유 경제 모델)
인스타그램, 핀터레스트 사이트 오픈
에릭슈미트 '모바일 퍼스트' 연설

쿠팡/위메프/티몬 오픈
배달의민족 오픈(배달 정보 앱 형태)
가벼운 e-쿠폰 선물 트렌드화
카카오톡 출시(3월)
카카오톡 선물하기 서비스 오픈(12월)
오픈마켓 셀러 출신 소호 자사몰 확대

2011

옥션과 G마켓 합병 후 이베이코리아 출범
쿠팡 자체 물류센터 운영 위한 RFP 발주
롯데닷컴, 스마트픽 서비스 런칭(매장 픽업 주문 서비스)

이커머스 관련 각종 규제 증가

개인정보보호법 강화 시행 : ISMS 인증
카드사별 초기 간편결제 서비스 런칭
→ 카드사별 앱카드 서비스 오픈
삼성 갤럭시s2 출시 : 안드로이드 보급 강화

2012

웨어러블 디바이스 개발&출시
→ 손목밴드/반지/시계/안경

쇼핑몰 개별 모바일 페이지 및 APP 개발 가속화
옥션 이어서 G마켓에 백화점 상품 연동 판매 확대
공정위, 전자상거래 상품정보제공고시 시행
이커머스, 도로명 주소 전면 실시 전 선행 지원 대상
카카오톡 게임 출시(7월) : 애니팡 전국적인 열풍
야후 코리아 철수

2013

아마존 프라임 에어(드론 배송) 런칭
아마존 프레시 서비스 런칭
블랙프라이데이 2년 연속 흥행 : 국내 사용자 증가
구글 글라스 출시
ios7 플랫 디자인 강화
페이스북 기업 페이지 출시

장애인 차별 금지 및 권리구제 등에 관한 법률 적용
쿠팡, 물류센터 운영 통한 재고관리 : 누적 거래액 1조 원 돌파
→ 재고관리로 품질보상제, 배송지연보상제 실시
'홈쇼핑 모아', '쿠차' 등 모바일 중심 가격 비교 앱 출시
여러 종합몰에서 역직구몰 형태로 해외 진출 시도
카드뉴스 형식의 '피키캐스트', 웹툰 '레진코믹스' 인기

모바일 쇼핑으로 트렌드 완전 이동
'적시성'과 '편리함'이 키워드로 대두

2014

핀테크 서비스 강화
→ 애플페이/삼성페이 : 미국
알리페이/유니온페이 : 중국
샤오미, 저가 보조 배터리 출시(IoT 디바이스 출시 시작)
인스타그램, 핀터레스트 사용자가 페이스북 추월
에릭슈미트 '모바일 온리' 연설
아마존, 스마트 스피커 아마존에코 출시

쿠팡, '로켓배송'으로 당일배송 네이밍 변경후 익일배송 시행
쿠팡, 감성배송 서비스의 쿠팡맨 인기
신세계, SSG닷컴 오픈
핀테크 서비스 대거 출시
→ 카카오페이, 삼성페이, 스마일페이 : 간편결제 서비스
TOSS, 뱅크월렛카카오 : 간편계좌이체 서비스
다음 카카오 출범
다음 카카오 카카오택시 서비스 런칭(공유 경제)

모바일 딜 중심 UI 평준화(웹→앱),
간편결제 활성화로 스타트업 활성, 학습이 불필요한 채팅 서비스 확대

2015

옴니쇼핑 트렌드 확산(쇼루밍, 역쇼루밍)
모바일 MCN 서비스 확산
→ 유튜브 방송국,
페이스북 라이브 방송

쇼핑업계, Deal-of-the-Day 서비스 강화
네이버 스토어팜 등 쇼핑서비스 강화
쿠팡맨 서비스에 대한 물류법 위반 고소
네이버 톡톡 채팅 상담 서비스 런칭
간편결제 기반한 정기 배송, 구독서비스 기반 확대
홈쇼핑계 쇼핑몰 모바일 전력 투구(feat.가짜 백수오 파동)
O2O 서비스 배달의 민족 수수료 무료화 : 바로결제 확대
마켓컬리, 프리미엄 식품 새벽 배송으로 등장

2016

페이스북 메신저, 상업용 채팅봇 허용
중국 왕홍, 아마존 8TV 등 라이브 쇼핑에 관심
포켓몬고 게임 출시(증강현실 게임)
알리바바 광군제 20조 + AR 마케팅 대 히트
무인매장 '아마존 GO' 오픈
알리바바, '허마셴셩' 인수 및 '신유통' 전파

SSG '쓱'으로 TV광고 시작 + 이마트 기저귀 가격 전쟁
네이버 예약 서비스 런칭(O2O)
백화점계 쇼핑몰의 해외 역직구몰 투자 확대 : 중국, 동남아 중심

소셜 삼형제의 1차 비용 위기 본격적 오픈마켓 전환 계기

쿠팡 '로켓배송' 기준금액 증액, 딜상품 철수
쿠팡 네이버 가격 비교 철수
위메프, 티몬 B2B 사업 진출
넥스트 디바이스 꿈꾸는 스마트 스피커 대거 출시

플랫폼의 시대

2017

한국-중국 사드 문제로 위기
아마존 국내지사 설립 : 국내 상품 소싱
알리바바-카카오 페이 투자 및 제휴 강화
아마존, 오프라인 식료품점 '홀푸드' 인수

티몬, '슈퍼마트', '티몬투어', '티몬금융몰' 시작
11번가 매각 협상 결렬 : 분사
네이버, '스토어팜'과 '네이버페이' 급성장
11번가 헬로네이처 인수
보스턴컨설팅그룹, 이커머스3.0 주역으로 네이버 거론
→ 쿠팡, 네이버 양강구도에 대한 암시
카카오뱅크 출시 : UX과 캐릭터로 높은 인기

네이버·쿠팡 양강 구도 강화, 식품 및 배달 서비스 중심 성장,
버티컬 커머스 성장

2018

중국, 소셜 기반 쇼핑몰 '핀둬둬' 성장
알리바바 계열 '허마셴셩', '쾨이마러스' 인기

신세계, 온라인사업 강화 1조 원 투자 유치 : 배송 물류창고
롯데, 계열사 통합쇼핑몰 프로젝트 및 온라인 투자 선언
네이버, 네이버10.0으로 개편 : N페이,이커머스 중심
쿠팡, 소프트뱅크 추가 투자 유치
→ 네이버 가격 비교 상품DB 연동 재개
지그재그, 무신사, 스타일쉐어 등 버티컬 커머스 성장

국내의 이커머스 경쟁이 더 치열해지면서
해외 서비스 영향도나 관심 축소

2019

알리바바 마윈, CEO 은퇴

카카오 커머스, '톡딜' 오픈 - 중국 '핀둬둬' 벤치마킹
마켓컬리, '샛별배송' 중심 급성장
→ 온라인 새벽배송의 기준점으로 작용
배달의민족, 퀵 커머스 'B마트' 런칭
→ 이륜차 배송, 마이크로 풀필먼트센터,
다크스토어 관심 증가
쿠팡, 멤버십 구독서비스 출시(feat. 아마존 프라임)
쿠팡, 로켓배송 내 외부 택배사 및 쿠팡플렉스 도입
배달의민족, 딜리버리히어로에 인수합병

2019

쿠팡, 쿠팡이츠 출시

지그재그 제트결제 도입으로 이커머스로 전환

쿠팡, 멤버십 구독서비스 출시(feat. 아마존 프라임)

쿠팡, 로켓배송 내 외부택배사 및 쿠팡플렉스 도입

배달의민족, 딜리버리히어로에 인수합병

쿠팡, 쿠팡이츠 출시

금융, 이커머스 등 경계가 흐려지는 빅블러 현상의 강화
: 목표는 '플랫폼기업'

지그재그 제트결제 도입으로 이커머스로 전환

마이데이터 관련 데이터 3법 시행

네이버 파이낸셜 분사

SCF등 대출 활용 소상공인 지원 서비스 확대

토스 : 인터넷 전문은행 재추진, PG인수

타다 금지법의 통과

영세소상공인 PG 수수료 감면 정책 시행

코로나19 팬데믹

해외 IT기업 주가의 상승 : 테슬라, 아마존

2020

롯데, 계열사 통합 이커머스+오픈마켓 '롯데ON' 런칭

코로나 특수로 인한 온라인 서비스의 급격한 성장
→ IPO의 성공 등으로 시장 출렁

네이버 : 스마트스토어 기반 성장

- 네이버 멤버십 출시, 라이브커머스 플랫폼 출시
- 대한통운, 브랜디 등 제휴 형태의 풀필먼트 투자 시작
- cafe24와 신상마켓 지분 투자, SSG와 지분 거래
- 블로그마켓 강화, 리셀 플랫폼 '크림'이 '나이키매니아' 인수

쿠팡 : 자체 물류와 PB 상품

- PB 상품 개발 집중 : 수익 극대화
- 브랜드관 만들어 상품 확대
- 제휴형 로켓배송 제트배송 확장
- 쿠팡이츠, 쿠팡플레이 등 포트폴리오 확대

패션 버티컬 서비스 간 경쟁 심화 :
무신사, 지그재그, 에이블리, 브랜디,

'오늘의집' 등 인테리어 관련 버티컬 커머스 급성장

명품 서비스 '발란', '트렌비', '머스트잇' 성장

4050패션커머스 '퀸잇' 성장

코로나 특수로 배달의민족,쿠팡이츠 및 장보기 배달업계 호황

다양한 IPO와 유동 자금이 많아 주가 상승의 상승의 시기
: 카카오 시가 총액 1위

2020

당근마켓, 국내에서 가장 체류시간 높은 앱으로 성장

항공사, 여행, 영화관 등 각종 업계 위기

이커머스 내 개인 판매자 급격히 증가,
양강 구도 외 유동 자금 기반 이합 집산 → 스타트업 투자 과열 양상

BTS 빌보드 차트 1위 달성 후, 한류 플랫폼 및 엔터업계 강화

2021

장기화된 코로나로 인해 노동 인구 감소

→ 영국, 미국 등 유통인력 부족으로 내수,수출 모두 문제

2020년 늘어난 수요로 반도체 공급 부족 현상

쿠팡 : 미국 나스닥 상장

무신사 : 29CM, 스타일쉐어 인수

지그재그 : 카카오 계열사로 편입

이베이코리아, 신세계에 매각

11번가 아마존 글로벌 스토어 오픈 + SKT T우주 멤버십

인터파크, 야놀자에 피인수

카카오 커머스 CIC로 카카오 본사로 병합

배달의민족 기술컨퍼런스에서 '이커머스 플랫폼' 진화 선언

마켓컬리, PG사 인수 : 중개거래 확대 및 IPO 준비

금소법 개정 : 핀테크보험광고 직격탄

→ 카카오, 네이버의 주가 하락의 시작

토스 : 증권 서비스 오픈

새싹마켓용 링크페이 서비스 시작

넷플릭스 〈오징어 게임〉으로 글로벌 K-콘텐츠 시장 시작

국제 정세의 문제와 원자재 공급망 불안 유동 자금의 축소 등
여러 악재 겹치며 플랫폼 업계의 생존게임 시작

2022

코로나19 엔데믹 선언

러시아-우크라이나 침공

→ 세계적인 공급망 위기

국제 유가 상승

중국, 제로 코로나 정책으로 상하이, 베이징 봉쇄

당근마켓, 당근페이 출시 및 지역 소상
공인 판매 지원하며 이커머스 전환 시작

엔데믹 선언과 유가 상승으로 음식 배달 서비스 트래픽 감소

→ 엔데믹 선언과 유가상승으로
음식 배달 서비스 트래픽 감소

코스닥, 코인 폭락

→ 유동 자금 이탈로 인해서 급격한 투자 침체가속화
테라 기반 루나 가치 하락으로 인한 코인시장 침체

헬로네이처 서비스 중단

'오늘 회' 서비스 중단

투자금 회수 및 유동 자금 압박으로
스타트업 기업 가치 하락하거나 인원 감축 등

2부 모바일 혁명의 시대

3부 모바일을 넘어 플랫폼의 시대로

4부 이커머스를 보는 현직자의 인사이트

1부

이커머스1.0 시대의 온라인 비즈니스

오리엔테이션

온라인 갈라파고스, 대한민국 이커머스

전 세계 어디에도 없는 네이버를 쓰고, 전 세계 어디에서도 안 쓰는 카카오톡으로 소통하며, 전 세계 어디에도 없는 쿠팡으로 쇼핑하는 이곳은 '대한민국'이다. 더 정확히 말하면 '대한민국의 온라인 세상'이다. 구글이 있어도 여전히 네이버를 쓰고, 아마존이 1위를 차지하지 못하고 Yes24에서 책을 사는 나라. "마! 이게 대한민국이다!"라고 어깨에 뽕을 잔뜩 얹다가도, 당장 온라인 사업을 하려고 하면 레퍼런스가 없다! 해외의 자료를 들여다봐도 이게 맞는 건가 종종 의심스럽다. 어디선가 접했던 '온라인 갈라파고스'라는 단어가 이다지도 적절할 수가 없다.

강의를 시작할 때 다음의 사진을 보여준다. 갈라파고스 섬에서만 산다는 '푸른발부비새' 사진이다. 걸음걸이가 서툴러 뒤뚱거리는 모습을

갈라파고스 섬에서만 서식한다는 푸른발부비새

보고 'bubi'라는 이름이 붙었고 이것이 직역되었다고 한다. 우리나라에서는 '푸른발얼가니새'라고도 부르는데 나는 이 새를 우리나라 이커머스 시장 사용자들의 표상으로 보여준다.

무슨 말이냐고 의아해하겠지만, 이 책을 읽다 보면 공감이 갈 것이다. 특히 내가 이렇게 생각한 이유는 갈라파고스에서만 산다는 점과 '못된 눈빛' 때문이다. 조금도 손해 보지 않으려는 우리나라 사용자들을 나타내기에 갈라파고스에서만 사는 이 새의 이미지는 아주 직관적으로 매치된다. 물론 오랜 기간 고객에게 혼쭐이 난 개인적인 감정이 담긴 것이기도 하다.

국내 온라인 사용자들은 예민하고 약삭빠르다. 혜택도 잘 찾아내고, 이용 방법에도 빠삭하며, 그들 간의 끈끈한 정보 공유도 잘 이루어진다. 쉽게 의도대로 움직주지 않고, 서비스를 바라보는 기준도 얄미울 정도로 높다. 그런데 그렇게 예민하게 굴다가도 유행과 대세가 되기만 하면 그게 어떤 서비스라도 사용에 주저하지 않으며 빠르게 적응한다.

국내 이커머스 사용자들을 비난하려는 것이 아니다. 이렇게 말하는 나도이커머스 고객이 되면 똑같이 행동한다. 독한 눈으로 10원도 손해 보지 않겠다며 비교하다가도 뭔가 마음에 들면 이것저것 재지 않고 낚여서 손해를 보면서도 계속 이용한다.

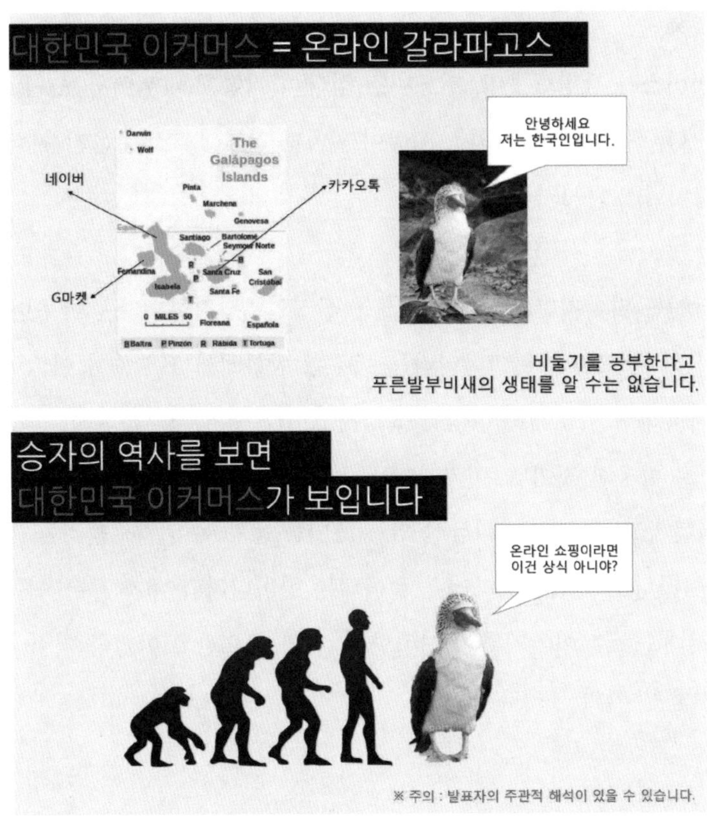

2017년 첫 강의 때부터 쭉 사용 중인 PPT

지금부터 시작할 대한민국 이커머스 여행은 이 새의 이미지를 떠오르게 할 것이다. 그리고 그 과정에서 두 가지에 주목하게 될 것이다.

첫째, 그들이 어쩌다가 독한 눈을 하게 되었는지에 대한 과정. 그들도 순한 비둘기와 같은 시절이 있었고, 그럴 만한 이유가 있어서 지금의 모습으로 성장했다.

둘째, 그 과정에서 이커머스 플레이어들은 어떻게 행동했고, 어떤 서비스가 등장했으며, 비즈니스 상황이 어떻게 바뀌어왔는가를 살핀다. 우리나라 이커머스 시장이 얼마나 갈라파고스 같은지, 해외와 얼마나 다른지가 쟁점이다.

당연한 말이지만 푸른발부비새는 상징일 뿐, 진화론과는 아무런 연관이 없다. 그저 대한민국이라는 특수한 상황에서 고객들이 이커머스를 사용하며 학습해온 양상을 설명하고 쉽게 몰입시키기 위한 상징적 도구로 사용한 것이다. 여기까지 듣고 나면 수강생들은 진지한 각오를 집어던지고 '디즈니 만화동산'의 시그널을 듣듯 이야기에 빠져들기 시작한다. 나도 이야기보따리를 풀어내는 할머니처럼 내가 모은 이야기를 시대순으로 이야기하기 시작한다. 진짜 중요한 이야기를 찾아내는 것은 듣는 이의 몫이다.

이커머스가 뭐라고 생각하세요?

본격적인 온라인 갈라파고스의 역사 이야기를 시작하기 전에, 이 책에서 다룰 '이커머스'에 대해 정의하고 넘어가는 것이 좋을 것 같다. 한국 경제용어사전에서는 "이커머스e-Commerce란 전자상거래와 동의어로 인터넷 등 전자매체를 이용해 상품을 거래하는 모든 행위"라고 정의되어있다.[1] 넓게 보면 경제활동 주체들이 전자 매체를 이용하여 통신망으로 제품이나 서비스를 사고파는 행위까지 말하기도 한다. 여기서 상품은 꼭 물리적인 것만을 이야기하지 않는다. 청소 서비스나 음원 스트리밍도 대상이 될 수 있으므로 생각보다 광범위하다. 쉽게 말해 '쿠팡'만 이커머스가 아니고 음식과 배달 서비스를 하는 '배달의민족', 전자책을 파는 '리디북스'도 이커머스라는 말이다.

하지만 콘텐츠 거래 서비스나 광고, 커뮤니티까지 포함한다면 '온라인 비즈니스의 역사'로 확대될 수 있기 때문에, 이 책에서 이커머스는 '현물'과 '서비스'에 대한 거래를 제공하되, 직접 제조하기보다는 '유통'하는 B2C 서비스를 중점으로 다루기로 한다. 단, 유통 서비스나 상황적 환경에 영향을 주는 온라인 비즈니스라면 간단히 살펴보기는 할 것이다. 그래서 이 책에 '배달의민족'은 있지만 '리디북스'는 중요하게 다루지 않는다.

범주에 포함된다고 해도 그 시기에 존재한 모든 이커머스 플레이어를 다루지는 않는다. 사용자들의 이용 패턴이 주된 관점이므로 그 시대에 의미 있던 서비스였다 해도 다루지 않을 수 있다. 예를 들어 삼성닷컴이나 KT몰의 경우, 당시에는 대기업 이커머스로서 의미가 있었지만 일찍 사라졌기에 다루지 않았다. 다음Daum에서 운영했던 D&Shop도 수많은 이커머스 기획자를 양성했고 거기에서 뻗어나간 많은 이가 카카오 쇼핑, GS샵, 추후 29cm까지 영향을 주었지만 특별히 거론하지 않았다. 대세를 설명하는 데 지장이 없기 때문이다.

자, 이제 본격적으로 시간 여행을 떠날 차례다. K-이커머스 유니버스가 탄생한 1996년으로 돌아가보자.

1기

온라인 쇼핑의 출현 (1996~1999)

아마존을 모델로 한 종합몰 : 인터파크와 롯데인터넷백화점

진부한 표현이지만 1994년은 이커머스라는 우주가 탄생한 해였다. 진정한 온라인 빅뱅이라고 해도 되겠다. 제프 베조스는 좋은 회사를 때려치우고 세상의 모든 물건을 팔겠다는 큰 포부로 아마존Amazon이라는 사이트를 만들어 도서 온라인 판매를 시작했고, 개인 간 온라인 경매 사이트인 이베이eBay도 같은 해 문을 열었다. 그리고 이 빅뱅의 조각들은 저 멀리 한국에까지 넘어왔다.

하이텔, 나우누리와 같은 PC통신이 주류인 시절이라 웹World Wide Web은 아직 낯설었지만, 국내에서도 이를 주의 깊게 본 선각자들이 있었다. 그들은 얼른 이커머스 만들기에 돌입했고, 1996년 6월 두 개의 이커머스 회사가 같은 날 서비스를 오픈했다. 당시에는 '이커머스'도 '쇼핑몰'이라는 단어도 모두 어색할 때였다.

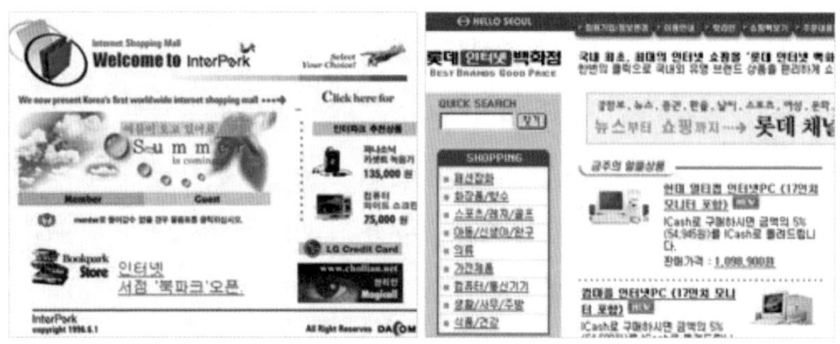

1996년 오픈 당시 인터파크와 롯데인터넷백화점

K-이커머스의 '최초' 타이틀은 간발의 차이로 '인터파크'가 차지했다. 두 시간 늦게 오픈한 '롯데인터넷백화점'은 2등이 되었다. 갑자기 롯데가 나와서 놀랐겠지만 선각자 중에는 세상이 기억하지 않는 2등이 있다. 그리고 나는 그 선각자들의 경쟁에서 2등을 한 회사가 문을 연 지 16년째 되던 해에 입사했다. 누가 봐도 K-이커머스의 역사책을 쓰는 것이 운명이라고 할 정도다.

회사에는 오픈 당시를 기억하는 분들이 계셨다. 그분들의 말에 따르면, 당시 인터파크와 롯데는 서로가 이커머스 사이트를 만들고 있다는 것을 알고 있었고, 사전에 교류도 하고 견제도 했다고 한다. 특히 오픈 날은 서로 먼저 오픈을 하고 싶어 눈치 싸움이 엄청났다고 하는데 아쉽게 2등이 되어버렸다고 한다.

지금에 와서 1등이 무슨 의미가 있나 싶지만 두 회사를 비교하는 것은 재미있다. 두 회사는 비슷한 시기에 준비했지만 서로 다른 전략과 인력을 가지고 있었다. 둘 다 목표는 아마존과 같은 카테고리 킬러가 되는 것이었지만 상황이 달랐다.

롯데홈쇼핑 전 대표이사이신 강현구 대표님이 롯데 광고계열사 '대홍기획' 과장이던 시절에 전 롯데이커머스 대표셨던 김경호 대표님(당시 대리), 전 롯데쇼핑 인도네시아 대표셨던 이제관 대표님(당시 사원)과 함께 지하실에 사내 벤처로 만든 것이 '롯데인터넷백화점'이었다. IT 기술에는 정통하지 않았지만 대신 유통에 대한 지식이 있었고 계열사인 롯데백화점의 상품을 온라인으로 판매한다는 것 자체가 중요했다. 내가 사원일 때 뵈었던 강현구 대표님은 온라인 감각이 굉장히 높은 분이셨다. 여담이지만 지금처럼 온라인이 오프라인을 잡아먹기 전부터 온·오프라인이 통합된 유통을 꿈꾸셨던 분이다. 롯데그룹에는 아직도 온·오프라인의 연결을 뜻하는 '옴니Omni'와 같은 구호가 남아 있는데 이 분의 가치관에서 탄생한 것이라 생각하는 사람들이 여전히 많다.

반면 순수 IT 회사에서 시작한 데이콤 인터파크는 IT 기술력은 있었지만 상품 소싱을 위한 유통망과 브랜드 파워 부족으로 롯데와 같은 방식으로 상품을 보유하지 못했다. 대신 오프라인 매장을 운영하는 소규모 브랜드사들에게 온라인 이커머스 시장을 컨설팅하듯 영업하여 입점시키는 '몰&몰Mall&Mall 전략'을 펼쳤다.

몰&몰 전략이란 이미 존재하던 오프라인의 유통 브랜드를 통째로 담는 방식을 말한다. 오프라인 쇼핑몰에 각 브랜드사가 입점해 있듯, 이를 온라인으로 구현한 것이다. 이러한 방식으로 초창기 인터파크는 롯데인터넷백화점보다 더 많은 상품을 보유할 수 있었다. 롯데인터넷백화점은 온라인에 익숙지 않은 오프라인 백화점 브랜드들을 대상으로 입점을 설득해야 했기에 상품 수를 빠르게 늘리기 어려웠다. 아마존을 모태로 시작한 터라 책도 팔았지만 백화점 상품이 주력이었다.

이런 상품 소싱 방식은 가격 정책 면에서도 차이를 가져왔다. 롯데인터넷백화점은 오프라인 매장과 동일한 가격 정책을 가져가야 했지만, 데이콤의 인터파크는 온라인 세일과 원가 조절을 통해 소비자가를 낮추어 제공할 수 있었던 것이다. 하지만 이 시기는 온라인에서 구매하는 것이 싸다는 인식이 퍼져 있던 시기는 아니다. 그저 저녁 8시면 문을 닫는 상점과 달리 24시간 언제든지 구매할 수 있다는 것 자체가 신기했던 때였다.

재미있는 점은, 롯데온라인백화점은 백화점에 상품 정보 생성 및 등록에 대한 비용을 청구하는 방식으로 비즈니스 모델을 만들었다는 점이다. 즉 상품이 팔리지 않더라도 백화점 상품의 정보를 생성하고 등록하는 것만으로도 매출을 올릴 수 있었던 것이다. 인터파크에도 이런 비즈니스 모델이 있었는지는 현재 확인되지 않는다. 다만 당시에는 이커머스가 처음이어서 데이터를 보유하는 서버 비용이나 상품 정보의 생성 자체가 특별한 일이었다는 것을 알 수 있다.

상품의 구색을 좀 더 들여다보면 둘 사이에는 또 다른 차이가 있다. 1998년 조사 시 롯데인터넷백화점이 백화점 상품 80%와 직접 소싱한 상품 20%로 약 1,800여 종을 전시하고 있었던 반면, 인터파크는 소규모 상점을 많이 끌어들여 약 6,000여 종 이상을 전시했다. 판매 상품 카테고리를 보면 인터파크는 서적, 컴퓨터 주변기기, 생활용품 등의 상품군이 주로 판매되었으나 롯데인터넷백화점은 백화점에서 판매하는 선물용품이나 소형 가전이 주를 이루었다.

이 시기에는 물류망이 미성숙했고 온라인을 통한 고객 경험 수준이 낮아 직접 눈으로 확인하고 만져보지 않아도 품질을 확신할 수 있는 제품이 판매되었다. 이들은 주로 작은 택배 상자에 들어가고 상자째 집어 던져도 크게 망가지지 않을 소형 제품이었고, 품질 또한 정형화되어 고객이 반품할 일이 많지 않았다. 이런 상품들을 유통에서는 '고객 관여도가 낮은 상품'이라고 한다.

사이트 구성도 요즘과는 다른 특이한 점이 있다. 이 시기의 인터넷 요금은 종량제였던 터라 인터넷 사용 시간이 길수록 요금이 올라갔다. 그래서 사용자는 조금이라도 인터넷 요금을 아끼고자 사이트 URL을 직접 입력해 접속하고, 공급자는 사이트 구성 요소를 줄여 조금이라도 인터넷 로딩 속도를 빠르게 하려 노력했다. 그래서 롯데인터넷백화점은 쇼핑몰인데도 '정보 서비스'라고 하여 외부 검색 서비스와 디렉토리 링크 서비스를 제공하였다.[2] 당시의 핫한 서비스였던 '야후'처럼 인터넷 익스플로러의 '시작 페이지'가 되길 바란 듯하다.

초기 두 이커머스는 고객에게 신선한 경험이 되었다. 하지만 당시의 파급력은 지금 생각하면 '귀여운 수준'이다. 롯데인터넷쇼핑몰을 만들 때 사원으로 참여했고 이후 '인도네시아 롯데'에서 이커머스 사업 대표를 역임한 이제관 대표님이 나의 팀장님으로 계실 때, 롯데인터넷쇼핑몰의 초창기 운영에 대해 말해준 적이 있다. 당시 처음으로 월 24만 원 매출이 나왔을 때 뛸 듯이 기뻤단다. 주문 시스템도 제대로 갖춰지지 않아 이메일로 주문이 들어오면 계좌 이체 방식으로 입금을 받고, 직접 상품을 상자에 담아 송장에 주소를 적어 보냈다고 한다. 초창기부터 경리와 회계 업무를 담당하던 조수현 책임님은 신용카드 결제를 받기 위해 카드 번호를 받아 카드 단말기에 일일이 찍고 매입 전표를 일일이 모았다는 이야기를 들려준 적이 있다.

급진적인 확장의 시기가 아니었기에 이커머스 시스템이라고 할 것도 없이 단순했다. 지금처럼 결제 시스템이나 취소, 교환, 반품이 모두 온라인에서 이루어지는 클레임 시스템이 있었던 것이 아니다. 대학교와 협력하여 HTML과 PHP 개발언어를 다룰 줄 아는 대학생들을 고용해 사이트를 만들 무렵이다. 그렇게 어설펐지만 이커머스를 성립시키기 위한 두 가지 조건은 갖추고 있었다.

첫째, 판매하는 대상을 디지털화하여 전시하는 매장이 있었다.

둘째, 고객이 주문할 수 있는 프로세스가 있었다. 주문은 이메일 링크(mail to:XXX@XXX.com)로 주문에 필요한 정보를 적어서 보내는 것이었고, 결제는 카드 번호를 전달하거나 계좌 이체를 받는 방식이었지만 어쨌거나 '주문 정보'라는 것이 있었다.

결제 시스템이 없어도 이커머스인가에 대해서는 고민이 되긴 한다. 현재의 관점에서는 온라인 결제를 지원하는가가 이커머스를 규정짓는 중요한 부분이지만, 인터넷 초창기에는 쇼핑몰 하단에 계좌 번호가 적혀 있고 무조건 입금으로 처리하는 이커머스가 굉장히 많았다. 이렇게 생각한다면 초창기에는 '주문 정보'가 있느냐를 기준으로 이커머스를 판단하는 편이 더 적합할 듯하다.

이베이를 모델로 한 서비스 출현 : 옥션, 구스닥

아마존을 모방한 이커머스들과는 다른 축으로 이베이를 모방한 서비스들이 출현했다. 닷컴버블이 본격화된 1998년과 1999년에는 각각 ㈜인터넷경매의 '옥션'과 인터파크 자회사였던 'G마켓'의 전신 '구스닥'이 오픈했다. 온라인 경매 사이트였던 이 둘은 TV 광고 마케팅 등을 통해 빠르게 자리를 잡았다.

신문선 해설위원이 게임 캐릭터를 코스프레하고 출연하여 이슈가 되었던 옥션의 1999년 CF

두 쇼핑몰 중 먼저 승기를 잡은 것은 옥션이다. 온라인 경매 사이트는 개인 간 거래를 중개하는 것으로, 판매자들을 모아 대량의 상품을 보유하는 지금의 오픈마켓과는 완전히 다르다. 1999년 당시 옥션은 단기간에 60만 명의 회원을 확보하고 하루 평균 10만여 개의 거래량을 기록했다. 당시의 기사들은 인터넷 경매 사이트의 장점으로 물건을 싼값에 구입할 수 있으면서 동시에 경매 과정의 즐거움과 낙찰의 기쁨을 만끽하게 해주는 점을 꼽았다.[3]

이러한 옥션의 성장에는 1997년의 IMF 외환 위기가 자리 잡고 있었다. 외환 위기 이후 소비 시장은 급격하게 위축되었고, '10원 경매'와 같은 서비스로 원하는 물건을 최저가로 구매할 수 있어 사용자들에게 굉장히 매력적으로 다가왔을 것이다. TV 광고에서도 이를 강조하기 위해 1,000원으로는 절대 살 수 없는 노트북을 1,000원 경매로 낙찰 받는 내용을 코믹하게 전달했다.

이밖에 1997년에는 개인 사용자들의 통신망에 큰 변화가 있었다. 하나로통신(현 SK브로드밴드) 전용 통신망이 빠르게 보급되고 인터넷 사용료가 '정액제'로 바뀐 것이다. 또한 다음Daum의 전신인 한메일넷hanmail.net이 오픈했다. 한메일은 오픈 1년 만인 1998년에 가입자 100만 명을 돌파하면서 해외 사이트와 PC통신 사이에 잔류해 있던 사용자들을 대거 웹 환경으로 이끌어냈다.[4] 당시 초등생이던 나는 한메일 주소를 만들어 반 전체에 뿌리고 다닐 정도로 자랑스러워했다. 이런 경험들은 자연스럽게 옥션 회원 가입에 대한 거부감을 낮춰주었을 것이다. 짧은 시간 안에 약간의 수고로움으로 노트북까지 싸게 얻을 수 있다고 생각하면 이런 수고는 전혀 수고스럽지 않은 일이었을 테다.

2기

커뮤니티, 중소 쇼핑몰의 증가 (2000~2003)

2000년은 PC 통신에서 이어져온 다양한 온라인 커뮤니티의 전성기였다. 아이러브스쿨과 다모임 등 학연을 연계한 커뮤니티가 활성화되고 공통의 관심사로 연결된 프리챌과 다음 포털의 카페가 핵심 서비스로 떠올랐다. 커뮤니티에서는 아주 야생적인 공동 구매 형태가 나타났다. 예를 들어 컴퓨터 조립에 대해 이야기하는 프리챌 카페에서 누군가가 용산 업자와 '몇 명 이상일 때 RAM 가격을 얼마까지 낮춰준다'는 조건부 거래를 하기로 했다고 게시물을 올리면 사람들이 댓글로 전화번호와 이름을 적고 확인도 안 되는 개인 계좌로 돈을 마구 보내기도 했다. 지금과 달리 개인 정보에 대한 민감도가 높지 않던 순수한 시절의 이야기다.

TV 광고로 단기간에 떠오른 옥션이 여전히 이용자가 가장 많아 이러한 야생적 공동 구매를 시스템화시켰다. 공동 구매는 시대의 흐름으로 볼 때도 적절했고 거래 이익 측면에서도 경매보다 유리했다. 경매는 아무리 많은 사람이 참여해도 결국에는 한 명만 결제가 일어나는 방식이다. 전환율과 GMV• 관점에서 본다면 그리 효과적인 수익 구조가 아니다. 반면 공동 구매는 참여자가 많아질수록 할인율이 높아지기는 하지만 거래를 체결해서 결제로 연결시킬 수 있었기에 매출이나 수익 면에서는 훨씬 나았다. 다음 카페와 프리챌 등 이미 활발해진 커뮤니티 또한 이러한 시스템화된 공동 구매 성장에 기폭제가 되었다.[5]

하지만 공동 구매 역시 오픈마켓Open market에 비하면 거래 규모를 키우기에 부족하다. 오픈마켓은 말 그대로 입점이 오픈되어있으므로 판매할 수 있는 상품이 많아져 거래가 늘어난다. 리테일과 비교되는 롱테일••에 가장 적합한 형태다. 이를 잘 파악하고 있던 곳이 다름 아닌 이베이였다. 2001년 이베이는 옥션을 인수하면서 옥션의 비즈니스 모델을 오픈마켓 형태로 전환시키는 변화를 일으켰다. 이때가 국내 이커머스 역사에서 오픈마켓이 핵심으로 떠오른 시기다.

이커머스의 이익 창출 방식을 좀 더 살펴보자. 이커머스의 기본 성립 조건은 '온라인 매장'과 '상품'과 '주문 프로세스'로 볼 수 있다. 이익을 계산하기 위한 기본 공식은 다음과 같다(물론 실제 순이익은 수익 구

• GMV(Gross Merchandise Volume) : 온라인 소매에서 특정 기간 동안 거래된 상품의 총 금액을 나타내는 지표로 실제 이익보다 거래된 상품의 판매가나 실결제 금액 총액으로 산정하는 경우가 많다.

•• 리테일과 롱테일(Retail&Long-tail) : 생산자나 도매상에게 상품을 사들여 모개로 팔지 않고 낱개로 파는 일 또는 과정을 리테일(소매)이라고 한다면, 롱테일은 80%의 사소한 다수가 20%의 핵심 소수보다 뛰어난 가치를 창출한다는 이론으로 역 파레토의 법칙이라고 한다.

조를 어떻게 가져가느냐에 따라 달라진다).

이익=방문 수×구매 전환율×주문객단가-비용

UV나 PV● 등 트래픽으로 상징되는 '방문 수'가 얼마나 구매로 전환되고, 한 번 구매할 때 얼마큼의 돈을 사용하느냐가 수익을 산출하는 지표가 된다. 이 공식을 나는 '이커머스 수익 공식'이라고 부른다(각 항목의 세부 설명은 [돋보기 : 이커머스1.0의 수익 공식] 44쪽 참고).

이 공식을 기반으로 생각하면 경매와 공동 구매만 서비스하던 옥션은 정말 비효율적인 사업이었다. 높은 회원 수와 트래픽을 보유하고 있었지만 경매의 특성상 구매 전환율이 전체를 기준으로 보면 0에 가까울 정도로 낮고, 공동 구매는 구매 전환율은 높았지만 객단가를 낮춰야만 의미가 있는 박리다매 방식인 데다 리스크도 있었다. 공동 구매 목표량이 달성되지 못해 구매가 성립되지 않으면 이 상품의 구매 전환율이 0이 되기 때문이다. 이런 상황에서 이베이가 옥션을 오픈마켓으로 바꾸기로 한 것은 유효적절한 전략이었다고 생각한다. 더 많은 상품을 유입시켜 이미 보유한 방문 수를 더 많은 구매로 전환시킨다는 점에서 시스템 구조를 크게 바꾸지 않고도 이익을 만들 수 있기 때문이다.

옥션의 오픈마켓 전환이 가능했던 또 하나의 요인은 환경이었다. 초고속 인터넷 전용선의 보급으로 인터넷 사용자가 늘어나면서 온라인 쇼핑몰은 새로운 블루오션으로 떠올랐다. 그리고 이 모든 것은 Cafe24,

● UV(unique visitor)는 웹사이트의 순 방문자를, PV(page view)는 사용자가 사이트 내 웹페이지를 열람한 횟수를 말한다.

메이크샵, 고도몰이라는 쇼핑몰 솔루션 3대장이 있었기에 가능한 일이었다.

세 회사 모두 서버와 도메인을 제공해주는 호스팅 서비스로, 무수한 이커머스 사이트가 만들어지는 데 기여했다. 2003년에 메이크샵에서만 2만 6,000여 개의 몰이 운영되었고, 월 매출은 200억 원에 이르렀다.[6] 이 시기에 만들어진 브랜드도 상당히 많다. 로레알 그룹으로 인수되어 화제를 모았던 '스타일난다'도 카페24를 기반으로 만들어져 지금까지 운영되고 있다. 조군샵, 멋남 등 이름만 들어도 알 만한 동대문 출신 브랜드들의 시작에도 쇼핑몰 솔루션 3대장이 있었다. 이때 온라인 쇼핑몰에 많이 들어온 카테고리가 의류였는데, 디지털카메라로 찍은 피팅 사진이 등장하면서 의류 상품에 변주가 일어났다. 동대문에서 파는 동일한 옷도 판매자가 창의력을 발휘해 다른 방식으로 소개하면 새로운 상품으로 거듭날 수 있었다.

카테고리는 Yes24와 같은 중견 사이즈의 전문 쇼핑몰이 대거 등장하면서 성장했고, 이렇게 온라인이 새로운 먹거리로 인식되자 기존 유통망도 온라인으로 진출하기 시작했다. 1995년 국가 지원하에 개국하여 고정 소비자층이 있던 홈쇼핑 채널(당시 LG홈쇼핑, CJ39)과 새로 개국한 우리홈쇼핑(현 롯데홈쇼핑), 농수산홈쇼핑(현 NS홈쇼핑)은 2001년을 기점으로 온라인 쇼핑몰 사업에 활발히 진출했다.[7] 서브 채널로서의 역할이 강했지만 이커머스 산업 입장에서는 좀 더 다양한 매입 상품이 이커머스로 들어오게 된 셈이다. 이렇게 2001~2003년은 전문몰과 소호몰이 증가하면서 온라인 판매 제품군이 확대되어 오픈마켓의 중요한 기반을 다진 시기라 할 수 있다.

기술적 성장의 답보와 대기업의 근시안적 태도

하지만 서비스 기획자의 눈으로 보자면, 엄청나게 빠른 성장과는 다르게 시스템적인 투자는 답보 상태에 머물렀다. 이때까지도 이커머스는 '온라인 매장' 정도의 인식이었기에 IT 기업으로서의 투자는 이루어지지 않았다. 더욱이 2000년대 초의 닷컴버블 사태 이후 투자는 더욱 조심스러워졌다. 국내 서비스 기획이나 IT 발전 과정에서도 볼 수 있듯, 인건비를 줄이기 위해 직접 개발하더라도 외주 개발에 머물렀고, 그렇지 않으면 기성 솔루션을 사용하는 모습을 보였다. 즉 비용적인 면에 더 치중하여 기획·개발 인력에 대한 인식이 낮았고 이를 내재화하려는 니즈도 높지 않았다. 오죽하면 회사에 웹의 모든 것을 책임진다는 '웹마스터'라는 복합 직무도 나타났을까. 당시 현실은 대부분 외주 개발회사와 협업하거나 고객의 소리, 즉 VOCVoice of Customer를 바탕으로 외주로 일을 맡겨서 처리하는 식으로 이루어졌다.

2010년대에 이커머스 기획을 시작한 내가 볼 때도, 이 시기 내재화되지 않은 기술력 갭이 2005년 이후 해외 쇼핑몰 대비 국내 쇼핑몰의 인적·네트워크적 기술력에 현격한 차이를 불러왔다고 생각한다.[8]

기술 경쟁이 없는 이커머스 간 경쟁은 결국 '상품'과 '가격' 경쟁으로 흘러가기 시작했다. 솔루션을 활용하여 만든 이커머스뿐 아니라 직접 구축한 곳들도 '외주 개발' 형태로 만들어지면서 시스템 간 차이가 없어졌기 때문에 남는 건 상품과 가격밖에 없었던 것이다. 왜 외주 개발이 시스템 간 차별성을 없애는 요인이 되었을까? 이는 외주 업체를 선정하는 과정을 보면 쉽게 이해할 수 있다.

외주 업체 선정 시에는 RFP Request for Proposal(제안 요청서)라는 구축하고자 하는 서비스에 대한 방향을 정리한 문서가 여러 업체에 전달된다. 이에 참여하고자 하는 업체들은 치열한 경쟁 PT를 거치고, 최종 선정된 업체가 수주를 받는다. IT 시스템 구축에서 가장 큰 경쟁력은 인력과 레퍼런스다. 외주사가 보유한 인력이 프로젝트를 운영해본 경험이 있는지, 혹은 유사한 서비스를 만들어본 적이 있는지 등이 평가에 가장 큰 영향을 미친다. 결국 한 업체가 시스템을 구축하고 나면 똑같은 레퍼런스로 다른 곳의 시스템도 구축하게 되므로 시스템 구성이 유사해지는 것이다. 선배들의 이야기를 들어보면 당시에는 문서 보안이 철저하지 않아서 아예 산출물을 복사해 다른 프로젝트에 사용하는 경우도 많았다고 한다.

시스템을 잘 구축해놓은 대기업에서도 기술 투자는 제대로 이루어지지 않았다. IT 산업의 핵심은 기술이지만, 기술은 눈에 잘 보이지 않기 때문에 이미 갖춰진 상태라면 지금처럼 개선을 많이 요청하지 않았다. 심지어 과거의 '전산실'은 한 번 시스템을 만들면 잘 고치지 않는 기조가 있기도 했다. 제조업이나 오프라인 유통업으로 성장한 대기업들에게 '투자비'는 감가상각 대상이었기에 추가 투자보다는 현재 상황에서 어떻게 활용하는 것이 좋을지를 고심했고, 이미 정해진 운영비 내에서 해결하는 것이 관례였다.

소호 판매가 많아지고 옥션과 인터파크 자회사인 G마켓을 중심으로 오픈마켓 중심의 B2C 경쟁이 심화되자 대기업들은 기존 시스템을 복사하여 수익성이 높고 거래 규모가 큰 B2B 사업으로 눈을 돌리기 시작했다.[9] 오픈마켓은 기본적으로 롱테일을 중심으로 하므로 구색

selection을 갖추고 저가 경쟁을 하는 것이 중요하다. 하지만 B2B 사업은 조금 더 오프라인 유통과 비슷한 면이 있다.

이커머스에서 대표적인 B2B 사업이란 흔히 '폐쇄몰'을 말한다. 특정 업체와 계약하고 그 업체의 임직원 같은 특정 대상에게 상품을 저가로 구매할 수 있는 사이트를 별도로 열어주는 것이다. 앞서 거론했던 수익 공식을 기반으로 생각해보면 이것이 왜 돈이 되는지 알 수 있다. B2B 사이트의 고객은 이미 확보된 고객이고 모기업에서 복지 포인트 형태로 결제금까지 주는 경우가 많아서 혜택을 받으려면 이를 사용할 수밖에 없다. 즉 방문자 수도 보장되고 이들의 구매 전환율도 굉장히 높다. 그러니 주문 단가에 해당하는 상품 가격이 조금 낮아진다고 해도 이익이 훨씬 크다. 분명 이익을 만들기 손쉬운 방법이었다. 하지만 시스템적 관점에서 본다면, 기존 시스템을 발전시키기보다 이미 만들어진 인프라를 소모하는 방식이었다.

이 시기 대기업들은 시스템 개발 비용보다는 물류창고와 고객센터에 많은 비용을 투자했다. 이때의 물류창고는 현재의 물류창고와는 개념이 사뭇 다르다. 당시 대부분의 대기업이 오픈마켓이 아닌 자사 유통에 집중하고 있었기 때문에, 물류창고는 말 그대로 매입한 상품을 적재하기 위한 공간이었다.

오프라인에서 잔뼈가 굵은 유통 기업들은 오프라인의 핵심 서비스인 접객 서비스를 온라인으로 옮기기 위해 서로 노력했다. 고객센터는 전문 업체에 운영을 맡기는 방식으로 발전했고, 이커머스 시스템은 고객센터용 별도 프로그램을 효율화하는 방식으로 진화했다. 고객이 원하면 MD나 마케터가 해결하지 못하는 것도 고객센터에서 처리해줄 수 있게 지원하면서 발전된 형태의 상담사용 지원 시스템을 마련했다. 하지만 이 역시 시스템 복잡도만 높였을 뿐 인프라적 발전이라고 볼 수는 없다.

스타트업얼라이언스에서 발행한《이커머스, 파괴적 혁신으로 진화하다》라는 책에서 이동일 교수는 이 시기까지 이어진 대기업의 물류창고 투자에 대해 "기존 유통의 사입 방식에 따라 이커머스를 유지하려면 재고를 가져가야 하는 것이 자연스러운 선택"이었음을 설명한다. 당시에는 그것이 어쩔 수 없는 일이었다 해도 지금 생각해보면 이때 놓친 국가적 '기술 부채Technical Dept'가 아쉬울 뿐이다. 이 시기 우리나라에도 아마존이나 구글과 같은 서비스 혁신을 이루기에 충분한 인터넷 환경과 인력들이 있었기 때문이다. 당시 해외에서는 페이팔과 같은 새로운 형태의 에스크로 결제 서비스가 만들어졌고, 아마존에 인수되면서 아마존 물류의 뿌리가 된 재포스Zappose를 비롯해 시스템 중심의 이커머스 발전이 이루어졌다. 온라인 산업으로의 진출은 빨랐어도 온라인 산업에 대한 본질적인 이해도가 낮았기 때문에 이런 결과가 나온 것은 아닌지 생각해본다.

돋보기

이커머스1.0의 수익 공식

오래전부터 이커머스 회사에서 통용되는 비즈니스 모델 공식이 있었다. 마케팅 부서라면 매우 익숙할 것이다.●

이익 = 방문 수×구매 전환율×객단가-서비스 비용-제휴 비용+내부 광고 수익±신사업 매출

가장 기본적으로 최소한 갖춰야 하는 이커머스의 두 가지 요소는 온라인 매장과 주문 프로세스이다. 일단 이 두 가지가 갖춰지면 이커머스 비즈니스 모델이 작동할 수 있다.

방문 수: 전시 매장을 방문하는 고객 수로 온라인 트래픽을 의미한다. 측정 단위로는 UV, PV가 있는데, 모바일 시대에 들어서면서 연관 측정치로 MAU Monthly Active User(월간 활성화 사용자 수)와 체류 시간도 중요하게 판단되기 시작했다. 방문 수는 자연 증가분과 마케팅 활동의 결과로 나타난다.

● 이 부분에 대해 막연히 알고 있던 나 역시도 김현수 작가님의 플래텀 연재 기사에 큰 영향을 받았다. 해당 기사에서 '수익 공식'으로만 설명했는데, 시대적 차이를 반영한 내용을 추가하면서 나만의 이해를 정의해보았다.

구매 전환율(CVR): 인입된 방문자가 주문을 완료하는 비율을 의미한다. 과거 운영자들은 상품이나 서비스 품질이 구매 전환을 일으킨다고 생각했으나 스마트폰 등장 이후 편리한 UI나 UX[User eXperience]가 중요해지가 시작했다. 이커머스 플랫폼의 중요도가 높아짐에 따라 BX[Brand eXperience]까지도 구매 전환율에 영향을 미치는 항목으로 보고 있다. 좋은 UX에 의해 이커머스의 BX가 높아지면 마케팅 활동 없이도 재방문[Retention]이 증가하고 고객 충성도[Loyalty]도 높아지기 때문이다.

객단가(AOV): 구매자 1명당 평균 얼마만큼의 금액을 지불하느냐를 계산한 금액이다. 객단가를 통해 해당 이커머스에서 판매하는 핵심 상품의 가격대가 얼마나 되고, 한 번에 대략 몇 개의 상품을 구매하는지를 판단할 수 있다. 즉 상품 구색에 관한 영역이다.

이 세 가지 항목은 이커머스 서비스의 근간이므로 매우 중요하다. 하지만 이익 관점에서 보자면, 서비스를 운영하기 위해 들어가는 비용을 계산하는 것도 중요하다.

서비스 비용: 이커머스를 잘 운영하려면 배송/물류(SCM) 서비스와 고객지원(CS) 서비스가 필요하다. 그래서 물류센터와 고객센터를 만들고 인건비와 운영비를 투입한다. IT 기술과 운영을 위한 UX, IT, 디자인에 대한 내부 투자비도 포함된다.

제휴 비용: 온라인 마케팅이 고도화되면서 '제휴 판매'에 대한 부분을 고

려하게 되었다. 제휴를 통해 트래픽과 매장을 지원받고 수익을 올릴 경우, 여러 가지 방식으로 수수료가 발생한다. 가격 비교 사이트를 통해 구매가 일어났을 때 지출되는 수수료나 외부 광고에 대한 수수료가 여기에 포함된다.

내부 광고 수익: 트래픽이 보장되고 다수의 입점사에 의해 플랫폼으로서 기능하기 시작하면 이커머스 매장의 일부를 광고 서비스 영역으로 제공하여 광고비를 받는다. 경매 방식을 활용해 입찰가로 받거나 고정 단가로 받는 등 수익 구조 방식은 다양하다.

신사업 매출: 지속적인 신성장 동력을 발굴하기 위해 지분을 투자하거나 스타트업을 인수하는 방식으로 신사업을 하는 경우다. 보통은 수익보다는 손실이 크다.

이런데 이 공식을 '이커머스1.0의 수익 구조'라고 정의한 이유가 있다. 이커머스2.0 시대라고 할 수 있는 모바일 확장기에는 이 공식의 계산 결과가 무조건 마이너스인 경우가 더 많았기 때문이다. 이커머스뿐만 아니라 모바일 서비스에 대한 이해가 성장 가능성에 기반을 둔 방식으로 바뀌었기 때문에 이커머스2.0 시대에는 비용과 광고 수익 등 부가 수익을 제외한 '방문 수×구매 전환율×객단가' 계산의 결과로 나오는 거래 규모GMV가 더 중요한 평가 기준이 되었다.

3기

닷컴버블과 폐쇄적 수익 구조의 강화 (2003~2005)

IMF 금융 위기라는 시대적 슬픔을 딛고 등장한 수많은 벤처기업들이 위기를 맞았다. '닷컴버블'이다. 먼저 미국 등 서구권에서 소위 '닷컴 사업'이라 불리는 온라인 서비스에 투자가 쏟아졌으나 정작 주식 상장 후에는 수익 구조 등 이익을 증명하지 못해 큰 손실이 이어졌다. 국내에서도 IMF 금융 위기 이후 적절한 투자처가 없던 상황에서 많은 돈이 닷컴기업에 몰렸는데, 닷컴버블이 꺼지자 많은 벤처기업이 망해나갔다. 상상이 되지 않는다면 영화 〈작전〉을 보길 권한다. 영화 도입부부터 당시의 열기와 닷컴버블로 술렁이던 시대상을 생생하게 엿볼 수 있다.

당시 온라인 서비스의 당면 과제는 단연코 '수익 구조를 만드는 것'이었다. 커뮤니티 서비스들은 일부 광고 외에는 고정적인 수익 구조가 없었고, 이커머스들도 신용카드 온라인 결제가 활성화되면서 수익이 생기긴 했지만 높은 트래픽에 비해 성장 속도가 폭발적이진 않았다.

이커머스 이야기를 본격적으로 하기 전에 추억 여행을 떠나보자. 당시 국내에서 가장 먼저 유료화 핵탄두를 날린 것은 온라인 커뮤니티 중 하나인 프리챌이었다. 그리고 이는 국내 온라인 역사상 가장 실패한 유료화 전환으로 손꼽힌다. 유료 모델이 처음은 아니었다. 세이클럽과 한게임도 아바타 서비스와 같은 일부 서비스에 유료화를 실시했고 상당한 수익을 올리고 있었다.[10] 하지만 2002년 10월 프리챌의 전면 유료화 선언은 엄청난 사용자 이탈을 가져왔고, 이는 웹 서비스의 유료화는 성공하기 힘들다는 것을 깨닫는 계기가 되었다. 결국 프리챌은 7개월 만에 다시 무료 서비스로 전환했다. 하지만 사용자들은 이미 다른 곳으로 이탈한 뒤였다.

이때 이탈한 사용자들은 싸이월드로 유입됐고, 프리챌의 유료화 선언이 나비 효과가 되어 '개인 미니홈피'라는 엄청난 유행을 불러왔다. SK가 인수한 지 얼마 되지 않은 상태였다. 이 무렵 나는 고등학생이었는데, 프리챌이 PC통신 감성이 남아 있는 커뮤니티였다면 싸이월드는 '학교 동창 찾기' 등의 기능을 바탕으로 당시 나와 같은 좀 더 어린 층을 대상으로 한 커뮤니티였으나 프리챌이 없어지면서 전 연령대가 찾는 사이트가 되어버렸다.

싸이월드는 무료였지만 이미 수익 모델도 갖추고 있었다. 기존 닷컴 사업자들의 유료화가 '건당 결제'를 지향했다면, 싸이월드는 '도토리'라는 사이버머니를 선결제해두고 아바타, 아이템, 음악 등 다양한 콘텐츠를 구매할 수 있는 기반을 마련했다. 또한 당시 온라인 결제 수단은 카드 결제와 무통장 입금, 계좌 이체로 한정되어있었으나[11] 싸이월드는 SK텔레콤이라는 통신사를 기반으로 휴대폰 소액 결제와 ARS를 통한 도토리 충전 서비스 등 결제 수단을 다양화해 사이버머니 구매에 대한 부담감을 줄이고 카드가 없는 젊은 층에게도 온라인 결제에 대한 경험을 심어주었다. 나를 포함해 이 시기에 학창 시절을 보낸 밀레니얼 세대가 사이버머니에 대한 거부감이 낮은 것은 이때 학습된 결과라고 본다.

그 사이 세이클럽과 같은 온라인 채팅 서비스는 멀티 플레이가 가능한 개인 메신저로 넘어가고 있었다. 2003년에 들어서며 개인 메신저는 MSN, 네이트온, 버디버디의 3강 체제가 굳어졌다. 각 메신저들은 연령층 간에 큰 차이를 보였는데 2005년이 되자 SKT의 문자 보내기나 싸이월드와 통합된 네이트온이 완연한 대세가 되었다.

검색 포털에서는 2002년 집단 지성 서비스 '지식in'을 출시한 네이버가 무섭게 치고 올라왔다. 2004년에는 소프트웨어와 음원 파일의 불법 다운로드 사이트였던 와레즈 사이트와 '소리바다' 폐지 논쟁이 벌어졌고, 콘텐츠와 소프트웨어에 대한 합법적인 유료 판매 사이트가 생기기 시작했다. 대표적인 음악 스트리밍 서비스인 '멜론'도 이 시기에 탄생한다.

이들 사이트의 공통점은 SK텔레콤이었다. 이 시기가 SK텔레콤의 제1 전성기다. 싸이월드, 네이트온, 멜론 모두 연타석 홈런이었다. 이들 서비스가 성공한 요인 중 하나는 통신사 서비스와 연계되어 '결제'가 용이했다는 점이다. 앞서 말했듯 싸이월드의 도토리는 SK텔레콤을 기반으로 휴대폰 결제를 도입했고, 네이트온은 SMS 문자 서비스나 기프티콘(모바일 교환권)을 끌고 들어왔다. 멜론은 아예 통신사와 연계하여 월정액 휴대폰 요금에 부가 서비스 항목으로 비용을 청구했다.

정기 구독 서비스가 활성화되지 않았던 해외 시장과 달리 월정액 무제한 스트리밍 방식이 국내에 일찍 뿌리를 내릴 수 있었던 것은 인프라 덕분이다. 무제한 인터넷을 사용할 수 있는 정액제 인터넷 서비스를 바탕으로 하고 있었기에 무서울 것이 없었다. 이는 자사 인프라를 활용하는 것을 중요시하는 대기업 전략 기획의 특성이기도 하다. 다만 이들 개별 서비스들은 제휴 관계만 가질 뿐 시스템적으로 통합되어 움직이지는 않았다. 플랫폼 기업이 대세인 오늘날의 시각에서 보면 굉장히 아쉬운 대목이다. 그래서인지 SK텔레콤 기반의 '제2 전성기'는 아직 오지 않고 있다.

여러 서비스에 다양한 결제 구조가 붙으면서 결제를 통해 거래되는 온라인 시장은 한층 확장되었다. 이를 콘텐츠 이커머스로 볼 수도 있지만 그렇게 생각하는 사람은 드물었다. 이때까지만 해도 이커머스 하면 대개 오프라인 유통과 비슷한 현물 재화 거래라는 인식이 있었고, 이커머스를 운영하는 기업에서조차 콘텐츠 서비스는 다른 범주의 산업이라고 생각했기 때문이다.

인프라의 차이가 만든 다양성의 차이

다시 이커머스 이야기로 돌아오자. 2003~2005년은 PC 기반의 온라인 서비스를 자유자재로 사용한 밀레니얼 세대가 청소년기를 지나 20대 성인으로 들어가기 시작한 시기다. 이런 이점이 있는데도 기업들은 이커머스의 가능성을 보지 못하고 유통의 방식으로 산업을 성장시키려 했다. 국내 쇼핑몰들은 수익 개선을 위해 상품력과 광고 사업에 집중했고, 지속적으로 증가한 소호 쇼핑몰들이 전문화되면서 저가 경쟁이 치열해졌다. 전자제품과 공산품 위주로 판매해왔던 대기업 쇼핑몰들은 의류와 잡화 비중을 높이고, 출혈 경쟁을 피하기 위해 B2B 서비스를 만들었으며, 상품 구색을 고급화하는 방향을 택했다.

롯데닷컴(구 롯데인터넷백화점, 현 롯데온), GS, CJ 등 대형 종합몰은 해외 의류와 잡화 브랜드로 상품 구색을 넓혔다. 통신판매중개업자로 구분되면서 한결 자유로워진 오픈마켓들은 입점 판매사를 대상으로 디스플레이 광고 형태의 부가 서비스를 만드는 데 투자했다. 동일한 어려움에 처한 해외 사이트들이 B2C를 강화하기 위해 웹2.0을 바탕으로 개인의 참여와 공유를 독려하기 위한 생태계를 구축한 것과는 다른 행보였다. 이런 분석은 통계청이나 랭키닷컴 같은 사이트에서 업종 세분화를 한 것을 보면 확인이 가능하다. 종합몰과 오픈마켓은 판매 가능한 상품군이 다르다는 생각하에 업종을 나눈 것을 볼 수 있다. 이는 상품군이 서로 침범되었을 때의 경쟁에 대해서는 고민하지 못한 실책이다. 결국 종합몰과 오픈마켓의 경쟁 구도로 인해 2001~2003년 해외에서부터 불어오는 변화에 우리는 동참할 수 없었다.

이 시기의 국내외 온라인 쇼핑 관련 주요 사건을 연도별로 체크해보면 재미있는 점이 발견된다. 해외에서 새로운 서비스가 나오면 약 2년 뒤에 미투Me-too 전략을 가진 국내 사이트가 생긴다는 점이다. 1994년 아마존과 이베이가 오픈하고 2년 뒤 유사한 종합몰과 경매 사이트가 등장했고, 2000년 메르카타Mercata라는 공동 구매 사이트가 등장하자 국내에도 옥션 서비스 내에 공동 구매 서비스가 생겼다.

하지만 2001~2003년 해외 대형 쇼핑몰은 눈에 보이는 변화보다는 내부적인 구조 변화에 집중했다. 생태계를 형성하고 개인의 참여를 강화하기 위해 단기적 수익보다는 장기적인 전략으로 움직여 눈에 띄는 서비스 변화는 찾아볼 수 없다. 국내에서도 이러한 해외 동향을 파악했을 것이다. 하지만 당시 국내 전략가들은 IT에 대한 인식보다 유통에 대한 인식이 강했기에 당장의 이익으로 환원되지 않는 이런 기술적 투자가 따라잡기 어려운 문제가 되리란 점을 예상하기 어려웠을 것이다.

나는 10년 가까이 오프라인 유통업 계열사를 많이 거느린 대기업 산하 온라인 기업에서 일했다. 그래서 '온라인 DNA, 오프라인 DNA'라는 말을 농담처럼 들어왔다. 닷컴버블 시기였던 2001~2003년, 해외에는 스타트업 벤처 기반의 사이트가 성장한 반면, 국내에서는 오프라인 유통업자가 온라인으로 전환되는 경우가 많았다. 당시 국내 이커머스 회사에는 '온라인 DNA'가 부족하지 않았나 싶다. 제조업과 다르게 고전적인 유통업은 인프라 투자 비용에 대한 인식이 부족하다. 매장은 한 번 지으면 최소 10년은 유지 보수와 리모델링만 하면서 쓴다. 당시 IT와 유통의 중간 지점에 있던 이커머스를 오프라인 유통에 익숙한 결정권자들이 주도했으니 오프라인 유통과 동일한 잣대로 판단했을 가능성이 매우 높다. 이러한 상황이 웹2.0으로의 변화를 지연시키고 폐쇄적인 구조를 공고히 하는 데 영향을 끼쳤을 것이라 추측해본다.

물론 옥션과 G마켓, 인터파크처럼 처음부터 온라인 기반의 사이트도 있었으나 오픈마켓 특성상 직매입보다는 이익이 적고 인수 후에도 목표로 하는 빠른 성장에만 집중했기에 추가적인 인프라 투자가 불가능했을 것으로 보인다.

내가 2기와 3기에 걸친 이 시기의 답보 상태를 안타깝게 생각하는 이유는 해외 업계의 방향성과 너무나도 차이가 크기 때문이다. 결과론적인 해석일 수 있으나 당시 아마존만 생각해봐도 국내 상황에 아쉬운 점이 한두 가지가 아니다. 아마존이 미래를 내다보며 근간이 되는 서비스들을 만든 시기가 모두 이 즈음이었다.

아마존은 국내보다 훨씬 더 닷컴버블의 피해가 컸던 2005년에 아마존 프라임Amazon Prime이라는 프리미엄 서비스(연간 회원제)를 구축하고, 개인화 상품 추천 서비스를 적용하기 시작했다. 국내에서 대기업이 사업 기반을 더 마련하려고 애쓸 때 아마존은 3P 입점 셀러•의 비율을 28% 가량으로 대폭 끌어올려 상품 수를 늘렸다. 아마존 프라임 멤버십으로 들어오는 고정 비용으로 무료 배송뿐 아니라 다양한 혜택을 제공해 고객을 아마존에 잡아두는, 이른바 락인Lock-in 전략을 세우기 시작한 것이다.

이 모두가 이커머스의 미래를 대비한 것으로 보인다. 닷컴버블 시기의 가장 큰 문제로 지적되었던 수익 구조 문제를 자유로운 3P 셀러 입점을 통해 이른바 '롱테일 전략'으로 풀어냈고, 아마존 프라임 등의 서비스로 사용자를 끌어들여 그들의 리뷰가 마치 집단 지성처럼 사용되도록 만들어나갔다.

이 시기의 국내 서비스들에 애정을 갖고 면죄부를 줘보자면 '인프라의 차이'가 '방향성의 차이'를 가져왔다고 얘기할 수 있겠다. 정액제 중

• 3P 입점 셀러 : 오픈마켓과 같은 중개 거래 형태의 판매자.

심의 무제한 초고속 인터넷을 사용하던 국내와 다르게 미국은 여전히 사용한 만큼 비용을 지불하는 느린 종량제였다. 따라서 사용자가 최소의 비용으로 콘텐츠에 접근할 수 있도록 노력하는 것은 그들에게 당연한 일이었다. '끊김 없는 사용자 경험Seamless UX'라는 단어가 처음 대두되었고, 기술적으로는 에이잭스Ajax를 통해 페이지 전체를 리로드하지 않고 콘텐츠를 불러와 로딩하는 방식이 시도되기 시작했다. 검색 포털을 통하는 과정 없이 아마존으로 직접 들어와 리뷰를 통해 상품에 대한 정보를 얻게 한 것도 자연스러운 선택이었다.

반면 인터넷 전용망을 통해 얼마든지 바이트를 낭비해도 되는 국내 이용자들은 각 서비스의 URL을 외우는 것보다 네이버를 경유하는 것이 더 편했다. 네이버의 지식in에서 상품 정보를 얻고, 가장 혜택이 큰 사이트를 찾아다니는 과정에서 온라인 패킷이 낭비되어도 고객은 신경 쓸 필요가 없었다.

국내 사용자들은 온라인 속도가 네트워크 사용 비용과 비례한다는 생각 자체를 하지 않았다. 지불해야 할 비용이 엄청났다면 아마도 지금처럼 빠른 속도의 앱 구동을 당연하게 여기진 않았을 것이다. 문화적으로 생겨난 이 생각의 차이가 대한민국 이커머스 시장을 전 세계 유래 없는 특수한 온라인 갈라파고스로 만들었다. 전 세계적으로 가장 규격화되고 총천연색 이미지와 CSS의 활용이 많으며, 누구보다도 빠르고, 오류가 없어야만 욕먹지 않는 대한민국 온라인 세계관이 시작된 것이다.

4기

가격 비교 트레저 헌터의 탄생 (2006~2007)

2006년이 되면 우리나라 온라인 고객들의 성향이 두드러지기 시작한다. '비둘기'처럼 평화롭던 온라인 사용자들이 갈라파고스에서만 서식하는 독한 눈빛의 푸른발부비새로 진화한다. 이들은 전 세계 누구와비교해도 이커머스 사이트를 선택하는 기준부터 남달랐다. 당시 나는 대학생이었는데, 이런 선배들이 어딜 가나 한두 명씩은 꼭 있었다.

"아, 컴퓨터 사야 하는데 어떻게 사지?"

"그거는 요기 XXX.com에서 사고, 이건 YYY.com에서 사면 돼."

"와, 선배는 어떻게 이런 걸 다 알아요?"

존경스런 선배들의 스마트한 소비 생활은 지금껏 내게 현명한 이미지로 남아 있다. 그들은 온라인상에 흩어져 있는 온갖 사이트에 대한 정보를 꿰뚫고 있었고, 이를 모두 비교 분석하여 최저가로 살 수 있도록 이끌었다. 현명한 소비자가 되고자 하는 이러한 사람들의 성향을 분석한 LG경제연구원은 2007년의 소비 트렌트로 '트레저 헌터'를 꼽고 이를 정의했다.

> "(…) 트레저 헌터란 가격 대비 최고의 가치를 주는 상품을 구입하기 위해 끊임없이 정보를 탐색하는 소비자를 일컫는다. 비약적으로 성장한 온라인 시장에서 자신만의 보물을 찾기 위해 애쓰는 트레저 헌터는 직접 상품 정보를 습득하고 품질을 꼼꼼히 확인한다. 가격 비교 사이트와 리뷰 사이트에서 가격과 사용 후기를 챙기는 것도 빼먹지 않는다. (…)"[12]

트레저 헌터 문화에 따라 카테고리별 전문 쇼핑 커뮤니티도 등장했다. 지금은 개그와 드립성 게시물만 넘치지만 당시 'DC인사이드'와 'Slr클럽'은 대표적인 카메라 쇼핑 정보 사이트였다. 또한 2005년에는 대표적인 트레저 헌터 사이트인 '뽐뿌'도 오픈된다. 뽐뿌란 영어 '펌프 Pump'를 어원으로 한 신조어로, 인터넷에서 타인의 구매 후기를 읽고 충동을 느끼는 현상을 지칭한다. 이렇게 물건을 구매할 때는 '지르다'라는 말도 사용됐는데, 구매를 부른다는 '지름신'이라는 신조어와 함께 대표적인 쇼핑 트렌드로 자리 잡기 시작했다.[13]

오프라인 소비자가 온라인으로 자리를 옮기자 개인 빅 마우스•들도 함께 성장했다. 2007년에는 개인 미디어로서 '블로그 서비스'의 성장

• 빅 마우스 : 발언권이 크거나 시장에 영향력을 미치는 개인.

세가 두드러진다. 2006년과 비교했을 때 블로그 서비스 방문자 수는 포털이 제공하는 블로그가 아닌 개인 블로그조차 400%나 증가했다. 이에 네이버는 '파워블로그' 제도를 통해 전문가 블로거의 양성을 선언했고, 2007년 다음Daum으로 인수된 티스토리닷컴도 각종 전문가를 흡수하며 빠르게 성장했다. 개인 정서와 친분에 국한된 미니홈피는 내리막길로 접어들었고, 블로그는 검색 엔진을 통해 살펴볼 수 있어 전문가들의 의견이자 유용한 정보, 기사로 인식되기 시작했다. 오프라인에서 온라인 쇼핑을 도와주던 선배들이 온라인으로 넘어왔다고 볼 수 있다.

이런 트렌드는 온라인 서비스에도 영향을 미쳤다. 바로 가격 비교 사이트이다. 최저가 경쟁이 심화될수록 가격 비교 사이트의 성장률은 높아졌고 2006년에는 지금의 라인업을 모두 갖추었다. 대표적인 가격 비교 사이트인 에누리닷컴과 다나와의 매출은 급증했고 네이버와 다음에서도 가격 비교 서비스를 론칭했다.[14]

가격 비교 사이트가 성장할수록 이커머스 간 가격 경쟁은 한층 치열해졌다. 가격 비교 사이트에서 상품을 찾는 사람들이 늘어나면서 상위에 노출되기 위해 할인 쿠폰을 붙이는 출혈 경쟁이 이어졌고, 이에 대응하여 국내 대형 쇼핑몰은 내부 광고 구조 강화와 가격 비교가 쉽지 않은 특수 브랜드 상품을 도입하는 방식으로 승부했다.[15]

가격 비교, 이커머스 사업의 헤게모니 변환

이 시기는 우리나라 이커머스의 한 분기점이다. 고객은 동일한 상품을 구매할 때 최대한 싸게 사려 노력했다. 기존에는 가격 비교가 쉽지 않았다. 물건을 판매하는 여러 개 쇼핑몰을 일일이 찾아가며 봐야 했기 때문이다. 그런 과정을 통해 고객은 각 사이트별로 특징이나 장단점을 인식할 경험과 시간이 생겼지만, 모든 사이트를 다 돌아볼 수는 없었다.

그러나 가격 비교가 등장하면서 이커머스 간 비교는 오로지 '가격' 하나로 치환됐다. 그리고 이러한 구분이 가능해진 것은 앞서 설명한 몇 가지 요인들이 복합적으로 작용했다.

첫째, 네트워크 비용을 종량제로 지불하지 않았기 때문에 온라인 서핑 시간이 사용자에게 불이익으로 작용하지 않았다. 즉 인터넷 서핑에 많은 시간을 들더라도 더 싸게 구매할 수 있다면 사용자 입장에서는 이익이었다.

둘째, 상품의 동질성과 가격만 확보된다면 이커머스 서비스 자체의 차이는 거의 없었다. 앞선 시기에 대형 솔루션이나 몇몇 외주 개발사를 중심으로 구조적으로 큰 차이가 없는 이커머스 서비스들이 양산되었기 때문이다. 각 사이트들이 상품과 가격을 뛰어넘는 서비스적 가치를 제공하지 못했다는 뜻이다. 이런 상황에서 '가격 비교' 사이트가 만들어지면 이커머스사가 제공했던 상품 정보나 전시 매장을 통한 상품 차별성까지 모두 가격 비교 사이트에 빼앗겨버렸다. 게다가 이커머스 성공을 위한 핵심적 차별성인 '상품', '가격', '(배송 서비스를 포함한) 편의성' 면을 살펴보더라도 가격 비교 사이트의 승리였다. 누구보다 많은 상품을 확보하고 내부 경쟁을 통해 가장 싼 가격을 확보하고 있다는 점에서 가격 비교 사이트는 이커머스 사이트로서 큰 성공을 거머쥘 구조를 갖추고 있었다. 이런 상황에서 이커머스사가 할 수 있는 일은 오로지 가격을 낮추는 것뿐이다. 하지만 이커머스에 입점한 판매자가 더 이상 가격을 낮출 수 없는 상황이라면 이 가격 경쟁은 누구에게로 옮아갈까? 당연히 이커머스사였다. 이커머스사가 직접 부담하는 할인 폭이 커지자 적자를 볼 수밖에 없는 구조가 고착화되기 시작했다. 설상가상으로 이 경쟁 속에서 이커머스사가 온전히 부담하는 '네이버 가격 비교를 통해 구매 시 추가 할인 쿠폰'은 더더욱 고객들을 가격 비교 사이트로 재방문하는 학습 효과를 낳았다.

나는 이때를 기점으로 우리나라 이커머스 산업의 헤게모니가 '가격 비교'로 넘어갔다고 설명한다. 랭키닷컴 자료에 따르면 2007년 1월과 11월을 비교했을 때 종합몰의 산업 성장률이 오히려 -0.64% 역신장하는 모습을 보인다.[16] 가격 비교 사이트와 블로그 등이 이커머스 사이트들을 동질로 놓고 오로지 가격으로만 비교하면서 종합몰들이 쇼핑 포털로서의 입지를 잃고 전면 경쟁으로 넘어가게 됐다고 해석할 수 있다. 이후 국내 이커머스는 여러 회사의 경쟁이 이어질 뿐, 아마존처럼 압도적인 1위 기업이 출현하지 못했다. 알고 보면 1위 이커머스가 출현할 수 있는 경로를 네이버가 차단했다고도 볼 수 있다.

그렇다면 왜 이커머스사들은 가격 비교 사이트로 헤게모니가 넘어가도록 그대로 둔 것일까? 분명 이커머스사들도 가격 비교 서비스가 성장하고 있다는 점은 눈치 챘을 것이다. 그런데도 가격 비교를 통해서

인입했을 때 더 할인해주는 쿠폰을 붙이는 경쟁으로 발전했다는 점은 굉장히 의아한 부분이다. 하지만 이는 오프라인 유통사의 성장 방식을 살펴보면 자연스레 의문이 풀린다.

제조업과 유통업은 기본적으로 판매 채널 다각화를 중요시했다. 제조사는 마케터와 MD 모두가 신규 판매 채널을 확보하고 최대한 많은 고객에게 상품을 노출시키려 노력했고, 유통사 역시 지점을 확보하여 더 많은 지역에서 접점을 늘리는 방식으로 이익을 만들어나갔다. 이러한 맥락에서 이들은 가격 비교를 포털사의 막대한 트래픽에 광고한다는 것이라 여겼을 것이다. 업종을 분리해서 생각한 것이다. 업종 간 경계가 흐리게 나타나는 온라인 업종의 '빅블러Big blur 현상'에 대한 인식이 없었기 때문에 벌어진 일이다.

만약 네이버의 가격 비교 사이트가 또 하나의 이커머스이거나 쇼핑의 경로로 이용자 머릿속에 각인될 것임을 알았다면 그때도 할인 쿠폰을 붙이는 경쟁을 했을까? 이 시점까지 국내에서 '온라인 이용 시의 UX'라는 개념이 정착되지 않았다는 점도 오판의 이유가 될 듯하다. 실제 당시 현업에 있던 마케터들의 말에 따르면, 네이버 가격 비교라고 해도 네이버가 이커머스사에 입점을 요청을 하는 입장이었고, 이커머스사 입장에서는 손쉬운 트래픽 모집 수단이었기 때문에 위협이 될 선택이라고는 생각하지 않았다고 한다. 그리고 이 상황은 2011년 이후 종합몰과 오픈마켓 사이에서 또 다시 재현된다.

돋보기

이커머스1.0 시대를 보여주는 가치 체계도

by 김현수

여러 이커머스가 있을 때 고객은 어떤 이커머스를 선택할까? 이 질문에 도움을 받은 글이 하나 있다. 티몬과 29cm를 거쳐 현재 무신사에 재직 중이며 《미디어커머스 어떻게 할 것인가》를 쓴 김현수 작가가 플래텀에 공개한 글이다.[17]

이커머스 가치 체계도

출처 : 플래텀, 김현수, 2014

원문에서 저자는 안쪽 항목들이 이커머스를 선택하는 선행 기준이 된다고 말한다. 즉 안쪽 원의 내용이 만족되어야 그 다음 바깥쪽 원의 기준을 비교한다는 것이다.

내가 이해한 대로 설명해보자면 이렇다. 가장 기본적인 신뢰는 돈을 떼이지 않을 것이라는 '안정성'을 의미한다. 처음 보는 사이트나 엉성해서 문제가 있어 보이면 선택하지 않는다는 것이다. 반면 TV 광고에서 보았거나 대기업이 운영하는 경우 신뢰가 급상승해서 선택할 확률이 높아진다.

그 다음으로 신뢰가 확보된 사이트 중에 상품과 가격을 비교한다. 기본적으로 상품이 없으면 그 이커머스를 선택할 수 없다. 이것은 유통에서도 마찬가지라서 단독 제품Exclusive Product은 가장 큰 경쟁력이다. 이커머스가 더 많은 상품을 보유할수록 필요한 상품을 만날 가능성은 훨씬 높아진다. 동일한 상품을 보유하고 있다면 그 다음은 가격이다. 10원이라도 더 싼 쪽을 선택한다. 두 개의 원에 해당하는 여기까지의 항목이 이커머스를 선택하는 가장 핵심적인 가치에 해당한다.

신뢰, 가격, 상품이 모두 동일하다면 그 다음은 서비스 영역인 배송과 CS로 넘어간다. 배송은 고객에게 상품이 도착하는 방법의 편의성을 뜻한다. 요즘같이 배송 방법이 다양한 경우에는 더더욱 의미 있는 항목이다. CS는 무료 반품이나 고객 보상 등 고객이 더 만족할 만한 서비스를 제공하는지 여부에 따라 달라진다. 여기에는 고객센터뿐만 아니라 마이페이지를 통해 취소, 교환, 반품을 쉽게 처리할 수 있는지, 즉 자가 처리의 유용성에 대한 부분도 포함된다.

메인 프로세스에 해당하는 이러한 항목들이 충족되면 그 다음은 재방문 요소에 해당하는 적립 포인트, 마일리지 같은 '회원 자산'이 있어야 고객의 재방문을 유도할 수 있다. 이조차 동일한 상황이라면 그 다음에야 UI 편의성이 선택 기준이 되고 이 부분까지도 표준화되어있으면 차별적 흥미 요소, 호감도 등 BX적 가치와 재미가 이커머스를 선택하는 기준이 된다.

돋보기

온라인 갈라파고스 대한민국 이용자의 생태

인터넷 전용선을 바탕으로 빠르게 성장한 이커머스가 가격 비교 사이트를 통해 비교되기 시작하면서 몇 가지 새로운 고객 특성이 나타났다.

첫째, 대한민국 이커머스 사이트에 고객 사용성에 대한 기준이 형성되었다. 빠른 속도와 디자인에 대한 이야기다. 2009년의 G마켓과 아마존의 메인 화면을 비교해보면 이해하기가 쉽다.

2009년의 G마켓과 아마존 메인 화면

언뜻 보기에는 흰 바탕에 파란색을 포인트 컬러로 사용하고, 상단 헤더에 내비게이터와 검색 UI, 카테고리가 있다는 점에서 비슷해 보인다. 하지만 이 화면이 담고 있지 않은 부분에 엄청난 맥락적 차이가 존재한다.

G마켓 화면을 보면, 이미지가 대충 봐도 20개가 넘는다. 특히 중앙 메인 배너 위치는 1개가 아닌 10개가 넘는 여러 탭으로 이루어져 있고, 이 부분은 당시

유행하던 플래시로 제작되었다. 화면에선 보이지는 않지만 모든 상품 이미지는 움직이는 GIF 이미지로 만들어졌다. 또한 아마도 처음 접속 시 당시 유행대로 작은 윈도 팝업이 3~4개는 떴을 가능성이 높다. 엄청나게 많은 데이터를 불러와야만 로딩할 수 있는 구조다. 당시 세계 평균 7배에 달하는 속도를 자랑하는 인터넷을 정액제로 무제한 사용하던 국내에서나 가능한 내용이다.

반면 아마존 화면을 보면 이미지가 확실히 적다. 왼쪽의 내비게이션도 웹 브라우저 기본 텍스트 링크처럼 흰 바탕에 파란 글씨 링크로 되어있다. 이미지 수도 눈에 보이는 것이 전부다. 느린 인터넷 속도와 종량제 형태의 사용자들에게는 이러한 방식이 적합했다. 그뿐만이 아니다. G마켓의 UI를 자세히 살펴보면, 박스 형태의 그리드가 많다. 서비스 기획자로서 첨언하자면 이러한 형태는 추가 개발을 해야 한다. 상품명이 길 때는 일정 길이에서 잘라 노출되도록 만들어야 하고 이미지도 리사이즈를 통해서 정돈해야 한다. 반면 아마존은 등록된 길이 그대로 상품명을 노출시키고 있다.

이러한 차이는 인터넷 속도에서만 나온 것이 아니다. 현장에서도 그 이유를 찾아볼 수 있다. 2009년이면 내가 서비스 기획자가 되기 2년 전의 상황이라 초창기 일하던 환경과 비슷할 때다. 2011년에 입사하고 일을 배울 때 서비스 디자인 시안이 나오면 자를 대고 그리드가 틀어지지 않았는지 확인하는 선배들이 있었다. 반응형 사이트가 대세가 되기 전에는 자로 잰 듯 딱 맞는 UI 라인이 중요한 관리 포인트였던 것이다. 그럴 수밖에 없는 것이 대기업 유통사에서 시작된 이커머스사가 많았기 때문에 오프라인 유통사와 비슷한 보고와 관리가 이어졌을 것이다. 이런 디자인 형태는 결국 고객에게도 각인되었다. 국내 온라인 서비스들은 해외 서비스들과 비교했을 때 이미지 사용이 많고 지금도 영역이 박스로 분리되어 상대적으로 그리드 영역이 많다. 아마존과 완전히 같은 디자인을 사용하는 국내 이커머스는 지금도 없고, 그런 디자인은 국내 이커머스 고객에게 익숙하지도 않다. 거꾸로 말하면, 국내 고객들에게는 빠른 서비스 속도와 이에 적합한 UI가 학습되었다고 할 수 있다.

둘째, 이커머스 플랫폼에 대한 충성도가 낮아졌다. 이는 이사한 날, 처음 보는 동네 중국집에서 짜장면을 사 먹었을 때의 반응과 유사하다. 분명 중국집마다 맛과 서비스의 차이가 있을 텐데 큰 범주에서 불만을 느끼지 않는다. 우리나라 이커머스 고객은 충성도가 낮다. 상황에 따라서 이커머스 플랫폼을 선택한다는 뜻이다. 이커머스 충성도보다는 앞서 소개한 이커머스 핵심 가치 체계도를 바탕으로 그때그때 선택했다는 것이 훨씬 더 합리적인 설명이다.

이렇게 된 데는 이커머스 플랫폼 시스템의 문제도 있다. 가격 비교 사이트를 통해 동질의 상품을 얼마든지 가장 싼 사이트에서 구매할 수 있게 된 고객들은 특정 이커머스 플랫폼에서만 구매할 필요성을 못 느꼈다. 게다가 동일한 솔루션과 동일한 외주 인력을 통해 구축된 플랫폼인 탓에, 이커머스 플랫폼 간에 차이도 거의 없었다. 플랫폼의 형태가 거의 유사한 상태에서 차이를 줄 수 있는 것은 오로지 상품과 가격뿐이었다. 결국 이커머스 플랫폼 간의 경쟁이 상품 확보와 단가를 낮추거나 경쟁적으로 할인 쿠폰을 붙이는 것으로 발전했기에 고객들은 더더욱 이커머스 플랫폼에 충성도를 갖기 어렵게 되었다.

결론적으로 고객들은 가격 경쟁에 익숙해졌고, 이커머스를 이용할 때 오프라인 유통과는 달리 조금도 손해를 보지 않고 최대 이익을 추구하는 쪽으로 진화했다. 그리고 이러한 고객의 특성을 맞추기 위해 이커머스 플랫폼은 더더욱 출혈 경쟁을 이어가게 되었다.

5기

모바일 앞에서 머뭇거리다 (2007~2009)

국내에서 가격 비교를 중심으로 한 가격 경쟁이 심화되는 동안, 해외에서도 저가 경쟁이 자연스럽게 일어났다. 국내에서는 가격 비교 사이트 내에서 다수의 이커머스 간의 가격 경쟁이 일어났다면, 해외에서는 '아마존' 내에서 판매자들이 서로 경쟁을 벌였다는 점이 달랐다. 아마존의 3P 매출 비중은 1998년 3% 수준에서 2007년에는 28%에 달했고, 상품 수도 그만큼 증가했다. 아마존은 여전히 적자였지만, 닷컴버블 붕괴와 9.11 테러라는 사회적인 악재를 겪으면서도 큰 적자를 견디며 살아남았다. 아마존은 당시 타사와의 가격 경쟁에서 벗어나기 위해 노력했던 것으로 보인다. 아마존이 찾은 방법은 개인화 서비스의 기초를 갖추고 고정 로열티 고객을 보유하기 위한 유료 회원제인 아마존 프라임을 도입하는 방식이었다. 또한 2006년에는 아마존의 웹 클라우드

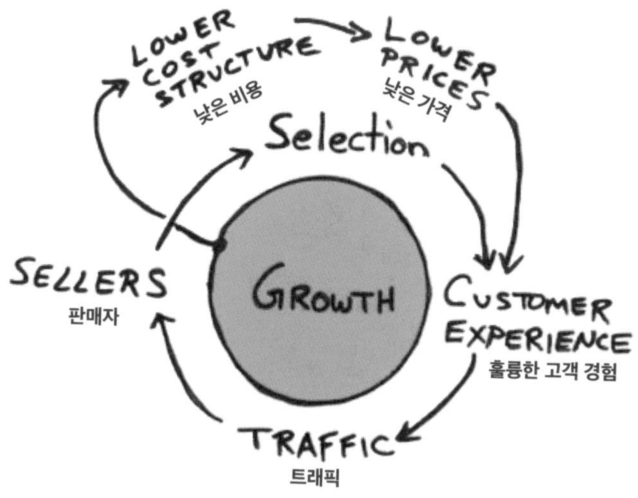

출처 : 아마존의 플라이휠 모델을 참조하여 재작성

시스템을 담당하는 AWSAmazon Web Services도 설립하여 수익 모델을 강화하기 위해 노력했다.

이커머스 업계에서 표준처럼 여겨지는 아마존의 '플라이휠Flywheel'은 2000년대 초반 창업 7년차에 직원들에게 공유된 내용인데, 냅킨에 슥슥 그려서 공유했다고 해서 '냅킨 스케치'라고도 불린다. 여기서 중요한 개념 세 가지가 나오는데 selection, low prices, experience다. 아마존은 상품 수selection를 늘리기 위해 제3자인 판매자를 넓히기 시작했고, 이를 통해 가격 경쟁을 부추기며 낮은 가격low prices을 만들 수 있는 구조를 만들었다. 더불어 더 좋은 고객 경험experience을 위해 물류 센터를 만들고 멤버십 서비스를 만들어나갔다. 구조적 비용 절감에 AWS라는 유휴 자원을 활용한 수익 모델도 딱 맞아 떨어졌다. 장기적으로 볼 때 selection에 해당하는 '상품 구색의 수'는 현물로 된 상품만을 대상으로 할 필요는 없었다. 아마존의 비전대로 '고객이 살 만한 모든 것을 판다'는 기조 아래 어떤 것이든 판매될 수 있었고 실제로 모바일 시대로 진입하면서 우리의 모든 것이 이커머스의 판매 대상이 되었다.

2007년은 온라인 서비스 역사에 있어 혁명의 해다. 바로 '아이폰'이 출시된 것이다. 검은 폴라티에 청바지, 뉴발란스 운동화를 신고 한쪽 손을 주머니에 찔러 넣은 스티브 잡스의 이미지는 새로운 시대를 연 선지자의 모습으로 모두의 머릿속에 각인되었다. 구글도 2005년 인수한 스마트폰 OS인 안드로이드를 무료 공개하기로 선언했다.[18] 모바일 서비스의 OS 선점을 위한 전쟁의 서막이었지만, 안타깝게도 국내는 이러한 흐름이 빠르게 전파되지 않았다.

애플 쪽에서도 아이폰의 한국 정식 판매를 중요하게 생각하지 않았다고 하고, 국내 통신사들도 판매를 망설였다. 이유는 명확했는데 바로 와이파이와 2G 시절의 블로트웨어• 때문이었다. 과거 2G 시절의 폰을 기억해보면 재밌는 사실이 하나 있다. 당시 폰에 앱 비슷한 서비스들이 깔려 있었는데, 모두가 통신사 전용 서비스였다는 점이다. 하다못해 벨소리를 지정하는 앱조차 통신사를 통해 제공된 서비스로만 이용 가능했다. 그리고 'June'과 같이 간단한 텍스트와 이미지 정도로만 이루어진 해상도가 엄청 낮은 인터넷 서비스도 분명 있었다. 이때 서비스를

• 블로트웨어 : 휴대폰 구매 시 기본적으로 설치되어있어서 변경할 수 없는 소프트웨어. 기존 2G폰에서는 제조사와 무관하게 통신사에서 개발한 전용 소프트웨어가 설치되어있었다. 현재 안드로이드 계열은 이와 비슷한 블로트웨어가 있지만 기존 2G처럼 절대적으로 사용되진 않는다.

WAP•이라고 하는데 이용료가 '30초에 100원' 정도로 어마어마했다. 이를 인지하지 못하고 WAP를 통해 게임을 하거나 서비스를 사용해 수백만 원의 통신 요금이 나와 어린이가 자살하는 등 사회 문제가 일어나기도 했다. 쉽게 말해 2G 시절 피처폰은 모든 서비스가 통신사에 묶여 있고, 통신사는 이를 통해 굉장히 큰 수익을 벌어들이는 구조였다. 문제는 아이폰은 이런 서비스를 '지양'했다는 점이다. 애플이 원하는 대로 와이파이를 통해 직접 인터넷을 사용하게 하고 온라인 메신저와 인터넷을 통해 무료 전화VoIP, Voice over Internet Protocol까지 될 경우 통신사는 기존의 수익원을 잃을까 걱정이 앞섰다. 또한 애플은 통신사의 수익원인 블로트웨어 설치도 전면 거부했다. 스마트폰의 핵심은 앱 스토어를 통한 앱 생태계의 확대였으니 당연한 태도였다.

그렇다고 2007~2008년 국내에 스마트폰이 없었던 것은 아니다. 다만 ios와 안드로이드 시스템이 장착되지 않은 국내 스마트폰 수준은 굉장히 낮았다. 삼성이 2008년 윈도 기반의 '옴니아'를 출시했고, 2009년에는 그 악명 높은 '옴니아2'도 출시했다. 알다시피 반응은 처참했다. 이 때문인지 스마트폰의 미래를 부정적으로 보는 시각도 일부 존재했다. LG전자가 이 시기 스마트폰의 인기는 오래 가지 않을 것이라는 컨설팅 결과를 받고 스마트폰에 빠른 투자를 하지 않았다는 이야기는 유명한 일화다.[19]

국내 스마트폰 도입이 늦어진 것에 대해 꽤나 많은 설명을 하는 데는 이유가 있다. 모바일 세상이 늦어지면서 국내는 PC 기반의 온라인 서

• WAP(Wireless Application Protocol) : 휴대 전화기 등을 인터넷과 연결하는 기술.

비스들 사이에 치열한 경쟁의 시대가 지속되었고, 고객들 또한 PC 환경에서 이른바 '고인물'이 되었다. 어떤 프로모션을 하든 노련해진 고객을 장기적인 사용자로 잡아두는 데는 한계가 있었다.

그 사이 가격 비교는 더더욱 편리해졌다. 오픈 ID 서비스 덕이었다. 싸이월드 중심이었던 이용자들은 점차 해외에서 넘어온 페이스북과 트위터로 넘어가기 시작했고, 이런 흐름을 타고 오픈 ID 서비스가 점차 늘어나기 시작했다. 별도의 가입 없이 구글, 페이스북, 트위터의 ID로 서비스 이용이 가능하다니 굉장히 획기적으로 보였다. 국내에서도 네이버가 2009년 7월, 구글의 체크아웃 서비스를 모델로 한 '네이버 체크아웃' 서비스를 오픈하면서 오픈마켓에 밀린 개인 쇼핑몰에 다시 호흡을 불어넣었다.

기존 가격 비교 서비스에서 가장 선택받지 못하던 곳은 이른바 '듣보잡'이라고 불리는 '듣지도 보지도 못한 잡다한 소형 쇼핑몰'들이었다. 이들은 회원 가입 시점에 이탈하는 고객으로 고민이 많았는데 회원 가입 없이 네이버 ID만으로 구매할 수 있게 해주니 고객 입장에서는 다나와, 에누리닷컴 등 기존 가격 비교 사이트보다 네이버 가격 비교를 이용하는 게 점점 편리해졌고, 개인 쇼핑몰 입장에서도 기존 결제 서비스 연결이 쉽고 간편할 뿐 아니라 사이트 신뢰도의 확보와 매출 증대를 가져올 수 있어 환영할 만했다. 네이버는 이를 통해서 검색 광고 수익을 올리는 효과를 누릴 수 있었다.[20]

가격 비교가 깔아놓은 판에서 단연코 앞설 수 있었던 이커머스는 '오픈마켓'이었다. 상품이 많고 구조적으로 판매자가 낮은 가격을 올리도록 유도하고 있었기 때문이다. 사실상 시장 점유율이 카운트되지 않는 가격 비교를 제외하면, 오픈마켓은 당시 전체 이커머스 시장에서 반 이상의 점유율을 차지했다. 정보통신정책연구원에 따르면, 오픈마켓의 매출 규모는 2003년 7,800억 원, 2004년 1조 4,800억 원, 2005년 3조 원으로 매년 100%씩 성장했다.[21] 2007년에는 전체 거래 규모가 7조 5,000억 원 정도로 추정되며 전체 이커머스 시장의 절반 이상에 육박했다.[22]

특히 가장 높은 성장을 보인 곳은 G마켓이었다. 2007년 1분기 G마켓은 만년 2위를 털어내며 70%가 넘는 높은 성장률로 오픈마켓 1위를 수성했다.[23] 일부는 이 시점에 G마켓이 동대문 의류 판매자들을 셀러로 대거 전환시킨 것이 큰 역할을 했다고 설명한다. G마켓에서 '패션사업팀'이라는 부서를 꾸려 동대문 상인들을 셀러로 바꾸고 소규모 셀러를 많이 양산했기 때문이다. 부가 서비스로 사진을 올릴 수 있는 이미지 서버 등을 제공하여 판매자가 자체 인프라 없이도 G마켓에 등록한 상품 정보를 주축으로 온라인 판매를 넓혀나갈 수 있도록 발판을 마련해주기도 했다. 개인 판매자를 위한 책도 이때부터 나오기 시작했다. 《G마켓에서 10억 벌기》는 당시 대학생인 나도 구매했던 기억이 있다. 물론 아무 것도 팔아보진 않았지만, 마음만은 10억 원을 벌 수 있을 것만 같은 기분이었다.

G마켓 관련 도서

신뢰를 바탕으로 성장한 11번가의 성공적 오픈

그러나 이 시기에 이커머스 서비스 기획자로서 관심을 가져야 할 사건은 따로 있었다. 2008년 '11번가'의 성공적인 오픈이다. 오픈마켓 성장이 지속됨에 따라 대기업 SK가 기존의 싸이월드, 멜론, 네이트 등의 성공 노하우를 발휘해 오픈마켓 시장에 뛰어들었다. 그리고 2009년 전체 2위의 기록으로 마무리했다. 국내 이커머스 역사상 대기업이 후발주자로 진입하여 가장 빠르게 성장한 전무후무한 케이스다. 지금까지도 대기업이 큰돈을 쏟아부으면 단번에 1등을 할 수 있지 않을까 말하는 사람들이 있는데 아마 이때의 사회적 경험 탓이 아닌가 싶다.

11번가는 어떻게 빠른 성장을 할 수 있었을까? 2018년 즈음 당시 11번가의 UX랩에서 근무했던 분의 특강을 들은 적이 있다. 그분은 그 이유를 이렇게 설명했다.

"11번가를 처음 만들 때 재미있는 시도들을 했는데 그것이 서비스를 성공적으로 안착시켰어요. 명동 거리의 작은 상점에 들어가는 듯한 모습을 그대로 따와서 길을 걸어가는 듯한 UI를 만들었고, 네이트온을 통해서 친구와 상품을 공유하는 기능도 넣었죠."

고개가 갸웃했다. 나는 손을 들고 질문했다.

"당시에 그러한 UI 기능들이 고객에게 효과가 있었다는 지표가 있나요?"

그는 그렇게까지 확인해보지는 않았다고 했다. 당시 회사들은 데이터 지표로 성과를 확인하지 않았다. 그래서 그때 수많은 기록이 실제 서비스와 성공 요인을 정확하게 설명하지 못한다. 과거에는 서비스 UI를 만들 때 기획자와 디자이너의 생각을 바탕으로 한 재미있는 시도가 많았다. 그러나 그런 서비스들이 지속되지 않고 이내 사라졌다는 점에서 중요한 성공 요인이라고 보기에는 무리가 있다. 나 역시 서비스를 만드는 사람으로서 제공자 입장에서 스스로 핵심 요인이라고 생각하는 것이 실제 성공 요인이 아닐 수 있음을 11번가 사례를 보면서 떠올리고는 한다. 때론 화려한 외면이나 서비스 기능보다는 눈에 보이지 않는 중요한 것이 따로 있을 수 있다. 11번가의 성공에도 진짜 펀치라인은 따로 있었다.

정작 모두가 기억하는 11번가의 핵심 가치는 2008년 10월에 선포한 '위조품 보상제'였다. 2NE1를 앞세운 각종 티저 광고에서 11번가는 '110% 보상제'를 머리에 각인시켰다. 구매자가 11번가를 통해서 구매한 제품이 위조품으로 의심되면 100% 결제 대금 환불과 결제 대금의 10%를 포인트로 제공한다는 내용이었다.[24] 위조품 문제는 당시 옥션과 G마켓 중심의 오픈마켓이 골머리를 앓고 있던 가장 큰 문제였다. 지금도 네이버 지식in에서 'G마켓'을 검색해보면 당시에 쌓인 여러 질문을 볼 수 있는데 그중에서도 G마켓 판매 상품이 정품이 맞는지 알 수 있냐는 질문이 가장 많다.

짝퉁 문제는 심각한 수준이었다. 공정거래위원회가 G마켓에 짝퉁 상품일 경우 고지를 명확히 하라는 시정 명령을 내릴 정도였다. G마켓은 2005년 5월부터 2008년 8월까지 2만 9,163종류, 131만 3,144건의

11번가의 '위조품 보상제' 이용 안내 배너(출처 : 11번가)

상표권 침해 신고를 받았고, 일평균 1,662건의 짝퉁이 조사되었다. 오픈마켓에서 짝퉁 제품 방지를 위한 자체 프로그램이 실시한 후에는 일평균 50여 건으로 감소했지만[25] 고객의 마음속에는 이미 오픈마켓에는 짝퉁이 많다는 인식이 자리 잡혔다. 자체 프로그램을 도입했다 해도 근본적인 해결은 불가능했다. 브랜드 공식 업체에 짝퉁 발견 시 신고할 수 있는 권한을 주고, 신고가 들어오면 즉시 짝퉁 상품의 노출을 막는 방식에 그쳤기 때문이다. 이는 입점 시 모든 상품을 검수할 수 없는 오픈마켓의 특성 때문이기도 하다. 보유 상품이 거대해질수록 짝퉁 수도 많아질 수밖에 없었다. 현재까지도 규모를 키운 모든 이커머스가 '판매 상품 품질 보증' 문제를 겪고 있다는 점에서 이는 역사적으로 반복되는 쟁점이라 할 수 있다.

여하튼 당시에는 짝퉁의 발생을 근본적으로 막을 방법이 없었다. 그렇기에 보상을 해주는 11번가의 방식은 적극적인 마케팅 수단이자 신뢰를 획기적으로 상승시키는 요인이 되어 고객의 선택을 받은 것이다.

그렇다면 11번가의 고객들은 어디에서 왔을까? 물론 이커머스 시장은 지속적으로 성장해오긴 했다. 그렇다고 해서 11번가의 성장이 신규 고객으로만 확보된 것은 아니다. 11번가가 노린 '신용도 높은 대기업이 운영하는 오픈마켓'이라는 포지셔닝은 기존 오픈마켓에도 타격을 주었지만 롯데, GS, CJ 등 종합몰에 더 타격을 주며 오픈마켓을 중심으로 한 이커머스 생태계를 형성하는 데 일조했다. 오픈마켓이 저가 상품과 다수의 물량으로 성장하는 동안 종합몰은 저가 경쟁을 지양하고 자사 브랜드의 고급화 전략을 구사했는데[26] 11번가가 오픈마켓인데도 종합몰이 가지는 기업 안정성과 브랜드 전문관을 모두 가지고 있었던 것이다. 따라서 11번가는 종합몰의 고객을 가져왔다고 판단한다.

코리안클릭의 2009년 자료에 따르면, G마켓, 옥션 등에서 상품을 검색하다가 11번가에서 비슷한 상품을 찾으려는 비율이 각각 52.2%, 51.2%로 나타난 반면, 롯데닷컴 등 종합몰 소비자가 11번가를 중복 방문하는 비율은 60~70%로 조사되었다.[27] 즉 11번가의 성공은 초창기 종합몰에서 오픈마켓의 형태로 경험을 이전시키며, 오픈마켓 중심의 이커머스 생태계를 공고히 하는 효과를 가져왔다.

물론 '신뢰'만으로 단숨에 2위까지 차지한 것은 아니다. 오픈마켓 뒤에는 항상 가격 비교가 있다. 즉 오픈마켓으로 성공하려면 '트래픽'을 계속 확보하고 '판매자와 상품'이 몰리도록 해서 자연스럽게 저가를 형성하는 것이 중요하다. 11번가는 대기업이 만들어 성공한 사례였기 때문에 오픈 시점부터 대규모 TV 광고와 프로모션으로 초반부터 트래픽을 끌어올렸다. 아무리 많은 사람이 몰려와도 상품이 없으면 구매로 이어지지 못할 텐데, 11번가는 오픈하기 몇 개월 전부터 판매자 사이트를 일찌감치 열어 상품을 등록시켜왔다. 게다가 당시 이커머스 업계에서 일하던 직원들을 대거 스카우트했는데, 이때 MD와 함께 기존 업체들의 계약 업체 리스트도 함께 넘어갔다는 것이 업계 소문 중 하나다. 적어도 이직한 MD들이 친분이 있는 개인 판매자들과 또다시 계약하는 것은 어렵지 않은 일이었을 것이다. 왜냐하면 이 시점에 '쇼핑몰 통합 솔루션'이라고 불리는 회사가 대거 등장하며 문어발식 입점이 가능해졌기 때문이다.•

2008년 11번가의 성공으로 오픈마켓 시장은 더욱 치열해지면서 업계에 예상치 못한 변화를 가져왔다. 2007년부터 G마켓을 보유한 인터파크는 G마켓 매각에 대해 계속해서 정보를 흘렸다. 매각의 이유는 도서, 여행 등의 사업에 더 많은 금액을 투자하고 신사업을 하기 위함이라고 밝혔다. 가장 유력한 후보는 당시 2위 오픈마켓이던 옥션을 보유한 이베이였다. 그런데 이베이가 G마켓을 인수하면 오픈마켓 시장의 80% 점유율을 차지하게 되어 공정위(공정거래위원회)에 의해 인수가 무산될 가능성이 있었다.[28] 이 상황에서 11번가가 갑자기 무섭게 치고 올라왔으니 인터파크에게는 새로운 기회였다(물론 이때의 매각이 인터파크에 좋은 선택이었는지는 지금의 시각으로 다시 생각해볼 문제이다).

2009년에 이르자 인수 후보는 이베이에 이어 11번가까지 두 군데로 늘어났다. 이베이는 공정위의 요구 사항(3년간 판매 수수료 동결)을 지키

• 쇼핑몰 통합 솔루션에 대해서는 [돋보기 : 쇼핑몰 통합 솔루션과 가격 비교가 만났을 때]에서 자세히 다루었으니 해당 페이지를 참고하기 바란다.

겠다고 했고, 인터파크는 G마켓 보유 지분 전량을 이베이에 매각했다. G마켓 지분의 약 29%에 달했다. 이로써 이베이는 옥션과 G마을 모두 차지하며 국내 1위 오픈마켓 운영 기업이 되었다.[29]

이렇게 PC 시대의 이커머스는 오픈마켓과 가격 비교 중심의 '상품 구색'과 '가격'이 중요했던 시기를 지나 '신뢰'를 바탕으로 한 11번가, 네이버 체크아웃을 통한 소호의 성장까지 이루어지며 마무리되었다.

쇼핑몰 통합 솔루션과 가격 비교가 만났을 때

이커머스의 시작은 대기업 중심으로 직매입과 위탁을 기반으로 한 종합몰이었고, 그 다음은 이커머스 솔루션을 기반으로 우후죽순 생겨난 소규모 소호몰이었다. 그리고 그 다음에는 가격 비교에서 승리한 오픈마켓이 주류로 자리 잡았다. 중간중간 개인 간 P2P 경매 방식과 공동 구매 형태도 있었으나 주류로 남지 못하고 금세 시장에서 사라졌다.

판매자인 셀러 입장에서 본다면 처음에는 우리가 이름만 들어도 알 수 있는 유명한 브랜드 제조사들이 온라인 밴더사를 통해 종합몰로 입점했다. 그 다음에는 소규모 창업자들이 소호몰을 열어 동대문에서 사입한 의류나 소매로 매입한 상품을 팔았다. 이후 오픈마켓이 생기자 개인 판매자까지 입점했다.

오픈마켓과 종합몰 수가 계속 늘어나면서 셀러 입장에서는 몇 개의 플랫폼에 입점할 것인가에 대한 고민이 생길 수밖에 없었다. 기존 오프라인 유통업자 기준으로 볼 때 판매 채널 확대는 중요한 매출 증가 방식이다. 지금도 브랜드 제조사의 영업 조직은 어떤 판매처를 가져갈 것이며 각각의 판매처별로 어떠한 전략을 세울 것인지에 대해 고민한다. 오프라인 유통 기준으로 생각해보면, 새로운 채널은 새로운 지역과 새로운 타깃 고객을 만날 기회이므로 그만큼 매출을 늘릴 수 있다. 오프라인은 그 무엇보다도 지역적 접근성이 크게 작용하기 때문이다. 예를 들어 똑같이 백화점에 입점한다고 해도 본점 하나에만 입점하는 것과 본점과 부산점 두 군데에 입점하는 것은 큰 차이가 난다. 여기에 더해 전혀 다른 종류의 유통 채널인 대형마트에 입점하게 되면 다른 부류의 고객과 새로운 접점을 만들 수 있다. 그래서 제조사들은 판매 증진을 위해 최대한 많은 채널에 진입하려고 한다. 공식몰과 같은 자사몰 플랫폼을 성장시킬 계획이 아니라면 최대한 많은 유통 매장에 입점하는 것이 이익으로 느껴지는 것이다.

문제는 온라인 유통 채널의 확장이 오프라인보다 훨씬 불편하다는 점에 있다. 오프라인 유통은 물류 공급망만 확보하면 이후에는 공급 수량과 단가만 결정하면 되는데, 온라인 이커머스에는 귀찮은 절차가 또 있다. 쇼핑몰에서 제공하는 시스템에 맞추어 '상품 등록'을 해야 한다는 것이다. 같은 상품이라도 입점한 플랫폼의 시스템은 통일되어있지 않으니, 10군데 입점하려면 10군데 시스템에 동일한 정보를 약간씩 다른 형태로 등록해야 한다. 지속적으로 새로운 상품을 등록하고 재고를 변경하며 상품 소개를 바꾸는 건 셀러 입장에서 여간 불편하고 인건비가 많이 드는 부분이 아닐 수 없다. 국내에는 미국 아마존처럼 압도적으로 시장을 차지한 이커머스가 없으니 취사 선택을 하기도 어려웠다. 비슷비슷한 규모의 플랫폼이 계속해서 늘어났고 일손은 부족했다. 그리고 이러한 고민을 페인 포인트pain point로 하여 새로운 비즈니스 시장이 문을 열었다.

바로 '쇼핑몰 통합 솔루션'이라 불리는 시장이다. 솔루션이라고 불리지만 사이트 호스팅사와는 또 다른 개념이다. 2020년 기준으로 플레이오토, EC모니터, 사방넷 등 전문 업체만 10여 개가 넘고, 소호몰들의 시작점으로 꼽히는 호스팅사 카페24도 이러한 멀티 입점을 위한 툴을 제공한다. 개념은 간단한데 효과는 엄청나다. 쇼핑몰 통합 솔루션에 상품을 등록하면 입점한 여러 플랫폼에 자동으로 등록되는 방식이다. 주문·배송 처리를 하는 것도 하나의 시스템에서 처리가 가능하다. 만약 10군데 플랫폼(어떤 경우는 20군데도 넘게 입점한다)에 입점하여 각각의 시스템에 상품 등록과 주문, 고객 응대를 해야 했던 셀러가 3명의 인원을 채용해야 했다면, 이 모든 것을 하나의 시스템에서 처리하면서 1명의 업무로 바꿀 수 있게 된 것이다. 엄청난 비용·시간 절감 효과를 가져온 획기적인 서비스다.

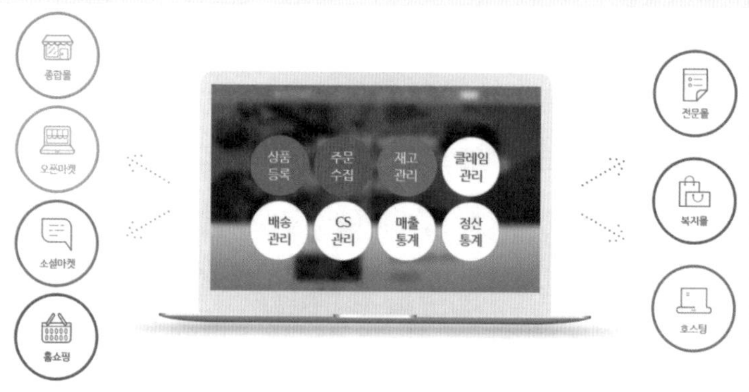

통합 솔루션 중 '사방넷'의 설명 이미지(출처 : 사방넷)

모든 일에는 양면성이 있다. 이 천사 같은 서비스 또한 특정한 상황에서 보면 '빌런'이 되기도 한다. 초기 이커머스 시장에서 쇼핑몰 통합 솔루션은 빠르게 상품을 모으고 성장할 수 있는 발판인 동시에 이커머스 플랫폼의 여러 가지 한계를 만드는 빌런이기도 했다.

이커머스의 근간이 되는 것은 상품이다. 독점적 상품 확보는 이커머스로 고객을 데려오는 가장 큰 수단이다. 그런데 판매자가 동일한 상품을 여러 곳에 올린다는 것은 이런 변별력을 떨어뜨린다. 이미 상품을 확보한 곳에서는 다른 곳에 입점시키는 것이 싫을 것이고, 아직 상품을 확보하지 못한 곳에서는 솔루션과 연동해서 더 많은 상품이 넘어오게 하려고 애쓸 것이다. 결국 이커머스 간 상품 차별성이 떨어질 수밖에 없다.

상품이 모두 같으면 그 다음으로 중요한 것이 '가격'인데 쇼핑몰 통합 솔루션은 여기에서도 빌런 역할을 한다. 동일한 상품 정보 데이터가 복사되어 넘어오면 가격 경쟁력도 가질 수 없다. 가격 경쟁력을 가지려면 셀러와 별도의 협상을 해야 한다. 하지만 이커머스사의 MD가 수천만 개에 달하는 상품의 가격을 협상하기란 쉽지 않다. 게다가 아마존처럼 강력한 이커머스가 아니라면 판매자에게도 이익이 안 되기 때문에 이커머스의 요청을 들어줄 필요가 없어진다. 결국 이커머스사가 가격 할인을 끌어안고 책임지게 된 것이다.

하지만 이는 쇼핑몰 통합 솔루션이 아니었어도 충분히 발생할 수 있는 문제였을 수 있다. 사실 가장 큰 문제는 '가격 비교'와 '재고'에서 발생했다. 쇼핑몰 통합 솔루션을 통해 여기저기로 뻗어나간 동일 상품 정보가 다시 가격 비교 서비스에서 만나기 때문이다. 이런 경우 전체 시장에서 재고가 뻥튀기되는 현상이 일어난다. 이 문제는 코로나19 초창기인 2020년 상반기 마스크 판매량이 급증하면서 여실히 드러냈다.

다음 네 개의 이미지를 보면, 특정 상품이 여러 사이트에 올라와 있는 것이 보인다. 하지만 사실 한 개의 마스크 회사에서 통합 솔루션을 통해 여러 쇼핑몰로 판매한 단일 상품이다. 심지어 마지막 이미지에서는 신세계몰로 입점시킨 상품이 쇼핑몰 간 연동 판매를 통해 또다시 G마켓으로 입점된 것까지 확인할 수 있다. 이것을 알 수 있는 힌트가 있다. 반품 주소지가 모두 같다는 점이다.

만약 이 회사가 마스크 재고를 100개만 갖고 있었다고 해보자. 쇼핑몰 통합 솔루션을 통해서 100개의 재고는 여러 개의 쇼핑몰로 복사되어 입점될 것이다. 일일이 쇼핑몰별로 재고를 분리할 필요가 없다. 어디서 팔리든 촉박하지만 않으면 통합 솔루션에서 주문 정보를 모아 실재고를 차감한 뒤 다시 각 쇼핑몰로 연동해

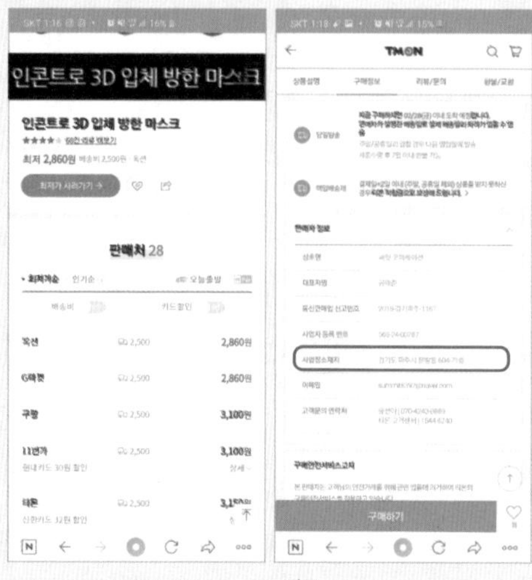

마스크 온라인 판매처 티몬

쿠팡 G마켓

주면 되기 때문이다. 문제는 모두가 달려들어 주문할 때 발생한다. 시장에는 순간적으로 '100개×입점한 쇼핑몰' 만큼의 주문 가능 수량이 생기고, 고객은 각자 선택한 쇼핑몰에서 숨 가쁘게 주문을 할 것이다. 실제 주문된 엄청난 양의 수량이 배달 불가능하다는 사실을 판매자가 깨달았을 때는 고객이 이미 주문을 마치고 배송을 기다리는 순간이다. 특히 마스크 재고가 부족했던 그 시기에는 더더욱 심각했다. 주문 후 재고 부족으로 취소당한 고객들이 연일 항의하면서 뉴스를 달구기도 했다.

국내 이커머스의 수많은 항의 중 지금까지도 해소하기 어려운 것이 바로 이 과잉 주문에 대한 취소 문제다. 판매자 입장과 고객 입장 그리고 고객의 경험을 관리해야 하는 이커머스 플랫폼의 문제가 첨예하기 대립하기 때문이다.

플랫폼 입장에서는 문제가 하나 더 있다. '상품 정보'의 문제다. '데이터는 미래 산업의 원유'라는 말이 있다. 이커머스의 데이터라면 '상품의 정보', '사용자의 수집 가능한 모든 정보', '결제에 관한 정보' 세 가지인데, 쇼핑몰 통합 솔루션을 거치면서 이커머스 플랫폼별로 차별성 있는 상품 정보 데이터를 얻기 어렵다. 때문에 규모가 큰 이커머스사에서는 상품 정보를 판매자로부터 얻는 것을 포기하고 내부적으로 확인하여 생성하고 저장하는 조직을 따로 갖출 정도이다. 상품 데이터가 확보되면 검색과 탐색의 과정뿐 아니라 더 초개인화를 통한 맞춤형 콘시어지 서비스도 가능해지기 때문이다.

이렇게 이커머스사의 입장에서 볼 때 쇼핑몰 통합 솔루션이 가지고 있는 위치는 빌런에 가깝다. 하지만 판매자 입장에서 보자면 무조건 필요한 서비스이다. 중요한 것은 이미 국내 이커머스 사업 유통망이 이렇게 촘촘하게 짜여 있다는 점이다. 국내에서 사업할 때는 이러한 환경을 고려하여 정책과 전략을 짜거나 아니면 완전히 다른 방식으로 게임 체인저가 되어야 한다. 이커머스를 만드는 입장에서는 정말 어려운 문제다.

2부

모바일 혁명의 시대

6기

스마트폰과 개인정보보호법 (2010~2011)

아이폰이 우리나라에 늦게 들어올 수밖에 없던 이유

스마트폰 앞에서 머뭇거리는 기간이 늘어날수록 대한민국 온라인 고객들은 가격 경쟁에 길들여지며 1원도 손해 보지 않으려는 성향을 굳혀갔다. 스마트폰은 '뉴초콜릿폰'을 지나 '롤리팝폰'까지 피처폰 경쟁이 이어졌고•, 2008년 국내 스마트폰 보급률은 0.4%, 2009년에는 1.4% 정도에 그쳤다. 그나마도 희대의 망작이라고 불리는 삼성 옴니아와 노키아 스마트폰 등 해외와 비교해 경쟁력 없는 기기들이 차지

• 뉴초콜릿폰은 2005년 출시한 초콜릿폰의 후속작으로, 전면 액정 형태의 2G폰이다. 롤리팝폰은 2009년 LG전자에서 청소년을 대상으로 출시한 2G폰이다. 아이폰이 수입되기 전 국내에서 마지막으로 큰 인기를 끌었다.

하고 있었다.

아이폰이 들어오는 시기가 점점 늦춰지면서 마치 이솝우화에 나오는 '여우의 신 포도'처럼 아이폰이 들어와도 한국에서는 특별하지도 대단하지도 않을 거라는 시각까지 나타나고 있었다.[30] LG전자에서 스마트폰 유행이 단기적이라고 컨설팅을 받은 후 전폭적인 지지를 하지 않았다는 전설 같은 이야기의 시점이 바로 이때이다. 아직 겪어보지 못했기에 국내에서는 스마트폰이 주는 다양한 경험을 상상조차 하지 못했다. 스마트폰이 기계의 문제가 아니라 문화의 변화라는 사실은 오로지 해외에서 써본 자들만 알고 있었고, 이들은 스마트폰 출시가 더 늦춰질까 봐 발을 동동 구르면서도 통신사의 선택을 기다릴 수밖에 없었다. 통신사 입장에서는 고민이 깊어졌다.

앞장에서 설명했듯, 통신사는 피처폰 환경에서 벨소리 서비스나 무선 인터넷 서비스 등으로 상당한 수익을 올리고 있었기에 변화를 환영하지 않았다. 인터넷 메신저가 SMS를 대체할 경우 통신사의 손해가 막심해진다. 실제 LTE 기준으로 '카카오톡' 사용 시 드는 비용은 문자 전송 요금보다 95%나 저렴한 0.25원에 불과하다.[31] 3사 과점 시장인 통신사에서 굳이 이러한 손실을 자초할 이유가 없었기에 아이폰의 국내 도입은 요원했다. 피처폰만으로도 휴대폰 보급률이 97%에 이르렀고, 약 1.5%의 국내 스마트폰은 인식 자체가 부족한 상태였다.

물론 끝은 있었다. 스마트폰 출시 눈치 게임은 통신사 만년 2인자였던 KT에 의해 막을 내렸다. KT는 일본의 소프트뱅크가 그랬던 것처럼 아이폰을 들이면서 큰 도약기를 맞이할 수 있었다. KT가 발 빠르게 애플과 계약을 마치고 아이폰 출시를 기사화하자 경쟁 통신사들도 재빠르게 안드로이드폰 출시를 위해 전력을 다하기 시작했다.[32] KT의 아이폰 출시 소식이 기사화되긴 했지만 그 시기는 계속 늦어졌다. 그러면서 스마트폰에 대한 관심도가 높아졌는데, 이때 옴니아2를 비롯한 국내산 저품질 스마트폰들이 과열된 양상에 편승해 판매고를 올리기도 했다. 이때의 나쁜 경험으로 인해 2010년 대형 히트작이 나올 때까지 소비자들에게 국내 스마트폰과 국내 스마트폰 OS에 대한 인식은 좋지 못했다.

드디어 2009년 말, 아이폰이 KT에서 정식 출시되었다. 온라인 예약 첫날에만 1만 5,000명이 몰리며 큰 관심을 받은 스마트폰은 폭발적인 판매고를 올렸고, 이듬해인 2010년 상반기에만 약 230만 대를 팔아치우며 스마트폰 보급률을 획기적으로 끌어올렸다.[33] 2010년 하반기 국내 스마트폰 보급률은 휴대폰 판매 시장의 17%에 달하는 비중을 차지하며 1년 만에 세계 평균 수준을 따라잡았다. 2011년 5월에 출시된 갤럭시S2는 이러한 기세를 타고 한 달 만에 100만 대를 판매하는 엄청난 인기를 보이며 스마트폰 보급에 일조했다. 그 결과 2011년 말 국내 스마트폰 보급률은 세계 평균 두 배에 달하는 40%에 이르게 되었다.

스마트폰이 불러온 새로운 쇼핑몰의 출현

이커머스와 직접적인 관련이 없는 스마트폰 보급 과정에 많은 지면을 할애한 것은 그만큼 의미가 깊은 사건이기 때문이다. 모바일이 보급된 이 시기를 분수령으로 우리나라 온라인 산업은 크게 달라졌다.

가히 '혁명'이라 칭할 정도다. 물론 누구보다도 빠른 인터넷 속도를 자랑했지만 모바일 환경이 늦게 형성된 탓에 기형적인 기대감을 이겨내야 했다. 고객들은 온라인 서비스 이용 속도에 대한 기준이 높고, 온라인 서비스를 통해 누리던 모든 혜택을 모바일에서도 동일하게 누리길 원했다. 이때쯤 서론에서 거론한 '푸른발부비새'의 그 냉정한 눈빛을 떠올려주기 바란다. 바로 그 모습이 당시 고객들의 모습이라 해도 과언이 아니다.

새로운 디바이스와 이커머스의 등장

온라인을 연결하는 새로운 디바이스의 출현은 완전히 새로운 환경을 만들어내기 시작했다. 당연히 새로운 기업들도 등장했는데, 그중 카카오톡은 가장 눈에 띄었다. 2010년 3월에 처음 출시된 카카오톡은 오픈 하루 만에 3만 명 이상이 다운로드를 하며[34] 유료 문자 메시지를 빠르게 대체해나갔다. 메신저로서만 비교해봐도 기존 메신저에 비해 '친구 수락'의 복잡한 절차가 없고, 안드로이드 기반의 외국 메신저보다 편리하며 속도가 빨랐다. 무엇보다 건당 돈을 내야 하는 문자 서비스와 다르게 실질적으로는 무료에 가까웠기에 열광은 대단했다. 7개월 만에 회원 수가 200만 명을 돌파하며 빠르게 모바일 메신저 업계를 선점해나갔다.[35]

여기서 멈추지 않고 카카오톡은 이커머스 서비스도 만들어냈다. 카카오톡이 출시된 해인 2010년 12월 선물하기 서비스를 오픈해서 '기프티콘' 판매를 시작했고, 2011년 1월에는 하루 평균 1만 건 이상의 구매가 일어났다. 겉은 메신저였지만 교환권 상품을 바탕으로 한 이커머스가 만들어진 것이다.

새로운 형태의 이커머스도 등장했다. 해외의 그루폰•과 같은 '오늘의 딜'을 내세운 소셜 커머스형 쇼핑몰이 줄줄이 오픈하고 쿠팡, 위메프, 티켓몬스터(이하 티몬) 등 이른바 '소셜 삼형제'라고 부르는 국내 소셜 커머스 세 곳 모두가 2010년에 비슷한 형태로 국내에 론칭한 것이다.

여기서 지금의 소셜 커머스를 한 번 짚고 넘어가겠다. 소셜 커머스란 단어를 현재의 '쿠팡'에 빗대어 생각한다면 당시의 '진짜' 소셜 커머스를 떠올리기 어려울 수 있다. 엄밀히 말하면 오늘날의 쿠팡은 소셜 커머스가 아니다. 하지만 당시에는 쿠팡도 소셜 커머스였다.

소셜 커머스란 소셜 네트워크 서비스SNS와 결합된 모든 종류의 전자 상거래를 통칭하는 것으로, 다양한 논문에 따르면 네 가지로 형태로 구분할 수 있다.[36]

- **소셜 미디어 연동형** : 공유 버튼을 통해 SNS에 상품 정보를 공유.
- **공동 구매형** : 제품이나 서비스를 공동 구매 형식으로 판매하는 형태.
- **직접 판매형** : 소셜 미디어 내에서 제품이나 서비스를 이용자가 직접 판매하는 방식.
- **프로모션형** : 직접적인 커머스는 일어나지 않더라도 매출에 영향을 미치도록 소셜 미디어를 통해 프로모션을 진행하는 것을 통칭.

쿠팡을 비롯해 이 시기에 번성한 소셜 커머스는 대체로 '공동 구매

• 그루폰(Groupon) : 2007년 미국에서 탄생한 원조격 소셜 커머스 사이트로 전 세계 36개국에서 서비스를 하고 있다. 2011년 한국에도 진출했으나 2014년 철수했다.

형'과 '소셜 미디어 연동형' 기능을 가지고 있었다. 즉 SNS라는 새로운 시대의 경로를 통한 공동 구매 형태를 띠고 있었던 것이다. 하지만 소셜 커머스가 주목 받은 진짜 이유는 '소셜'보다는 '로컬' 중심의 상품이었기 때문이다. 이는 기존에는 없던 상품 종류였다.

소셜 커머스 삼총사의 롤모델이 됐던 해외의 '그루폰' 모델을 분석해보면 세 가지 특징이 꼽힌다.

그루폰 모델의 세 가지 특징

- **지역성(Local) 서비스 판매** : 지역 음식점, 숙박, 공연 등의 상품군으로 원어데이 판매.
- **공동 구매를 등에 업은 강력한 광고 수단** : 이용자가 많이 모일수록 원가 이하로 판매. 단, 판매업체는 강력한 광고 효과와 상품 이용 경험을 늘려 장기적인 홍보 효과가 높음.
- **소셜 미디어 활용** : 일정 규모 이상 도달 시에만 구매할 수 있으므로 구매자들이 자체적으로 SNS를 통해 광고를 하게 됨.

이러한 세 가지 특징은 국내에도 곧 벤치마킹되었고, 티켓몬스터는 2010년 5월 오픈 이후 3개월도 안 되어 일 매출액 1억 원을 돌파하였다. 또한 '딜' 판매는 브랜드 신뢰도나 니즈보다는 '충동구매'에 영향을 많이 받으므로 모바일로 즉시성을 확보하는 것이 중요한 경쟁 요소가 되었다.[37]

소셜 커머스의 등장은 화려했지만 사실 국내 이커머스 기업들에게 위협적이지는 않았다. 나는 2011년 초에 이커머스 회사에서 커리어를 시작해 현장에 처음 발을 들였다. 신입이고 20대였던 나는 무섭게 확장되는 소셜 커머스의 파괴력이 만만찮게 느껴져 사내 선배들에게 소셜 삼형제에 대해 어떤 생각을 가지고 있는지 물어보았다. 대부분 운영 구조가 열악하고 상품 수가 빈약해서 얼마 가지 못할 것이라고 답했다. 그 말도 맞는 것이 당시 티켓몬스터가 약 600개 정도의 상품을 운영하는 상황이었다. 심지어 기존에 판매되지 않던 상품을 팔기 위해 양질의 상품 상세 페이지를 한 땀 한 땀 디자인해서 만들었던 터라 로컬 쿠폰을 소싱해 오는 MD 인건비와 디자이너 인건비까지 감안하면 채산성이 없는 상태였다. 이때의 안일한 예측은 지금 쿠팡의 위상을 생각하면 뼈아픈 대목이다. 물론 모바일이라는 특수 환경에 대한 이해가 없었기에 위기의식을 느끼기 어려웠던 탓도 있다. 하지만 당시 현장에 있던 사람들은 경각심을 느끼지 못했고, 그런 풍토는 모바일이 PC를 완전히 제치기 시작해 그 위협적인 모습을 뚜렷이 드러낼 때까지 여전했다. 이때 좀 더 넓은 시각으로 미래를 판단했으면 어땠을까 하는 아쉬움이 남는다.

당시 우리는 서비스를 제공하는 기업 입장에서 이익 중심으로 바라보았을 뿐, 이커머스를 선택하는 사용자들의 생활 양상과 행동 패턴의 변화에 대해서는 고민하지 않았다. 그것이 문제였다. 이커머스도 오프라인 유통과 마찬가지로 상품력이 중요하다고 생각하며 유통 업력이 높은 우리는 안전하다고 여기는 동안, 서비스 경험이 주는 나비 효과가 차츰 나타나기 시작했다.

그렇다면 기존 PC 환경에서 이커머스를 하던 기업들은 무엇을 하고 있었을까? 결론부터 말하자면 모바일에 신경 쓰지 않더라도 충분히 바

2011년의 G마켓 모바일과 쿠팡의 비교

뻐고 해야 할 일이 많았다.

옥션에 이어 G마켓이 이베이에 인수되면서 통합 법인이 발족했고, 11번가가 신뢰 마케팅을 이어가며 높은 상승세로 1위 경쟁에 뛰어들었다. 가격 비교 사이트는 포털 중심으로 자리 잡았고 가격 비교 내에 오픈 ID 사업인 네이버 체크아웃도 점차 확대되었다.

롯데닷컴, G마켓 등은 소셜 삼형제를 무섭게 생각하진 않았지만 스마트폰에 대해서는 신경을 쓰고 있던 터라 곧 모바일 사이트를 오픈했다. PC 서비스에서 기본적인 기능이 가능한 하이브리드 앱 형태의 모바일 앱을 출시한 것이다.[38] 당시에는 모바일 앱을 만드는 것만으로도 신선한 일이었으나 돌이켜보면 소셜 삼형제와 달리 모바일 환경에 적합한 UI에 대한 이해도는 떨어졌다. 예를 들어 소셜 삼형제는 아이폰 3GS라는 작은 폰에 걸맞게 화면이 꽉 차는 이른바 '딜 배너'라는 것을 만들어 전시했다면 기존 플레이어들은 모바일에서도 PC 속 기획전처럼 한 화면에 3~4개 상품을 담으려고 애쓰는 형태가 많았다.

이 시기에는 많은 개인 판매자가 소호 브랜드로 성장했다. 오픈마켓 환경에서 꽤나 크게 성장한 개인 셀러들은 더 이상 오픈마켓에 머물지 않고 '자사몰'을 만들어 고정 고객층을 확보했다. 2009년 기준으로 신규 개설된 개인 쇼핑몰을 조사해보니 23%가 오픈마켓에서 시작해 개인 쇼핑몰로 옮겨온 형태였다.[39]

개인 정보 보호 이슈와 결제 서비스의 발달

이 시기 이커머스 업계의 화두는 법적인 것들도 많았다. 특히 개인 정보 보호 이슈는 온라인 업계의 화두였다. 2008년 크게 터진 옥션의 개인 정보 해킹 사건에 대해 2010년 1월, 옥션의 배상 책임이 없다는 판결이 나면서 세간에 이슈로 떠오른 것이다. 사람들은 개인 정보에 대해 처음으로 인식하며 크게 분노했다. 모르는 사이에 온라인 게임에 자기 주민번호로 가입된 아이디가 생성되었다는 사람들이 많아졌다. 초창기의 어설픈 보안 정책 탓에 2,000만 건이 넘는 고객 정보가 신세계몰, GS칼텍스 등 25개의 사이트 해킹을 통해 유출되는 사건도 터졌다. 유출 규모 자체로만 보면 당시 세계 10위권에 드는 엄청난 사건이었다.[40]

언론에서는 개인정보보호법 강화에 대한 목소리가 연이어 터져 나왔고, 이는 2008년 상정되고도 법 제정의 난항을 겪고 있던 개인정보보호법이 2011년 9월부터 시행되도록 하는 결과를 가져왔다. 지금까지 개인 정보 유출 사건으로 보호받지 못했던 부분에 대한 보상 정책의 강화는 물론이고, 규제의 대상이 민간 기업과 의료기관으로까지 대거 확대되었다. 그리고 이때의 개인정보보호법 개정으로 정보보호관리체계ISMS, Information Security Management System 인증 제도가 대기업을 중심으로 규제화되었다. ISMS 인증을 받기 위해 기업들은 기존 시스템을 뜯어고치며 개인 정보를 보호하기 위한 프로젝트들를 진행해야 했다. 예를 들어 회원 정보를 암호화하거나 권한 관리에 의해 노출하도록 하고, 외주 개발자들이 고객 정보 데이터에 접근할 수 없도록 가상 컴퓨터를 통해서만 접근하게 하는 방식들이었다.

이런 변화는 고객 서비스 중에서도 가장 안전해야 하는 '결제' 서비스로 이어졌다. 쇼핑몰에 들어갈 때마다 카드 번호와 개인 정보를 입력하는 것에 대한 불안감이 커지면서 카드 정보를 매번 입력하지 않아도 결제할 수 있는 간편결제 서비스가 늘어났다. 이니시스는 신한카드와 협력해 간편결제 시스템을 출시하였고, 쇼핑몰들도 카드사와 연계하여 휴대폰 인증만으로 결제가 가능한 다른 시스템을 출시했다. 초창기 서비스는 지금처럼 한 번 등록해서 모든 곳에 쓸 수 있는 것이 아니라, 개별 쇼핑몰별, 카드사별 또는 PG사•별로 여러 번 가입하고, 휴대폰으로 인증하는 방식이었다. 그래도 당시에는 굉장히 획기적인 변화였고 모바일 매출 증진에 도움이 되었다. 롯데닷컴-롯데카드, 이베이-현대카드 등 파트너십을 체결하여 카드사에서도 모바일 결제를 위한 앱카드를 별도 개발하기도 했다.

개인정보보호법의 개정은 당시 허술했던 온라인 서비스의 정보 보

• PG(Payment Gateway)사 : 신용카드사와 가맹점 계약을 체결하는 것이 곤란한 중소 쇼핑몰을 대신해 카드사와 대표 가맹점 계약을 맺고 신용카드 결제 및 지불을 대행한 뒤 하부 쇼핑몰에서 수수료를 받는 업체를 말한다.(출처 : 매일경제, 매경닷컴)

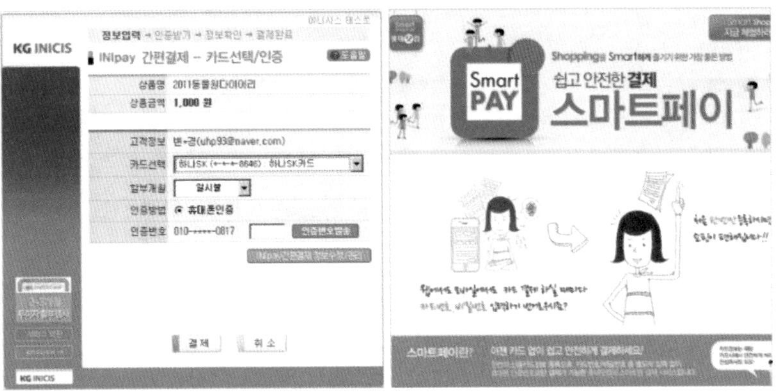

카드사별로 등록하고 휴대폰으로 인증한 당시 간편결제

안에 경각심을 불러일으킨 중요한 사건이다. 유럽의 GDPR••과 비교해봐도 그 시기가 굉장히 일렀다는 점에서 의미가 있다. 어차피 가야 할 길이었다. 다만 이후에도 여러 법 규정으로 가뜩이나 늦었던 모바일 전환의 중요한 시기가 낭비되었다는 생각이 드는 것도 사실이다. 이런 생각도 지금의 관점에서 바라보는 결과론적 해석일 수 있지만 말이다.

•• GDPR(General Data Protection Regulation) : 2018년부터 시행된 유럽 연합의 개인 정보 보호 법.

그때 해외 동향은

한편 해외에서는 웹2.0을 기반으로 하는 신규 서비스들이 쏟아져 나왔다. 2010년에는 하이퍼텍스트인 해시태그를 기반으로 페이스북과 트위터보다 더 개방적인 인스타그램과 핀터레스트 같은 SNS 서비스가 문을 열었다.

모바일 환경에 적합한 서비스들도 활성화되기 시작했다. 모바일을 활용하여 오프라인에서도 좀 더 간편하게 결제할 수 있는 방법들이 고안되었다. 스마트폰 카드 리더기처럼 액세서리를 이용해 실물 카드 결제가 가능하도록 하거나, 쉽게 결제가 가능한 간편결제 서비스들이 개발되기 시작했다. 기존에는 오프라인에서만 결제되던 택시비를 온라인에서 결제하도록 서비스한 초기 O2O 서비스*이자 공유 경제 모델** 사업인 우버Uber도 2010년에 오픈되었다.

● O2O(Online to Offline) 서비스 : 오프라인에서 제공되는 서비스를 이용하기 위해서 온라인 서비스를 이용하는 형태.

●● 공유 경제 모델 : 개인 소유의 재화 또는 서비스를 시간, 이용 단위로 다른 사용자에게 공유하는 형태의 플랫폼 서비스.

7기

모바일 시대 쇼핑몰 전략의 희비 (2012~2013)

모바일, 조연에서 주연으로

구글의 에릭 슈미트 회장은 2010년부터 '모바일 퍼스트Mobile First'를 외쳐왔지만, 몇몇 모바일 기반 서비스를 제외하면 국내에서는 모바일은 여전히 조연에 지나지 않았다. 대체로 PC 사이트에서 최소한의 기능만 모바일로 운영했으며 모바일 페이지가 아예 없는 경우도 많았다. 이 와중에 갤럭시S2의 보급으로 스마트폰 사용자가 급격하게 늘어나면서 모바일에 집중하던 소셜 커머스 업체들이 급성장했다. 2012년에 이르자 소셜 커머스가 본격적인 화두로 떠오르며 이커머스 사업자들도 긴급히 모바일 경쟁력을 얻기 위한 투자와 고민을 시작했다. 물론 유의미한 변화를 이루기에는 아직 시간이 필요했지만.

이커머스 간의 업종 구분이 깨지다

이 시기의 변화 중 하나는 종합몰, 오픈마켓, 자사몰 등 나름대로 업계에서 통용되던 이커머스 업종 구분이 모바일로 넘어가면서 점차 모호해지기 시작했다는 점이다. 반대로 말하면 기존의 단점을 모바일 전환 시점에 모두 해소하려고 했던 이커머스 사업자 간의 전략적 눈치 게임의 시기였다고 볼 수 있다.

오픈마켓의 문제는 '판매 상품의 질'이었다. 1999년 제정된 전자상거래법 개정안이 2012년에 발효되면서 트래픽 1위를 수성하던 옥션, G마켓에는 또 하나의 부담이 생겼다. 개정된 전자상거래법에 모조품 및 온라인 판매 사기에 대한 소비자 피해에 오픈마켓의 연대 책임을 묻는 내용이 추가된 것이다. 오픈마켓 시장의 고질적인 문제는 짝퉁과 사기였는데 그때까지 오픈마켓 측은 '통신판매중개업자'임을 내세워 이 문제를 외면해왔다. 그러나 판매 상품의 질에 대한 문제가 오픈마켓에 직접적인 리스크로 다가오면서 해결책이 필요해졌다.[41]

오픈마켓 업계는 이에 대한 해결책으로 '질 좋은 상품을 가져오는 전략'을 택한다. 일부 좋은 상품을 수급해서 상품에 대한 전반적인 이미지를 높이는 방식이었다. '싸구려' 제품을 판다는 인식을 바꾸기 위해 이베이의 G마켓과 옥션이 선택한 것은 '백화점 상품'이었다. 첫 타자로 2011년 롯데닷컴과 제휴하여 롯데백화점 상품을 판매하는 '롯데 백화점관'을 열었고, 이후 오프라인 3사 백화점의 상품을 차례로 입점시켰다.

여기서부터는 정말 할 이야기가 많다. 이 시기 나는 실무자로 실제 롯데닷컴과 이베이의 상품 연동 프로젝트에 참여했고, 그때의 선택이 나중에 어떤 결과를 가져왔는지를 계속해서 확인할 수 있었다. 지금은 너무나 흔해진 쇼핑몰 간 연동은 사실 어려운 일이 아니다. 다만 롯데닷컴의 문제는 첫 쇼핑 진입점이라는 헤게모니를 '가격 비교 서비스'에 빼앗긴 상태에서, 백화점 브랜드 상품이라는 핵심 상품군을 이미 트래픽이 많은 경쟁사로 내보냈다는 점이다. 이때의 선택으로 롯데는 상당한 비중의 온라인 매출을 연동된 오픈마켓사를 통해 발생시키고 있다. 롯데를 시작으로 신세계, 현대, AK와 같은 백화점 상품들이 오픈마켓으로 풀려나오면서 사실상 이때부터 트래픽 헤게모니가 오픈마켓으로 완전히 넘어가버렸다. 백화점 계열의 종합몰이 명백하게 패배한 것이다.

이에 대해서는 사내에서도 많은 평가가 있었다. 당장의 수익을 올릴 수 있었다는 점에서 롯데가 아니었더라도 다른 백화점이 먼저 시작했을 것이라는 의견도 있었다. 그러나 이커머스 산업에 대한 이해 부족으로 무엇보다도 중요한 상품이라는 경쟁 요소를 포기해버리고 타 플랫폼 의존도를 높이는 부작용을 불러왔다는 뼈아픈 성찰도 있었다. 오프라인 유통이었다면 좋은 쇼핑몰에 매장 하나 더 내는 것이 전혀 문제가 안 되었겠지만 이커머스는 달랐다. 백화점 상품을 찾아 종합몰로 올 고객조차 오픈마켓으로 보내버리는 실수를 한 것이다. 사실 당시 현장에서 근무하고 그 추이를 계속 지켜본 사람으로서 나는 후자의 평가가 더 타당하고 생각한다.

물론 이때 상품을 연동시킨 판단 근거에 대해서는 충분히 공감 한다. PC 시절의 종합몰과 오픈마켓은 고객에게 확실히 다른 포지셔닝으로 있었다. 종합몰로 분류되는 롯데닷컴, CJ몰, GS샵, 신세계몰, 현대 e샵의 경우 브랜드 다양화, 상품 고급화, 상품 신뢰성을 바탕으로 그룹별 사내 홈쇼핑이나 백화점 상품을 온라인으로 판매하는 전략을 구사해왔다. 반면 오픈마켓은 가격 비교 사이트의 성장 속에서 저가 경쟁을 해가며 트래픽을 끌어올렸지만, 실제로도 질 낮은 상품이라는 '싸구려' 인식이 높았다.

이런 차이는 UI에서도 드러났다. PC 화면 중심으로 봤을 때 종합몰이 정갈하고 가지런하게 정보를 보여주었다면, 오픈마켓은 개인 셀러들이 중간 검수 과정 없이 정보를 등록했던 터라 이미지 품질이 떨어지거나 상품마다 '신상', '핫' 등 여러 레이블이 붙어 어수선한 분위기였다(어지러운 광고 팝업은 굳이 거론할 필요도 없다).

오프라인에서는 백화점 고객이 전통시장이나 할인 매장을 방문하는 경우가 많지 않다. 아마도 백화점계 종합몰들은 온라인에서도 그럴 것이라 여겨 상품을 제공해도 고객이 쉽게 넘어가지 않을 것이라 판단했던 듯하다. 결론적으로는 착각이었지만 말이다.

종합몰의 핵심 경쟁력인 백화점 상품이 오픈마켓에 유입되면서 도리어 쇼핑몰 간의 이미지 차별성은 더욱 희석되기 시작했다. UI 차원에서도 모바일 쇼핑으로 헤게모니가 넘어가면서 모바일 특성에 맞는 단순화 작업이 이루어졌기 때문에 오픈마켓의 혼잡한 느낌이 사라졌다. 각 사이트가 지닌 차별성이 희석되고 표준화되자 사용자들은 더 이상 오픈마켓과 종합몰을 구분할 필요가 없어졌다. 이를 증명하듯 2013년 1월 코리안클릭 자료를 보면, 오픈마켓 3사의 트래픽이 종합몰의 트래픽을 두 배 이상 앞서며 압도적인 우위를 더욱 공고히 했다.[42]

한편, 그들끼리 고래 싸움을 하는 동안 소셜 커머스 삼형제는 모바일이라는 환경을 자양분으로 무럭무럭 성장하고 있었다.

온라인 상거래 관련 법규의 증가

여기서 더 늦어지면 모바일 패권이 완전히 넘어간다는 사실을 독자들은 알 것이다. 하지만 당시 대형 이커머스 사업자들은 모바일 말고도 해야 할 일들이 많았다. 지난 10여 년간 이커머스가 만들어낸 각종 부작용으로 정부가 여러 법적 개정을 통해 소비자를 보호할 방법들을 찾아내려 했기 때문이다. 현장에 있던 나 역시 서비스를 개선하는 등의 업무보다 법적 조치에 대응하기 위한 프로젝트에 많이 참여해야 했다.

상품정보제공 고시의 적용

공권력이 가장 먼저 해결하려 했던 것은 상품 정보의 비대칭 문제였다. 온라인 쇼핑몰의 규모가 급격히 커지면서 모조품 외에도 상품 정보를 사실과 다르게 작성하는 등의 부작용이 발생하고 있었다.[43] 공정거래위원회는 2012년 8월, 상품에 대한 정보 고시를 통해 35개의 품목군별로 구매에 필요한 주요 항목을 상품 정보에 모두 표시해야 한다는 '전자상거래 상품정보제공 고시'를 시행했다. 이를 어길 시 과징금 부과 기준을 높여서 강제력을 높였다.[44]

문제는 이미 판매하고 있던 수백만 개의 상품까지 상품정보제공 고시를 하려면 각고의 노력이 필요했다는 것이. 이미 쇼핑몰 통합 솔루션을 통해 상품을 등록하고 관리하던 셀러들에게 해당 영역의 등록을 강조해야 했는데, 이커머스사마다 해당 기능의 개발 시기가 달라서 쇼핑몰 통합 솔루션사도 안정적으로 기능을 지원하기가 쉽지 않았다. 가장 큰 문제는 퀄리티였다. 입력 창을 필수 정보로 지정해두니 셀러들이 '상품 상세 참고'라고 쓰거나 '.(온점)'을 찍어 빈칸으로 두는 경우도 흔했다. 공정위 가이드대로 만들기는 했으나 의미 있는 정보로서 가치가 있으려면 퀄리티에 대한 검수가 필요했다. 내가 일하던 롯데의 경우, 전사 임직원이 인당 100여 개의 상품을 나눠 받고 일일이 확인한 뒤 셀러에게 정보를 등록하라고 실랑이를 벌이기까지 했다. 지금이야 상품정보제공 고시 항목이 익숙해져서 셀러들에게 설명할 필요가 없지만 과도기의 이커머스사 풍경은 가히 전쟁터 같았다.

정보통신망법 개정으로 ISMS 의무화

개인 정보 이슈가 계속해서 터지고 내부자에 의한 개인 정보 유출 문제가 끊임없이 발생하면서 정보통신망법도 개정됐다. 내부자들이 이커머스 관리자 계정에 진입해 무단으로 개인 정보를 유출한 사례가 발각되었기 때문이다. 그래서 2011년도에 시행된 정보통신망법에서는 정보보호관리체계ISMS 의무화를 시행했다.[45] ISMS는 내부자라고 해도 권한을 부여받지 않으면 고객의 개인 정보를 볼 수 없도록 데이터를 암호화하고 데이터 내려받기를 하지 못하도록 한 조치다.

이에 따라 각 이커머스사들은 '망 분리'를 통해 실제 데이터에 접근할 수 있는 PC를 '가상 PC'화하고 그 안에서 코딩 작업을 하도록 했다. 망 분리를 선택한 이유는 명확했다. 기존 시스템에서는 개인 정보에 해당하는 데이터만 구분하여 조회 권한을 만들거나 수정하지 못하도록 하기가 어려웠기 때문이다. 망 분리를 하면 좀 더 빠르게 ISMS 인증 기준을 준수할 수 있었기 때문에 각 이커머스사들은 2013년 연말까지 ISMS 인증을 받기 위해 시스템 구조 및 내용에 대한 대단위 수정 개발을 해나갔다.

역시나 현장에 있으면서 느꼈던 점은 이 시점이 '빅데이터'라는 단어가 유행하기 시작한 시기였는데, 망 분리 시스템 도입으로 데이터를 조회할 수 있는 사람이 최소한으로 줄어들었다는 점이다. 지금이야 SQL• 통한 데이터 분석이 중요시되고 있지만 당시만 해도 그런 분위기가 아니었다. 더군다나 ISMS를 위해 빠르게 도입한 망 분리 때문에 실무자들이 데이터베이스에 자유롭게 접근할 수 없는 상황이 되어버렸다. 의도한 것은 아니지만 공교롭게도 고객의 데이터를 읽고 해석하는 '데이터 리터러시'를 키우기엔 더 열악한 환경이 만들어졌다.

도로명 주소 전면 실시 선행 대상

2014년 도로명 주소 전면 실시에 앞서 이커머스는 선행 지원 대상으로 도로명 주소 사용을 추진해야 했다.[46] 기존에 '○○동 ××번지' 방식의 지번 주소에서 ○○로 ××' 방식의 도로명 주소지를 주문서에 받아 사용하라는 가이드가 내려왔는데, 실무자 입장에서는 쉬운 일이 아니었다. 단순히 생각하면 주소 정보를 다르게 받으면 되는 거였다. 하지만, 주소 정보를 받아서 전달해야 하는 택배사 시스템은 여전히 지

• SQL(Structured Query Language) : 데이터베이스에서 원하는 데이터를 논리적으로 조회하는 언어.

번 기준으로 작동하고 있었고, 도로명 주소는 지번에 비해 없는 주소지가 너무나 많았다. 아직도 일부 '산'에 가깝거나 건물 번호를 명시하기 어려운 비인가 주택의 경우, 지번 주소는 있어도 도로명 주소는 없는 경우가 많다. 따라서 주소지 데이터를 관리하는 시스템에 도로명과 지번 주소 모두를 등록하는 등 이원화해야 했다. 더불어 익숙하지 않은 도로명 주소 검색 방법을 개선하고 고객에게 안내하는 업무까지 해야 했기에 개발에 오랜 시간이 걸린 것은 물론 비용도 많이 들었다.

장애인 차별 금지법 실시

이듬해인 2013년 4월에는 '장애인 차별 금지 및 권리구제 등에 관한 법률', 이른바 '장차법'이 확대 시행되었다. 장애인을 위한 웹 접근성 기준에 맞추기 위해 이커머스사들은 기존 서비스를 다시 갈아엎고 재개발을 해야 했다. 장애인이 웹브라우저를 읽어주는 보조도구를 사용하여 접근했을 때 읽어줄 만한 대체 텍스트를 제공하거나 콘텐츠가 명확하게 전달될 수 있도록 하고, 마우스 없이 키보드만으로도 모든 조작이 가능하게 하여 장애인의 웹 접근성을 높이는 조치였다. 이렇게 하려면 프론트엔드•를 개발하는 시점에 추가적인 조치와 개발이 필요했다. 즉 모든 서비스 화면을 전부 다시 손봐야 했다. 대다수의 고객에게는 조금도 변화가 있어 보이지 않지만 많은 기간 매달려야 했던 큰 변화였다.

장애인의 웹 접근성은 사회적 공정성을 위해 필요한 조치이지만 시

• 프론트엔드(Front-end) : 사용자가 직접 사용하는 인터페이스를 포함한 클라이언트 서비스.

기적으로 아쉬운 점이 많다. 공교롭게도 법령에 의한 프로젝트의 홍수 속에 등장하면서 갑작스레 많은 비용과 시간을 투자해야 했고, 그 결과물도 그저 법을 어기지 않는 수준으로만 처리하다 보니 장애인을 위한 서비스의 완성도는 떨어지는 경우가 많았기 때문이다.

장기적 투자로 시스템을 발전시킬 시간은 어디로?

짧은 기간 동안 여러 법적 기준 변화에 대응하느라 이커머스사에 소속된 개발 인력의 업무 목록에 '모바일'이 들어갈 여유는 없었다(물론 선각자들은 있었고 모바일 페이지가 아예 없는 것은 아니었으나 전력투구하지는 못했다). 대부분의 쇼핑몰은 법령에 맞추기 위해 별도의 비용을 들여가며 외주 인원을 동원해서 프로젝트를 진행했다. 그도 그럴 것이 국내 대기업들은 법적인 리스크에 민감하다. 본보기가 되는 곳들은 대체로 눈에 띄는 큰 플랫폼에 몰려 있고, 과거의 기업 경영 방식으로는 리스크를 줄이는 방향이 합리적이었기 때문에 정해진 인력 내에서 눈에 보이는 리스크를 줄이는 것에 우선순위를 둘 수밖에 없었다. 지금의 스타트업이라면 제재 조치가 들어오기 전까지는 움직이지 않으려 하겠지만, 규모와 표적 조사에서 한참 떨어져 있는 스타트업의 시각으로 대기업들이 일하는 방식을 평가할 수는 없다.

아쉬움은 많다. 앞에서도 말했지만 이 시점은 모바일 서비스의 성장과 더불어 해외에서는 빅데이터가 이슈로 떠오르면서 폭발적으로 성장한 SNS를 활용해 수요나 성향을 예측하는 것에 관심이 집중되던 시기였다. 아마존은 2005년부터 개인화 서비스를 구성해 빅데이터를 통한 추천에 많은 비용을 투자했는데, 그때의 투자가 추천 시스템이나 풀필먼트 센터• 발전에 밑거름이 되었다. 당시 현장에 있던 사람으로서 이 시기를 돌아보자면 너무 많은 시간을 쏟아 프로젝트를 진행한 것에 비해 서비스는 제자리걸음이었다. 나는 같은 화면을 뜯고 또 뜯어고쳤다. 요즘 말로 '비즈니스 임팩트'가 보이지 않는 대형 프로젝트의 연속이었다. 당시의 경쟁사들도 모두 그랬다.

물론 이러한 법적 규제는 소비자 보호를 위해 마땅히 필요한 내용이다. 다만 실효성이 아쉬운 것이다. 기억에 남는 장면이 하나 있다. 상품정보제공 고시 문제로 공정위에서 주최한 이커머스 사업자 설명회에 참석했을 때의 일이다. 나는 카테고리별로 된 데이터가 정말로 고객에게 의미 있는 정보가 맞는지, 셀러도 이해할 수 있는 정보가 맞는지 손을 들고 질문했다. 예를 들어 화장품 같은 경우는 제조 연월을 기입하도록 되어있었는데 상품 등록을 해놓고 계속해서 추가 생산해 판매하는 식이었으므로 이 항목을 텍스트로 입력하는 것은 의미 없는 일이었다. 당시 담당자도 실제 현장에서 사용되는 실효성까지는 대답하지 못했다. 국내의 법은 대부분 '할 수 있는 것'을 정해놓고 이를 벗어나면 처벌하는 식이 많다.

상품정보제공 고시도 제대로 하자면 '소비자의 알 권리'라는 눈에 보이는 목표만을 내세워 카테고리별 관련 정보 입력이라는 단순한 형태의 가이드를 할 것이 아니었다. 이커머스의 방향성까지 감안하여 빅

• 풀필먼트 센터 : 물류의 재고 관리부터 배송과 교환,반품을 대신해서 처리해주는 이커머스사의 물류 통합 서비스. 아마존의 풀필먼트 서비스는 FBA(Fulfillment by Amazon)라고 한다.

데이터나 국가적 데이터 활용 관점에서 접근했다면 아마 지금쯤은 엄청난 효용가치가 있었을 텐데, 안타깝기만 하다. 정보의 실효성이 떨어지다 보니 지금까지도 고객들은 이 항목을 거들떠보지 않는다. 셀러들도 입력하기 힘들기만 한 정보로 남아 있다.

장애인 차별 금지법에 따른 웹 접근성 프로젝트도 마찬가지다. 당시 몇 달에 걸쳐 외주 컨설팅을 받아가며 진행했건만 실효성이 아쉽다. 웹 접근성 인증을 받을 때는 기준대로 지켜지겠지만, 빠르게 변화하는 서비스 개선 속에서도 과연 장애인에 대한 웹 접근성이 잘 지켜질까? 지금 이 부분은 프론트엔드 웹 표준을 잘 지키는 것만으로도 많이 해소되고 있지만 사용자가 명확하게 드러나지 않는 한 여전히 고려하기 쉽지 않은 부분이다.

모바일에서의 국내 소셜 커머스의 성장

모바일 시장이 확대되며 쿠팡을 비롯한 소셜 삼형제의 성장세가 두드러졌다. 쿠팡은 2013년 1월, 이미 전통적인 종합몰들의 트래픽을 제치고 오픈마켓 뒤를 바짝 따라붙었다. 특히 모바일 트래픽은 오픈마켓과 비슷한 수준을 기록했다.

언론사들은 작은 화면의 모바일 환경에서는 소규모의 상품을 흥미롭게 제시하는 소셜 커머스 형태가 다수의 상품을 알아서 찾아가도록 하는 구조보다 적합하다고 판단했다.[47] 오픈마켓과 종합몰들은 이에 대응해 각종 '원데이 딜 플랫폼'을 만들었으나 여전히 빠른 대처가 어려웠다. 당시 내가 다니던 회사를 비롯해여 많은 회사가 모바일팀을 별도로 두거나, PC 서비스를 만들던 기존 인력을 활용해 모바일 서비스를 손보는 형국이었으니 모바일만의 새로운 환경에 재빨리 적응하기란 쉽지 않았다.

소셜 커머스는 기존 기업과는 다른 방식으로 성장을 추구했다. 고객가치를 중심으로 당장의 이익보다는 플랫폼 성장의 관점에서 효과가 큰 방향으로 나아갔다. 규모가 커지면서 소셜 커머스의 판매 상품군도 쿠폰에서 택배 상품으로 많이 이동했다. 쿠팡의 경우 1,000평 규모의 자체 물류센터를 도입하면서 택배 배송 시 재고 관리가 완벽한 구조를 만드는 데 집중했다. 완벽한 재고 관리 구조는 아마존의 FBA• 시스템을 벤치마킹한 것으로, 오픈마켓과 종합몰이 골머리를 앓고 있는 재고 관리의 맹점을 극복할 수 있는 전략적 선택이었다.

앞서도 말했지만, 이커머스의 재고 문제는 이미 심각한 상황이었다. 쇼핑몰 통합 솔루션이 보편화되면서 '웹 재고(실제 제품의 재고가 아닌 웹에서만 사용되는 재고 수량)'라는 단어가 생기고, 그저 판매를 위한 재고 수량 관리가 보편화된 상태였다. 과잉 주문은 여전히 주문 후 강제 취소로 이어지고 있었다. 재고 관리를 명확하게 하는 것만으로도 고객의 불만 사항 중 상당수를 해소할 수 있었다.

게다가 당시 소셜 커머스는 소규모의 딜 상품을 주로 취급했던 터라 내부 인력이 직접 상품 이미지와 마케팅 문구 등을 제작했는데, 이 과

• FBA(Fufillment By Amazon) : 아마존에서 운영하는 물류대행 서비스로 물류창고에서 재고 관리, 배송 관리와 반품, 교환 등의 서비스까지 한번에 처리해주는 부가 서비스다. 이는 유료 멤버십 서비스인 '아마존프라임' 사용자에게 더 빠른 배송을 제공할 수 있는 토대가 되었다.

정에서 미리 정확한 재고를 계약해둘 수 있었고, 각 제조사에서 직발송하는 대신 물류창고에서 발송해주면서 실제 배송이 언제 도착하는지도 예상할 수 있게 되었다.

물류센터를 통한 재고 관리를 시작하면서부터 쿠팡은 '배송 지연 보상제'나 '품절 보상제' 등 고객 만족도를 높일 수 있는 프로그램을 운영했고, 2013년 11월 소셜 커머스 최초로 누적 거래액 1조 원을 돌파했다.[48]

모바일 온리 서비스의 등장

모바일 쇼핑몰이 늘어나자 눈치 빠른 사업자들이 가격 비교 서비스를 모바일로 옮겨왔다. 기존 포털 서비스는 물론 각 사이트의 특가 딜만 모아놓은 '홈쇼핑모아', '쿠차' 등의 앱이 나온 것이다. 그러자 PC에서의 가격 비교 패턴이 모바일상에서 한 번 더 반복됐다. 다만 모바일에서는 앱 알림Push 서비스를 통해 원하는 상품의 딜이나 최저 가격 정보가 나왔을 때 알림을 주는 방식이었다.

'모바일 퍼스트'라는 단어가 유행하며 모바일 기반 서비스들도 인기를 끌었다. 2013년 네이버는 모바일에 최적화된 UGCUser Generated Contents(사용자 생산 콘텐츠) 플랫폼인 '네이버 포스트'를 출시했다. 페이스북 페이지를 통해 카드 형식의 콘텐츠를 만든 '피키캐스트'•와 온라인 웹툰 서비스 앱인 '레진코믹스'••는 대중 사이에서 인기를 끌었다.

2013년을 대표하는 모바일 산업은 카카오톡의 게임 사업이었다. SNS를 기반으로 플레이어 간의 관계를 이용한 플래시 게임은 페이스북과 싸이월드에서도 크게 성장한 바 있는데, 동일한 방식을 메신저에 적용한 '애니팡'이 엄청난 성공을 거두면서 메신저 플랫폼은 단순히 메신저를 넘어서는 가능성을 보여주었다.

• 피키캐스트(Pikicast) : '대한민국 No.1 모바일 미디어'라는 캐치프레이즈로 소개되었던 킬링 타임용 SNS 애플리케이션이다. 카드 형식으로 모바일에 적합하게 가공된 콘텐츠가 페이스북을 통해 공유되면서 더 인기를 끌었다.

•• 레진코믹스 : 2012년 출시되어 모바일에서 각광받기 시작한 모바일 웹툰 서비스이다. 기존 포털 중심의 웹툰과 다르게 모바일에 최적화된 콘텐츠를 제공하며 모바일 결제를 적절하게 활용한 유료화 전략으로 시장을 견인했다.

그때 해외 동향은

이 시기 해외에서는 모바일 디바이스의 정착이 이루어진 상태였기에 IoT*를 대비한 웨어러블 디바이스의 실험과 모바일 디자인이 성장하고 있었다. PC에서 모바일로 전환하는 시점에 큰 기회 요소가 있다고 판단한 기업들은 넥스트 디바이스를 먼저 차지하려는 고민을 시작했다. 벨트, 반지, 시계, 안경 등 모바일을 대체할 만한 웨어러블 디바이스의 실험과 출시가 시작됐다. 2013년 출시된 '구글 글라스'와 맥박 수 체크 기능을 앞세운 스마트밴드 등 다양한 시도가 이어졌다.

엄청난 기세로 성장하던 페이스북은 다수의 기업이 페이지를 만들기 시작하자 초기 수요자였던 젊은 층의 이탈이 일어났다. 그들은 인스타그램이나 핀터레스트로 빠져나가기 시작했다.

아마존은 2013년 '아마존 프레시'와 '아마존 프라임 에어(드론 배송)' 계획을 내세우며 단순한 추천을 넘어선 '수요 예측을 통한 구매 대행'과 정기 배송 등의 서비스로 전략적 방향성을 보여주었다.

UI적으로는 2013년에 출시된 IOS7의 플랫 디자인(Flat Design)이 모바일 시장에 큰 변화를 가져왔다. 이전에는 PC 스타일을 모바일에 옮기기 바빴기에 '스큐어모피즘(Skeuomorphism)'이라고 하는 화려한 그림자나 입체적으로 보이기 위한 깊이, 반사 효과 등을 넣어서 구성했다. 그래서 일부 모바일 화면에서는 '터치 영역'을 인식하기 어렵거나 정보 전달을 방해하는 요소가 많다는 단점이 있었다. '단순화'되어 인지하기 쉽고 '플랫'하여 터치에 적합한 플랫 디자인은 모바일과 멀티 디바이스에 한층 적합한 형태로 UI를 변화시켰다. 하지만 심플함을 추구한다는 이유로 너무 많은 디테일 요소를 삭제하여 동작을 유도하는 '어포던스(affordance)'를 만들기에 제한적인 부분이 있어 지속적인 개선이 요구되고 있다.

* IoT(Internet of Things) : 사물인터넷. 다양한 사물이 인터넷과의 통신을 통해서 디바이스로서 역할을 할 수 있게 된다는 개념.

종합몰, 오픈마켓, 소셜 커머스의 차이

쿠팡이 더 이상 소셜 커머스가 아니라는 사실을 모르는 사람이 굉장히 많다. 그리고 네이버 스마트스토어가 오픈마켓이 아니라는 사실을 모르는 사람도 많다. 그러면 '배달의민족'은 이 셋 중에 어디에 포함될까? O2O라고 생각했다면, 그 답은 범주를 벗어난 것이다. 각각의 구분을 명확히 알고 싶다면, 지금부터 잘 읽어보기 바란다. 먼저 차이를 설명하기에 앞서 오른쪽 표를 확인해보자.

쇼핑몰들을 올바르게 구분하려면 수익 구조와 카테고리를 구분해서 볼 수 있어야 한다. 물론 현실에서는 이러한 어휘 구분 없이 뒤섞여 불리곤 한다. 그래서 이커머스를 이렇게 불렀다 저렇게 불렀다 하는데, 그 정의가 명확하지 않다는 문제가 있다. 예를 들어 '종합몰'이라는 단어는 '카테고리의 종합성'을 의미하는데, 우리는 평소 '오픈마켓이 아닌 대기업 계열 쇼핑몰'을 '종합몰'이라 칭하는 경우가 많다. 종합몰의 반대 개념을 명확히 표현하자면 '카테고리가 제한된 카테고리 킬러 또는 버티컬 커머스'라고 하는 게 적절하다. 마찬가지로 '오픈마켓'은 '입점이 자유로운 이커머스 플랫폼'을 의미하므로 이에 대한 반대 개념은 '입점 절차가 까다로운 관리형 이커머스 플랫폼'이라고 볼 수 있다. 그렇다면 소셜 커머스나 O2O는 무엇을 의미할까? 이 단어들은 거래 서비스의 형태를 의미한다. 심지어 두 단어도 전혀 동일선상에서 놓일 수 없다. 전자는 거래가 일어나기

이커머스 기업별 특징

이커머스 기업	제조/유통	판매자/중개/솔루션	카테고리	주요 고객 연령층	비고
쿠팡	유통	판매자, 중개	종합몰	전 연령	배송 서비스 중심 커머스
네이버 쇼핑	유통	중개, 솔루션	종합몰	전 연령	Npay 기반 연결
G마켓/옥션/11번가	유통	중개	종합몰	30대	오픈마켓
SSG닷컴, 롯데ON	유통	판매자, 중개	종합몰	30대 이상	오프라인 기반 계열사 통합몰
Cj몰, GS샵 홈앤쇼핑	유통	판매자	종합몰	40~50대	TV홈쇼핑 계열 대기업몰
티몬, 위메프	유통	판매자, 중개	종합몰	20대 후반 ~30대	소셜 커머스 출신 오픈마켓
LF몰	제조, 유통	판매자	패션	20대	제조사 기반 판매
무신사	유통	판매자, 중개	패션	20대 후반 ~30대	매거진 역량
오늘의집	유통	중개	홈/인테리어	20대 후반 ~30대	커뮤니티 기반
지그재그	유통	중개	패션	20대	메타 정보 수집 기반
배달의민족	유통	중개	음식	전 연령	2륜 배송 연계
마켓컬리	유통	판매자, 중개	식재료	30대	콜드체인 배송 커머스
Cafe24, 메이크샵	유통	솔루션	모든 카테고리	(이용사별 로 다름)	솔루션으로만 제공되며 자사 판매 서비스는 없음. 각 자사몰의 사업자가 판매자에 해당한다.

위한 조건이고, 후자는 서비스를 이용하는 형태에 해당한다. 그리고 이 모든 단어는 수익 구조를 포괄하지 않는다. 이것의 구분은 완전히 다른 문제다. 표로 정리해보면 다음과 같다.

이커머스 형태의 구분

구분의 기준	구분	예시
카테고리 구분이 어떠한가?	종합몰	SSG, CJ온스타일
	버티컬 커머스(카테고리 킬러)	오늘의집, 지그재그, 마켓컬리
셀러 입점의 허들이 있는가?	오픈마켓	G마켓, 쿠팡, 11번가
	관리형 커머스	롯데홈쇼핑, GS홈쇼핑
거래를 일으키는 조건이 있는가?	상시 판매(재고 내 판매)	대부분의 이커머스
	P2P 경매(1명만 낙찰)	(초창기 경매 시절) 옥션
	소셜 커머스(N명 이상 구매 시)	(초창기 로컬 티켓 시절) 쿠팡
서비스 전달(delivery) 시 특이 사항이 있는가?	택배 배송	대부분의 이커머스
	즉시 배달(퀵 커머스)	배달의민족이 론칭한 B마트
	새벽 배송	마켓컬리
	오프라인 이용(O2O)	미소(가사도우미 서비스), 픽업
	스트리밍/온라인 이용	멜론, 윌라, 밀리의서재
플랫폼이 거래와 어떤 관계가 있는가?	1P	쿠팡의 직매입 상품
	3P	G마켓의 중개 거래 상품
	솔루션	Cafe24, 메이크샵
	페이먼트 제공	네이버 스마트스토어, 배달의민족(배달)
결제는 어떤 단위로 하는가?	상품 단위 개별 구매	대부분의 이커머스
	기간 구독	넷플릭스

곰곰이 생각해보면 대부분 이해할 수 있지만, 한 가지 잘 이해되지 않는 부분이 있을 것이다. 바로 다섯 번째 항목인 '플랫폼이 거래와 어떤 관계가 있는가'이다. 이커머스 간의 차이를 이해하려면 이커머스가 어떻게 돈을 버는지도 이해해야 한다. 겉으로 보기에는 상품을 찾아서 구매를 하는 동일한 사이클로 보여도 각 회사가 수익을 내는 방식에 따라 이커머스의 특징이 달라진다. 그리고 이 특징은 전자상거래법에서 정한 '법적인 지위'와도 연관된다.

여기서 꼭 짚고 넘어가야 하는 키워드는 1P와 3P다. 여기서 P는 Player의 줄임말이 아닌 Party(당사자)에 해당한다. 이 구분은 '플랫폼인 이커머스를 기준으로 상품 판매자가 누구인가'를 나타낸다. 1P는 1st party이므로 '플랫폼 자신'이 판매자에 해당한다. 즉 이커머스 회사 자체가 직접 판매자가 되어서 물건을 판매하는 방식으로 수익을 낸다. 도매에서 물건을 사 와서 판매하는 소매상을 떠올리면 쉽다. 이런 방식으로 상품을 공급하는 매입 방식을 '직매입' 또는 '사입'이라 하는데, 이커머스사가 판매자이기 때문에 구매한 상품에 하자가 있거나 배송상의 문제, 환불 등에 문제가 생기면 이커머스사가 먼저 책임을 져야 한다(직매입과 사입은 재고 관리나 매입 시점 등에서 차이가 있으나 이에 대한 설명은 생략한다).

3p, 즉 3rd party는 말 그대로 '제3자'에 해당한다. '내'가 아니면 '남', 즉 판매자가 이커머스사가 아닌 제3자라는 의미다. 이커머스 사이트 하단으로 쫙 스크롤을 내렸을 때 "×××(이커머스사명)는 통신판매중개업자로서 판매자의 거래에 대해서 책임지지 않습니다."와 유사한 문구가 있다면 이에 해당한다. 이런 경우 이커머스사 거래가 이루어지는 과정과 그 흐름에 도움을 주는 방식으로 거래를 '중개'만 하기 때문에 '통신판매 중개사업자'에 해당하며, 대신 판매된 거래에 대해 일정 수수료를 받는다. 실제 구매한 물건에 문제가 있어 고객센터에 전화할 경우, 이들은 판매자와 이야기하라면서 판매자의 연락처를 알려준다. 이런 형태

의 서비스를 '마켓 플레이스Market Place'라고 한다.

국내에서 '오픈마켓'이란 단어는 상품 수를 늘리기 위해 누구나 승인 과정 없이 입점 절차를 밟을 수 있도록 열어둔 마켓을 뜻한다. 대부분의 오픈마켓이 '마켓 플레이스' 형태로서 '통신판매 중개업자'라는 법적 지위를 갖는 이유는 판매되는 상품을 검수하지 않아 생길 수 있는 문제의 책임을 최소화하기 위해서기도 하다.

오픈마켓이 꼭 3P일 필요는 없으나, 우리나라 오픈마켓은 3P 모델인 마켓 플레이스를 기본 모델로 삼고 있으므로 업계에서는 마켓 플레이스와 오픈마켓이 동의어처럼 사용되고 있다. 하지만 엄밀히 말하면 입점 시 승인 절차, 제한이 있느냐의 '오픈' 여부, 3P의 거래 형태로 입점 계약을 하느냐는 각각 선택할 수 있는 문제다.

3P와 1P가 잘 구분되지 않는 또 다른 이유는, 1P로 운영하고 있는 쇼핑몰들이 거래 구조를 바꾸지 않고 3P와 같은 사업을 유지하기 위해 '위탁 매입'이라는 특수한 형태의 거래를 하기 때문이다. 셀러들은 분명 거래 수수료만 낸다고 생각하지만, 자신의 판매자 지위를 이커머스사에 위탁해서 판매하는 형태로 계약하는 경우가 있다. 그래서 셀러조차 본인이 계약하는 플랫폼의 지위를 명확하게 모르기도 한다(모른다고 해도 업무상 큰 차이가 없기 때문이다).

재미있는 점은 네이버 스마트스토어는 마켓 플레이스 개념의 3P와도 조금 다르다는 사실이다. 네이버 스마트스토어는 거래에 대한 수수료를 받는 것이 아니라 '결제에 대한 페이먼트 이용 수수료'를 받는다. 즉 스토어를 만들고 상품을 등록하고 거래가 일어나는 것까지는 무료이고, 결제 수단을 이용하면서 발생하는 수수료만 받는다. 3P를 하는 오픈마켓들의 수수료가 카테고리별로 고정되어 있는 반면, 네이버 스마트스토어의 수수료는 하나의 상품을 판매해도 결제 수단이 여러 개라면 결제 수단별로 수수료가 다르게 매겨진다. 같은 수수료라고 해도 위탁 매입이나 결제 수수료는 입점 거래 수수료와는 확실히 다른 것인데, 놀랍게도 이를 모르고 입점 거래를 하는 셀러나 브랜드 판매사가 굉장히 많다. 전에 비슷한 글을 브런치에 쓴 적이 있다. 한 제조사 MD가 그 글을 보고 자사는 오픈마켓에는 입점하지 않는 것이 원칙인데 G마켓은 오픈마켓으로, 네이버 스마트스토어는 자사몰로 생각했다며 그 이유가 어떤 근거에 의한 것이었는지 처음으로 알게 되었다고 감사 메일을 보내온 적이 있다.

이제 처음의 질문에 대해 답을 할 수 있을 것이다. 쿠팡은 모든 카테고리를 파는 종합몰이면서 1P와 3P의 거래를 동시에 운영하고 있으나, 더 이상 몇 명 이상 모여야만 거래가 일어나는 소셜 커머스 방식의 판매를 하지 않는다. 그래서 쿠팡은 더 이상 소셜 커머스라고 불리면 안 된다. 그렇다면 '배달의민족'은 어디에 해당할까? 배달의민족 역시 더 이상 입점 수수료를 받지 않고, 결제 수단 이용에 대해서만 돈을 받는다. 네이버 스마트스토어와 같은 방식이다. 대신 이것만으로는 수익 구조가 부족하므로 배달을 대행해주는 '배민1 서비스'나 광고 플랫폼을 운영하여 수익을 다변화하고 있다. 물론 '전국별미'나 'B마트'는 결제 수수료 외에 입점 수수료를 받으며 운영한다.

보다시피 이커머스 회사들은 서로의 모델을 참조하여 다양한 비즈니스 형태로 운영하고 있다. 버티컬 커머스였던 '마켓컬리'조차 이제는 가구나 가전제품을 판매한다. 때문에 이커머스 회사를 나름의 그룹으로 구분지어 정의하는 것은 의미가 없다. 각각의 이커머스사들이 어떤 수익 구조를 갖고 어떤 형태로 운영되는지 명확하게 지칭하는 단어를 아는 것이 더 중요하다.

이 책에는 종종 '오픈마켓', '종합몰'이라는 단어를 쓴다. 이는 우리나라 이커머스 업계가 이런 이름으로 서비스를 구분하고, 서로의 차이를 브랜딩 요소로 사용했기 때문이다. 이를 테면 종합몰은 대기업이 판매하고 상품 품질을 책임지는 형태라고 강조했고, 오픈마켓은 상품 품질은 보장되지 않으나 종류가 많고 UI가 복잡한 곳이라고 강조했다. 물론 이러한 이미지적 구분은 모바일 시대로 넘어오면서 더 이상 유효하지 않지만, 업태를 부르는 고유명사처럼 사용되고 있어서 이참에 정리해보고자 한다. 다음의 내용은 업계에서 통상적으로 지칭하는 의미라는 점을 꼭 기억해주면 좋겠다.

이름	통상적 업태
종합몰	백화점, 홈쇼핑 계열 대기업에서 운영하는 대형 이커머스. 대체로 직매입과 위탁매입 방식으로 판매하는 이커머스 쇼핑몰이다. 입점 시 MD들과 먼저 협상해야 하는 절차가 있는 경우가 많고, CS 책임 범위가 넓어서 반품이나 보상 등이 강화되어있으나, 판매자 입장에서는 월 정산 등으로 정산 주기가 늦다. 마진율을 관리하기 때문에 판매가가 높아서 최저가를 만들려면 매입가를 낮추는 딜을 하거나 플랫폼사의 마진을 상쇄하는 할인율 높은 쿠폰을 부여한다.
오픈마켓	중개 거래 형태로 개인 판매자와 법인 판매자 모두 언제든지 입점하여 상품을 판매할 수 있는 이커머스 플랫폼을 통칭하는 경우가 많다. 거래가 일어난 상품의 판매가를 기준으로 카테고리 수수료를 부과한다. 최초에 입력한 판매가가 높을수록 수수료를 많이 내야 하기 때문에 셀러는 애초에 낮은 판매가로 입력하며, 주문 할인 폭은 낮은 편이다. 플랫폼사의 이익 범위가 좁아 수수료 수익보다는 광고 플랫폼 등 부가 서비스 수익이 더 큰 경우가 많다.
소셜 커머스	소셜 커머스로 출발한 쿠팡, 위메프, 티몬을 지칭하나 지금 이들은 소셜 커머스 사업을 운영하지 않고, 직매입과 중개 거래가 모두 포함된 복합적 형태로 운영한다. 현재는 3사를 묶어 이야기하기에 공통점이 많지 않은 상태다.
버티컬 커머스	특정한 카테고리를 기반으로 성장한 커머스 서비스로, 커뮤니티 계열과 카테고리 킬러 계열이 있다. 커뮤니티를 중심으로 성장하다가 이커머스를 붙인 형태에는 오늘의집, 무신사가 있다. 카테고리 킬러 계열에는 29cm, 지그재그가 있고, 오랜 전통의 Yes24도 있다.
페이먼트 커머스	사실 이 호칭은 곧바로 네이버를 거론하는 경우가 많다. 네이버 페이먼트를 기반으로 한 커머스 형태로, 주문 시점부터 네이버의 회원 정보와 결제 수단을 이용하게 하는 특별한 방식으로 성장했다. 지그재그의 Z결제가 이와 유사한 형태로 운영되는 것처럼 보이지만, 지그재그는 계약 구조상 버티컬 커머스로 부르는 것이 적절하다. 네이버는 '수수료 무료'라는 점에서 '스마트스토어' 자체가 페이먼트 커머스의 대명사처럼 쓰인다.

돋보기

모바일 사용자 콘텍스트의 변화

초창기 소셜 커머스와 고전적 종합몰이 공존한 2012년은 이커머스 역사에서 그리 눈에 띄는 시기가 아니다. 하지만 나는 이 시기, 사용자들의 성향에 큰 변화가 생겼다고 기억한다. 사용자들의 삶이 크게 전환된 시기였기 때문이다.

그해의 가장 큰 히트 상품은 다름 아닌 '애니팡'이었다. 카카오톡을 기반으로 출시된 애니팡은 사람들의 삶을 완전히 뒤집어놓았다. 그 어디에도 애니팡의 효과를 측정한 자료는 없지만, 그 시기를 지나온 서비스 기획자로서 내가 느낀 변화를 정리해볼까 한다. 개인의 관찰을 기준으로 정리한 것이므로 이에 동의하지 않을 수도 있다.

첫째, 온라인 서비스를 이용하는 시간에 대한 개념이 변화했다.

당시 지하철과 화장실에서는 '라스트 팡' 소리가 심심찮게 들렸다. 2012년 2월 조사한 바에 따르면 지하철에서 스마트폰을 하는 사람은 20% 정도였다. 2010년까지 주류였던 지하철 신문 〈메트로〉가 1년 사이에 자취를 감춘 상황임을 고려하더라도 지금과 비교하면 턱없이 적은 수치다. 그 20%마저도 웹 서핑을 하거나 웹툰을 보는 정도였고, 게임을 하는 사람은 5.8%에 그쳤다.[49]

하지만 2012년 7월 애니팡 안드로이드 버전이 발매되고 2012년 9월 아이폰 버전이 출시되면서 지하철은 애니팡으로 대동단결한다. 2012년 10월의 기사에서는 10명 중 8~9명이 애니팡을 하고 있으며, 회사에서 상사 대신 점수를 올려줘야 한다는 이야기가 나올 정도로 엄청난 이슈였다. 하루 DAUDaily Active User(일일 활성화 사용자 수)가 1,000만 명을 상회했다고 하니, 전 세계적인 인기를 끈 앵그리버드가 절정기에 DAU 3,000만 명이었던 것을 고려할 때 국내에서만 이용된 게임으로는 엄청난 인기였다.[50] 한 뉴스 기사에는 지하철에서 무음으로 애니팡을 하고 있는데 옆 좌석에 앉은 아저씨가 구석의 토끼를 대신 터뜨려줬다는 우스운 일화도 실렸다.

중요한 것은 시간 계획의 단위가 달라졌다는 점이다. 기존에는 30분 단위로 해야 할 일을 정했다면, 애니팡이 인기를 끌면서 사람들은 '1분 단위로 진행하는 게임 1판'을 기준으로 여가 시간을 사용하는 데 익숙해졌다.

둘째, 온라인상 소통 방식이 비동기식으로 바뀌었다.

과거 문자와 전화를 통한 소통에는 암묵적인 룰이 있었다. 밤 9시 이후에는 연락하지 않고 다음날 연락하는 것이다. 이러한 암묵적 룰은 비즈니스 관계에서는 여전히 유효하다. 하지만 친구나 가까운 사이에서 카카오톡을 보낼 때도 그런가 생각해보면, 어느 순간부터 그러지 않다는 사실을 깨닫는다. 나 역시 메시지를 받고도 즉시 답변을 하지 않는 경우가 생겼고, 누가 즉시 답을 주지 않아도 기분 나쁘지 않아졌다. 언제부터 이런 습관이 생겼는지 되짚어보니 애니팡에서 하트를 보낼 때부터라는 생각이 들었다.

애니팡의 하트는 8분에 1개씩 생성되지만, 1분 게임에 1개씩 소진하기 때문에 애니팡 중독 상태에서는 항상 부족했다. 부족한 하트는 구매할 수도 있었지만, 카카오톡 친구끼리 하트를 보내주는 형태로도 충전할 수 있었다.[51] 애니팡이 인기를 얻은 가장 큰 요인 중 하나도 카카오톡 친구 간의 경쟁과 협력이었는데, 그 중심에 하트가 있었다. 그런데 모두가 동일한 시간대에 게임을 하는 것이 아니어서 하트를 필요로 하는 시점이 모두 달랐고, 그 결과 많은 사람이 새벽 시간대에 하트를 보내기도 하고 그 시간대에 요청받는 경우도 종종 생겼다.

여기서부터 가설이다. 애니팡이 전 국민적 유행이었기에 두 가지 학습이 발생했다. 첫째는 서로가 필요로 하는 시점에 메시지를 보내는 비동기식 소통에 익숙해졌다는 점, 둘째는 카카오톡이 아닌 다른 매체를 거쳐 카카오톡을 보내는 형태에 익숙해졌다는 점이다.

이 두 가지 변화는 이커머스 사용에도 커다란 변화를 불러 일으켰다. 학습된 이용 방법이 다른 서비스에도 영향을 준 것이다. 이커머스 초창기, 한메일에 가입했던 경험이 옥션 회원 가입에 대한 불안감을 낮춰주는 선행 학습이 되었던 것처럼 애니팡에서 하트를 주고받은 경험이 온라인 쇼핑 시 메신저를 통해 구매 상품을 친구와 공유하거나 공유한 상품에 대해 비동기식으로 답변을 듣는 방식에 익숙함을 느끼게 했다고 추측해볼 수 있다. 물론 이 시기에 '카카오톡 선물하기'가 등장했고 페이스북이 유행하면서 소셜 서비스에 대한 확장도 이루어졌다. 하지만 애니팡은 국가 단위의 학습이었다. 이러한 형태의 변화에 가장 큰 영향을 받은 카테고리는 패션이라고 본다. 주말에 명동에서 만나 옷을 사러 다니던 친구들이 이제 메신저와 SNS로 소통하며 쇼핑에 도움을 주었다. 초창기 소셜커머스와 페이스북에도 공유하기 기능이 있기는 했으나 나는 애니팡 덕분에 좀 더 친밀한 관계에서 앱을 통해 무언가를 교류하고 교환하는 행위에 더욱 익숙해졌다고 생각한다. 이제는 옷을 사기 위해 날짜를 잡아 친구를 만나지 않는다. 출근길과 잠자기 전에 쇼핑몰을 훑어보고, 친한 친구에게 비동기식으로 메시지를 보내 쇼핑 정보와 의견을 교류한다. 더 이상 '쇼핑하는 날'을 달력에 표시하지 않게 되었고, 모든 카테고리에서 '소셜화된 쇼핑'이 늘어나게 되었다.

돋보기

ZMOT로 설명되는 온라인 사용자의 변화

2014년의 어느 날, 구글의 마케팅 연구 내용을 보내주는 'Think with Google'에서 한 통의 메일을 받았다. 구글이 새로운 이론을 만들었다는 소개였다. 기존의 마케팅 이론에서 주류 이론처럼 여겨지던 'MOT 이론'을 바탕으로, 온라인 마케팅의 흐름이 어떻게 변했는지를 설명하는 'ZMOT'라는 이론이었다. ZMOT 이론을 처음 접했을 당시 나는 모바일 커머스팀에서 근무하면서 이커머스 서비스 화면을 잘 만들어내는 것이 과연 매출에 의미가 있는지를 고민하고 있었다. 그런데 이 이론을 보니 많은 고객의 행동 현상이 이해되었다.

ZMOT을 이해하려면, MOT에 대한 이해가 선행되어야 한다. MOT란 한국어로 '진실의 순간Moment of Truth'이라 번역할 수 있는데, 개인적으로는 '결정적 순간'이라고 이야기하는 편이 더 와닿는 것 같다.

'진실의 순간'이라는 단어는 스페인의 투우 용어에서 유래되었다. 투우사와 소의 결정적 승부의 짧은 순간을 이야기한다. 이 단어는 마케팅 학자 리처드 노만이 만들었지만, 1981년 스칸디나비아항공의 얀 칼슨 사장의 말을 통해 유명해졌다. 스칸디나비아항공에서는 고객 만족 경영을 강조하면서 실제 고객과의 평균 응대 시간인 15초가 '진실의 순간'이라고 정의하고, 이 시간을 잘 관리해야 함을 강조한다. 이 이론은 2005년 제조 및 유통사인 P&G의 래플리 회장이 유통에서의 '진실의 순간MoT'은 다르다고 이야기하면서 대중화되었다.

경우에 따라서 P&G의 MOT는 세 번 정도라고 설명하는데, 구글의 이론인 ZMOT을 설명하기 위한 참고 차원의 설명이므로 구글의 해석에 따라 설명하겠다. P&G에서 주장한 클래식한 MOT에서는 총 세 번의 시점이 있는데, 그중 두 번의 '진실의 순간'이 있다. 이에 대해 구글의 자료를 그대로 설명하자면 다음과 같다.

첫 번째 시점은 어디선가 구매해야 할 제품의 정보를 인지하는 순간으로, 광고나 CF, 드라마의 PPL 등에서 제품을 봤을 때를 뜻한다.

두 번째 시점은 '첫 번째 진실의 순간FMOT, First Moment of Truth'으로, 제품 판매 매장에서 실제 그 제품을 만나는 순간에 해당한다. 스칸디나비아항공의 MOT 15초는 바로 이 지점에 해당한다.

마지막으로 실제 사용이 일어나면서 느끼는 순간이나 주변에 입소문을 내는 과정을 '두 번째 진실의 순간SMOT, Second Moment of Truth'이라고 한다. P&G는 이 두 번째 진실의 순간이 2000년대의 구매에 결정적으로 작용하는 순간이라고 설명했다.

이 설명은 사실 전형적인 '마케팅 깔때기 이론'에 근거한다. 기존 ATL• 광고에서는 가능한 한 많은 사람에게 제품을 인식시키면 매대에서 그 제품을 만났을 때 인지도와 호감을 가지고 선택할 확률이 높아진다고 설명한다. 주변 지인의 사용 후기를 들었다면 구매 확률은 더 높아진다.

그런데 2014년 구글이 발표한 'ZMOT 이론'은 여기에 하나의 순간을 더했다. 온라인 서비스에만 존재하는 또 하나의 순간은 바로 '제로 모먼트 오브 트루스ZMOT, Zero Moment of Truth'이다. 첫 번째 진실의 순간보다도 시점이 앞선다.

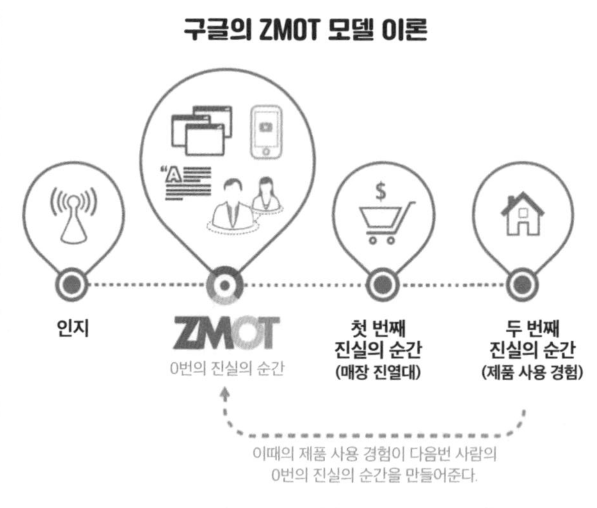

ZMOT은 다른 사용자들의 두 번째 진실의 순간이 블로그나 리뷰 등의 정보로 온라인상에 기록되고 축적되면서 가능해졌다. 어디서든 새로운 제품을 발견하면 구매를 선택하기 전에 온라인상에 있는 다른 사람들의 사용 후기를 보고

• ATL(Above The Line) : TV나 라디오, CF 등 대중 매체를 통한 광고.

제품에 대한 인식을 완성한다는 것이다. 그러므로 이제는 15초나 7초와 같은 초 단위가 아닌 더 많은 양의 온라인 자료 품질에 주의해야 한다. 흔히 '사회적 증거Social Proof'라고 부르는 것이 바로 이 순간의 핵심이다.

ZMOT 이론이 등장한 2014년은 국내 이커머스가 많은 상품을 효과적으로 노출하는 것에 집중하면서도 블로그 마케팅이나 '뽐뿌'와 같은 쇼핑 커뮤니티에 영향을 많이 받던 때다. 나는 이를 모른 채 시기를 놓쳤지만, 이미 이 시점에 이러한 변화를 간파한 창업가들이 모바일 '리뷰'와 '커뮤니티'를 바탕으로 새로운 서비스들을 만들어냈음은 그 이후의 역사가 증명한다.

8기

배송 혁명과 핀테크의 도약 (2014)

모바일에서 생겨난 체인지 메이커, 소셜 삼형제

이른바 소셜 커머스로 출발하여 성장한 '소셜 삼형제'의 시대가 활짝 열렸다. '배송 지연 보상제'와 '품절 보상제'를 무기로 소셜 커머스 중에서도 가장 크게 성장한 쿠팡은 유아동 상품군을 중심으로 '당일 배송' 상품을 강화했다. 그러나 현실적으로 당일에 배송하는 것은 무리라 판단하고 서비스를 살짝 바꿔 익일 배송을 하는 그 유명한 '로켓 배송'이 시작되었다.[52]

쿠팡이 시작한 '고객 배송 경험 개선 전략'은 소셜 커머스 업계에 큰 변화를 가져다주었다. 쿠팡은 2011년 10% 수준이던 육아용품 카테고리 매출 비중이 2014년 20%로 껑충 뛰면서 대표적인 핵심 카테고리로 떠올랐고, 육아용품 상품 수도 2012년 2,600여 개에서 9,000여 개로 대폭 늘었다. 티몬도 2012년 매달 20억 원 수준이던 육아용품 매출이 월 200억 원을 돌파하며 전체 매출의 12%를 차지했다.

쿠팡을 필두로 소셜 삼형제의 육아용품 판매 핵심 전략은 기존 이커머스 전략과는 다소 달랐다. 이커머스들은 오픈마켓을 중심으로 저가 경쟁과 다양한 상품군의 확대에만 주력했는데, 그러다 보니 사실 판매 이후의 서비스 관리는 불가능에 가까웠다. 들쭉날쭉한 배송 서비스나 짝퉁 물건의 판매, 교환 및 반품 과정에서 판매자와의 의사소통 문제가 발생하여 이커머스 CS센터는 언제나 바람 잘 날 없었다. 배송과 제품을 모두 책임지는 것은 불가능에 가까웠고, 상품 수를 늘려야 하는 마당에 퀄리티까지 높이는 건 비용 때문에 상상조차 하지 못했다. 하지만 소셜 삼형제는 모바일 서비스를 바탕으로 상대적으로 적은 상품 수로 시장에 진입하여 지금껏 비교적 등한시하던 부분을 중요시했다. 바로 '쇼핑 편의성Convenient'이다.

흔히 편의성을 이야기할 때 UI적인 편리함을 떠올리게 된 것도 이때부터다. 하지만 그들의 쇼핑 편의성은 UI에만 머무르지 않았다. 가장 먼저 한 것은 핵심 고객 정의였다. 일단 기저귀, 분유처럼 떨어지지 않게 신경 써야 하는 육아 필수품이 필요한 '20~30대 엄마'를 핵심 고객으로 정했다. 그리고 쇼핑 시간과 대기 시간을 단축시킬 수 있는 편의성을 전 프로세스에 설계했다. 모바일로 앱을 열면 '큐레이션'된 소수 상품이 '딜 가격'에 '당일 혹은 익일' 배송될 것임을 약속했다. 핵심 고객의 라이프 패턴을 정확히 파악했기에 가능한 일이었다. 아이를 업고 스마트폰으로 상품을 구매하거나 잠자리에 들기 전 침대에서 필요한 것을 구매하는 엄마들의 패턴과 딱 맞아떨어지며 이 전략은 제대로 먹혀들었다. 상품군도 타깃에 맞게 확장했다. 젊은 엄마들 사이에 입소문이 나 있던 이유식 배달 서비스나 해외 유아 상품을 수입하는 등 자체 딜 상품을 개발하여 타깃에 적합한 상품을 추천할 기반도 마련했다.[53]

쿠팡, 배송 혁명으로 소셜 커머스를 주도하다

3사의 전략은 비슷했지만, 그중에서도 쿠팡이 위메프와 티몬의 추격을 따돌리고 독보적인 위치로 올라설 수 있었던 계기는 로켓배송의 '쿠팡맨'이었다. 2014년 3월 시작한 로켓배송은 '쿠팡맨'이는 자체 직원이 직접 배송했다. '와우 딜리버리'라는 행사에서는 임직원 100명이 직접 배송 기사가 되어 감사의 말을 적은 화분과 상품을 함께 전달하는 이벤트도 진행했다. 이런 과정을 통해 결제 이후 고객과의 핵심 접점인 배송 서비스에 대한 쿠팡의 전략적 방향이 완성되어갔다.

앞서도 잠깐 언급했지만, 이커머스사들의 주문 이후 서비스 관리는 말 그대로 '아웃 오브 컨트롤Out of Control'이었다. 상품 검품과 배송을 셀러와 외주 택배사에 100% 의존했던 터라 고객 경험이 만들어지는 시점을 전혀 관리할 수 없었다. 명절 기간 등 배송 물동량이 늘어나면 파손, 지연, 변질과 같은 배송 사고가 끊임없이 일어났다. 그 와중에 쿠팡은 전혀 다른 서비스를 제공했다. 정확한 재고와 빠른 배송, 쿠팡맨들의 친절함과 손편지 등 차별화 서비스는 고객 사이에서 입소문이 퍼지기 시작했다. 이런 쿠팡의 혁신을 '배송 혁명'이라고도 한다. 쿠팡은 이를 바탕으로 월 거래액 2,000억 원을 돌파하며 1년 사이에 두 배가 넘는 가파른 상승폭을 이루어냈다.[54]

하지만 이커머스사에서는 이런 '직접 배송' 서비스를 어이없이 바라보는 분위기가 여전했다. 당시 이커머스 업계 사람들이 많이 모이는 협회 모임에 참여한 적이 있는데, 쿠팡맨은 확실히 '뜨거운 감자'였다. 이들은 대부분 과도한 비용 문제를 지적하며 쿠팡의 로켓배송이 장기적으로는 불가능한 모델이라며 부정적인 태도를 보였다. 계산기를 두드려보고 비슷한 방식을 보고서로 제출했다는 사람도 꽤 되었다. 하지만 이익으로 계산된 곳은 한 군데도 없었고 이를 승인해준 회사 또한 거의 없었다. 이런 배송 서비스가 '마케팅의 승리'라고 생각하는 곳도 있었는데 이는 '마케팅과 프로덕트의 사용성'을 분리해서 생각하던 기존의 사고방식에서 벗어나지 못해 생긴 오해인 듯하다. 당시 이커머스 사들은 프로덕트를 위한 투자와 이를 통한 성장에 익숙하지 않았다.

쿠팡은 달랐다. 스타트업 기업으로 비용에 대한 리스크를 투자로 해결했다. 이런 과감한 서비스로 얻은 인기가 투자를 성공시키는 기폭제가 된 것이다. 투자 업체들은 쿠팡의 성장 가능성에 주목했다. 세쿼이아캐피털은 2014년 5월 1,000억 원을 투자했고, 그해 12월에는 미국 블랙록이 3,300억 원을 투자했다.[55] 적절한 시기의 적절한 성장 전략이었다.

쿠팡의 성장은 놀라웠지만 사실 1등은 아니었다. 모바일 시대의 서비스 대세로 떠올랐을 뿐 PC와 모바일을 합친 트래픽과 매출에서 쿠팡은 여전히 11번가와 G마켓을 따라잡지 못했다. 오픈마켓과 상대하기에 소셜 커머스는 상품을 많이 늘리기 어려운 구조였다. 소셜 커머스 특유의 '딜Deal' 중심이었기 때문이다. '딜'이란 할인율이 높은 대신 번들로 묶인 상품의 수가 많거나 일정 기간 동안만 판매하는 판매 형태를 의미한다. 가격이 저렴한 이유는 직매입을 기반으로 한 박리다매 구조였기 때문이다. 공동 구매 방식을 토대로 판매 기간이 끝난 후 한 번에 정산을 해주는 형태라서 셀러들은 금전적으로 여유가 있어야 입점이 가능했다. 즉 소규모 셀러까지 입점시키기에는 무리가 있었다.

딜 판매 중심의 시스템을 갖춘 이유는 초창기 소셜 커머스가 로컬 쿠폰 및 할인 티켓을 공동 구매 형태로 시작했던 탓이 크다. 다만 모바일 쇼핑이 트렌드가 되면서 상품 판매 카테고리를 점차 넓혀가는 과정에서 한계가 온 것이다. 쿠팡은 딜 상품이 주는 '싸구려' 이미지를 없앨 전사적인 마케팅 캠페인을 진행했다. 전지현, 수지, 신민아 등의 여배우를 기용하여 패션, 생활, 뷰티 카테고리에 대한 인식 개선을 노린 것이다.[56] 이 와중에 비와 김태희라는 상상도 못한 커플이 쿠팡 광고를 통해 탄생하기도 했다. 당시 쿠팡은 보이지 않는 곳에서 기존의 시스템을 완전히 갈아엎고 상품 수를 늘릴 구조 개선을 하고 있었다고 한다.

온라인을 인정할 수밖에 없어진 오프라인 유통

한편 오프라인 유통의 성장세가 둔화될 거라는 예상 속에 대기업 유통사들의 신규 출점은 한계가 보인다는 내부의 목소리가 등장했다. 각종 컨설팅 보고서가 나돌면서 위기의식을 느낀 이들은 2013년 처음으로 온라인 진출을 강화해야겠다는 움직임을 보였다. 사실 그간 대기업 유통사들은 온라인을 아울렛과 같은 할인 판매 장소로 여겼을 뿐 수익 구조나 모든 면에서 중요한 수단으로 여기지 않았다.

이미 롯데, 현대, 신세계 등이 온라인 쇼핑몰을 가지고 있었지만 계열사별로 마구잡이로 운영되어 일관된 방향성을 보이지 않았다. 그중 신세계가 먼저 전환점을 마련하려고 노력하는 모습을 보였는데, 이마트로 선전하고 있던 온라인 쇼핑몰을 신세계백화점 위주의 신세계몰로 재편하며 'SSG닷컴'이라는 이름으로 통합한 것이다. 2014년 초에 오픈한 SSG닷컴의 전략은 브랜드를 하나로 통합하고 오프라인 유통 중심의 몰들을 하나의 온라인 몰로 묶어 소비자 편의를 높이고 충성 고객을 확보한다는 것이었다. 이 전략의 핵심에는 옴니채널Omni channel, 즉 오프라인과 온라인 서비스를 연결하여 일관된 서비스를 제공한다는 사상이 깔려 있었고, 이를 중심으로 서비스들을 만들어나갔다.

신세계가 전사적 차원에서 변화를 시도했다면, 롯데는 다소 소극적으로 계열사별 각자 도생을 준비했다. 이커머스 기업인 롯데닷컴이 있었지만 롯데백화점은 2012년 별도로 '엘롯데'를 오픈하고 옴니채널을 성공시키고자 했다. 엘롯데는 프리미엄 쇼핑몰을 표방했는데, 백화점의 아이덴티티는 '할인하지 않은 명품과 브랜드'을 판매하는 데 있다고 보고 이를 기반으로 모바일, 오프라인 카탈로그, 오프라인 매장을 유기적으로 연결하는 옴니채널 서비스를 고민한 것이다. 하지만 오프라인 매장 운영 방식은 변경하지 않은 상태에서 부수적인 서비스만 고민했던 터라 한계가 있었다. 오프라인 유통 채널이 가지고 있는 뿌리 깊은 인식, 즉 '온라인은 또 하나의 지점'이라는 생각에서 벗어나지 못하고 자체 매출을 높이기 위해 백화점 상품의 온라인 판매 시장을 지속적으로 확대한 것이다. 롯데닷컴을 통해 판매하던 이베이(옥션, G마켓)뿐만 아니라 롯데홈쇼핑을 통해 11번가로도 상품을 입점시켰다. 추후에는 티몬에서도 판매를 시작했다. 이 전략의 소용돌이 속에서 백화점 상품의 아이덴티티가 많이 떨어졌다. 단기적인 이익은 가져왔으나 상품의 독점력이 떨어지면서 자체 온라인 커머스의 수명을 단축시켰고, 브랜드 상품의 가격을 저가 경쟁으로 가져가는 자충수가 되었다.

현대는 한층 더 강하게 연동 판매 채널을 늘렸다. 신세계가 옴니채널을 이유로 서비스를 통합하고, 롯데가 구호일 뿐이라도 옴니채널을 외쳤다면, 현대는 더 정석적으로 기존 방식을 고수했다. 대형 프리미엄 아울렛을 비롯해 오프라인 유통 매장을 더 만들고 외부 제휴를 통한 온라인 판매 채널 또한 늘렸다. 현대홈쇼핑이 운영하는 H몰에 7개의 지점을 추가로 입점시키고, CJ몰에는 4개점, 11번가와 네이버샵N에도 업계 최초로 진출해서 상품 구매 채널 접점을 넓히려고 했다.[57] 생각해보면 현대는 오프라인 유통 공룡 중 하나지만 온라인에서는 정면으로 싸움에 참전한 적이 없다.

당시 대기업 유통사들은 불안감 속에 온라인 시장을 놓고 치열한 눈치 싸움을 했다. 하지만 이 시기의 고객들이 기억하는 것은 거의 없다. '쓱'이라는 SSG닷컴 브랜딩이 각인된 시기도 신세계와 이마트가 통합한 이후 대대적인 마케팅을 한 2016년도부터다. 처음 SSG닷컴이 나왔을 때는 매출이나 서비스 품질에서 꽤나 위기를 겪었고, 통합으로 인한 성장 폭 또한 예상 외로 크지 않아 앞으로를 낙관하기 어려웠다. 롯데와 현대의 행보는 근시안적이라는 평가를 피할 수 없다. 2011년

G마켓, 옥션 등으로 상품을 공유하면서 오픈마켓에 점유율을 빼앗긴 경험이 있는데도 여전히 비슷한 행태를 반복하며 당장의 매출을 키우는 데 급급했으니 말이다.

대기업 유통사들이 구조적인 변화를 이끌어내지 못한 이유는 여전히 이커머스를 '지원 서비스'로만 인식했기 때문이다. 뿌리 깊은 회사 구조를 변화시키지 못하고 그 방식 그대로를 답습한 결과, 온라인몰을 여러 번 재구축했지만 투자 비용 대비 큰 임팩트를 만들지 못하고 고객 경험이 좋은 쿠팡과 네이버로 소비자가 넘어갈 수밖에 없는 구실을 제공했다.

해외 직구와 역직구, 위기 그리고 기회

2013년 블랙 프라이데이는 국내에도 큰 영향을 미쳤다. 미국 추수감사절 다음날인 블랙 프라이데이는 미국 쇼핑몰들이 대형 세일을 하는 날인데, SNS 등을 통해 이 소식이 전파되면서 해외 직구가 큰 트렌드로 급부상했다. '해외 직구를 한 번도 안 해본 사람은 있어도 한 번만 하는 사람은 없다'는 말이 공공연하게 나돌 정도였다.

해외 쇼핑을 통해 TV나 컴퓨터 같은 가전과 해외 유명 브랜드 아동복 등을 '득템'하는 사례가 전해지면서 해외 직구 열풍은 더욱 거세졌고, 2013년 연말 아마존이 한국 고객들에게 무료 배송 서비스를 하겠다고 하자 해외 직구 행렬은 줄을 이루었다.[58]

당시 국내 이커머스는 플랫폼의 수익을 깎아가며 가격 경쟁을 하고 있었기 때문에 해외 직구는 큰 타격이었다. 하지만 마침 국내 IT 기업에 대한 내수 시장 중심의 이슈가 있었기에 국내 이커머스들은 반대로 해외 진출을 위한 역직구 모델로 관심을 돌렸다. 처음 시작은 해외에 거점이 있는 대기업을 중심으로 이루어졌다.

오픈 시점부터 해외 진출을 염두에 두었던 11번가는 2013년 3월 터키와의 합작을 통해 'n11.com'을 오픈하고 인도네시아로도 진출하기 위해 MOU를 체결했다.[59] 롯데닷컴은 일본 법인 자회사를 통해 일본 롯데닷컴을 오픈하고, IP 감지를 통한 역직구 모델인 19개국에서 접근 가능한 글로벌관을 오픈했다. 글로벌관은 기존의 한국 내 UI와 UX 아이덴티티를 유지한 채 결제 수단만 해외에서 사용 가능한 형태로 개발되었으며, 모바일이 아닌 PC로만 제공되었다.[60] G마켓, 11번가, CJ 오쇼핑도 영문 사이트를 개선하고 해외 결제 시스템을 연결하여 역직구몰로서의 기능을 강화했다. 물론 이들 모두는 PC 웹 서비스를 기반으로 이루어졌다.

나는 이 접근 방식에 문제가 있다고 본다. 당시 PC 웹 서비스는 국가별 서비스 차이가 굉장히 컸다. 정액제 방식의 광랜을 기반으로 한 국내 서비스들은 복잡하고 디테일한 UI를 중요시한 반면, 속도가 느리고 종량제 기반의 인터넷을 사용하던 해외 서비스들은 텍스트 위주의 가벼운 구조로 만들었고 페이지 이동도 최소화했다. 모바일 앱은 디바이스에 주요한 UI 구성 요소를 미리 다운로드하기 때문에 UI를 구성하는 과정에서 웹보다 상대적으로 인터넷 접속을 최소화해 서비스를 만들 수 있다. 하지만 웹 기반은 다르다. 게다가 사용자들에 대한 이해도 부족했다. 당시 일본과 중국 서비스를 운영했던 기획자들의 말에 따르면, 일본 사용자는 텍스트가 많은 디자인에 익숙했고, 중국은 빨간색이나 노란색 등 컬러로 강조하는 디자인에 익숙했다고 한다. 칼각으로 정리정돈되고 이미지나 애니메이션을 많이 사용하는 국내 UI 형태를 그대로 활용한 것은 현지 사용자에 대한 이해가 부족해 벌어진 패착이었다. 현지화하지 못해서인지 이 트렌드는 2018년 전후로 이렇다 할 성과를 거두지 못하고 쇠락의 길로 들어섰다.

해외 플랫폼을 직접 사용하는 해외 직구 트렌드도 마찬가지였다. 당시 국내 해외 직구족들은 '가격'과 '국내에서 접할 수 없는 상품'이란 점에 메리트를 느껴 아마존을 이용했다. 이때부터 '아마존은 언제 한국에 진출할까'가 언론사 헤드라인을 장식했다. 하지만 이런 고객은 여전히 일부였고 전체 시장으로 확대되지 못했다. 모든 면에서 불편했기 때문이다. 결국 해외 배송을 대신 받아줄 장소, 이른바 '배송 대행지(배대지)'를 제공하는 구매 대행 서비스가 하나의 시장을 이루었다. 궁극적인 이커머스 플랫폼을 통한 크로스보더 물류 커머스•는 시기상조였다.

핀테크 서비스의 도약

한편 2014년은 국내외를 막론하고 핀테크 서비스에 대한 관심이 확산된 시기다. 미국을 중심으로 애플페이와 삼성페이 서비스가 출시됐고 중국의 알리페이와 유니온페이도 크게 성장했다. 특히 중국은 위조

• 크로스보더 물류 커머스(CBT, Cross-boarder Trading Commerce) : 국경을 넘나드는 상거래.

지폐 비율이 굉장히 높아 젊은 층을 중심으로 페이 결제에 대한 관심과 이용이 눈에 띄게 높았다.

국내에서는 삼성페이 간편결제 서비스뿐만 아니라 SK플래닛의 페이핀, KT의 모카PAY, LG의 페이나우, 카카오의 카카오페이와 같은 간편결제 서비스가 나왔고, 토스TOSS, 뱅크월렛카카오 등 간편 계좌이체 서비스도 출시되었다. NHN엔터에서도 페이코를 중심으로 간편결제 서비스를 도입했다.

기존 카드사에서 운영하는 앱카드 서비스, 간편결제 서비스 등과 통합 결제 서비스의 범람으로 쇼핑몰들은 전략적 선택의 기로에 섰다. 각각의 페이를 다 사용할 수는 없었기 때문이다. 모든 페이를 다 붙이려면 그만큼의 개발이 필요했고, 너무 많은 간편결제 서비스는 도리어 불편을 자아낼 우려도 있었다.

이커머스사들이 간편결제에 뛰어든 가장 큰 이유는 '결제 편의성' 때문이다. '3초 결제'라고 불리는 간편결제의 편의성은 이커머스에서 꼭 필요한 수단이다. 이를 통해 카드 번호 등의 결제 정보를 미리 보유하면 아마존과 같은 '원클릭 결제'나 '정기 구독 판매' 등이 가능해지기 때문이다. 그래서 외부 시스템을 도입하기보다 자체 간편결제 시스템을 만드는 경우가 늘어났다.

이베이는 2014년 4월 '스마일페이'를 론칭하고 PC, 모바일에서 동일한 결제 방식을 제공하여 빠른 구매를 이끌어내려 했다. 이를 시작으로 SSG와 11번가, 쿠팡은 간편결제를 내재화하기 위해 법인을 설립하여 PG(전자결제대행업)의 결제 관련 업무를 강화하거나 PG 운영사와의 업무 협약을 통해 간편페이 서비스를 준비하기 시작했다. 네이버 체크아웃도 적극적으로 결제 서비스를 모바일로 옮기는 네이버페이를 준비했다. 2015년을 목표로 수많은 페이들이 세상에 태어날 준비를 시작했다. 다만 편의성으로 시작된 간편페이가 이커머스와 온라인 시장을 어떻게 바꿀지는 적어도 사용자들은 예상하지 못했다.

그때 해외 동향은

샤오미 등의 회사에서 디바이스 간 네트워크, IoT 디바이스를 염두에 둔 다양한 디바이스를 출시했다. '대륙의 실수'라는 별칭이 붙을 정도로 싼값에 양질의 제품을 제공하던 샤오미에서 싸고 다양한 기기가 출시됐고, 국내에도 샤오미 보조 배터리, 체중계, 무선 공유기 등이 인기를 끌었다.

모든 기기의 정보를 한곳에 모은다는 사상은 IoT 기기에 많은 관심이 쏠리게 했고, 업계 사람들은 추상적인 빅데이터 개념을 넘어서서 데이터들의 조합을 통한 비즈니스에 조금씩 관심을 가지게 되었다.

SNS에서도 세대 변화가 일어났다. 가장 컸던 페이스북은 광고 페이지가 많아지자 젊은 층의 대거 이탈이 시작했다. 이들은 핀터레스트와 인스타그램처럼 해시태그로 관심사와 정보 공유가 가능한 SNS로 옮겼다. 해외에서는 2014년 이 두 사이트의 사용자가 페이스북을 추월하기도 했다.

국내 배송 서비스의 다단계 구조와 배송 퀄리티 문제

택배나 배송 이야기를 하면 '쿠팡 전에도 택배 시스템이 잘 갖추어져 있었다' 라는 말이 제일 많이 나온다. 국내 택배의 역사는 1991년도에 처음 사업 인가를 받은 한진택배로부터 시작한다. 한진택배는 1989년 자동차운수사업법 개정으로 시작된 소화물일관수송업 면허를 취득한 대한민국 1호 기업이다. 이후 대한통운(1992년), 현대물류(현 롯데택배, 1993년)가 면허를 취득하면서 택배 서비스가 늘어났다. 각 회사는 면허 취득 후 준비 과정을 거쳐 이듬해에 사업을 시작했다.

현재 택배 서비스 비용 문제는 택배 시스템보다 노란 번호판을 가진 '운송 사업 등록 차량의 확보'가 관건이라고 한다. 이렇게 된 데는 역사적 이유가 있다.

택배 시장이 막 열리던 1990년대 초반 경제 호황을 타고 운송 시장이 성장했다. 그러나 1997년 IMF로 인해 화물차 판매 대수가 추락하면서 문제가 발생했다. 정부는 신규 운송 사업자 등록 기준을 대폭 완화하여 허가제에서 등록제로 변경했다. 그러자 이 시기에 운송업 등록 차량의 수와 사업자가 급격하게 증가했고, 결국 지금의 다단계식 운송 구조와 낮은 운임료가 고착화된 것이다.

2004년에 다시 허가제로 바꾸고 2011년 화물자동차운수사업법도 개정했으나 여전히 택배 사업자에 대한 처우는 열악하다는 평가가 지배적이다.[61] 이는 이커머스에서 관심을 가질 수밖에 없는데, 택배 사업자의 열악한 환경이 이커머스에서 마지막 고객과의 접점인 '라스트 마일Last mile'의 서비스 품질 하락을 가져올 수밖에 없기 때문이다.

택배의 다단계 구조는 '모두가 사업자'라는 구조에서 출발한다. 앞서 말한 대로 화물차를 보유한 개인 사업자가 많아지면서 택배사는 화물차와 인원을 직접 채용하지 않고 화물차를 보유한 개인 사업자에게 하도급을 주는 방식으로 밸류 체인을 형성했다. 2019년 로젠택배의 하도급 구조를 보면 지역별 지점부터 실제 집 앞에 택배를 가져다주는 배달원까지 2~3번의 하도급 위탁 계약이 이루어진다. 이런 구조인 탓에 택배사는 배송 데이터를 조회할 수는 있지만, 배송을 하는 사람이 양질의 서비스를 제공하도록 강제할 방법이 없다.

로젠택배 하도급 구조(2019년 기준)

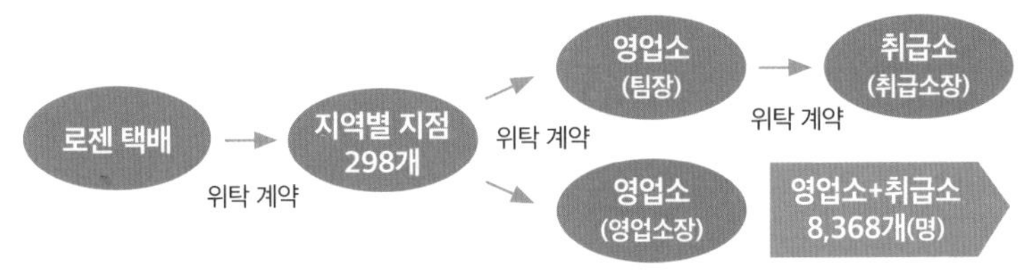

실제로 배송 퀄리티 문제는 오래전부터 이커머스의 가장 큰 골칫거리였다. 이커머스 사이트의 상품 리뷰를 보면 '택배가 불친절해요'라거나 '택배 아저씨가 상품을 던지고 갔어요'와 같은 말로 배송 서비스 품질에 문제를 제기하며 낮은 별점을 주는 경우가 있다. 문제는 택배사 본사도 퀄리티를 컨트롤할 수 없으며, 택배사에 위탁하는 이커머스사나 소규모 셀러는 더더욱 영향을 미치지 못한다는 데 있다. 때문에 아주 오래전부터 배송 서비스의 질을 높이기 위해 택배를 직접 운영하려는 시도들이 있었다. 그러나 허가제 사업이라 허들이 높고 비용 효

율이 낮아 이커머스사가 직접 운영하는 경우는 많지 않았다. 배송 퀄리티와 속도가 정말 중요했던 일부 홈쇼핑사의 경우, 택배사와의 계약을 통해 직영 배송원을 포함한 '전담 택배' 서비스를 도입하기도 했으나 이런 경우는 흔치 않았다.

물론 택배 배송원들도 친절할 수 없는 이유가 있었다. 바로 열악한 환경 탓이다. 택배가 전업이 되려면 생계를 유지할 수 있을 만큼의 배송을 책임져야 하는데, 여러 차례 하도급 과정을 거치며 중간 수수료가 사라져 1건당 받는 비용이 기껏해야 500원에서 1,000원 남짓이었다. 고객이 낸 2,500~4,000원의 택배 비용은 여러 가지 이유로 중간에 증발했다. 이런 상황에서 생계를 유지하려면 최대한 많은 택배 박스를 옮겨야 했으므로 친절할 여유가 없는 것이다.

또한 국내 대부분의 택배사가 채택한 '허브 앤 스포크 방식'은 하도급 구조의 문제점을 더 악화시키는 것으로 유명하다. 허브 앤 스포크 방식이란 택배를 일단 허브 터미널에 모은 뒤 다시 재배분하는 것이다. '옥뮤다 삼각지'로 악명이 높은 '옥천 허브 터미널'이 우리나라에서 가장 큰 허브 터미널이다. 택배를 모으는 시스템 탓에 서울에서 서울로 보낸 택배가 대전이나 옥천을 경유하느라 시간을 더 잡아먹는 것처럼 보였다. 게다가 문제는 터미널에서 택배를 분류하고 각

지역으로 보내는 상하차 비용 구조에 있었다. 택배사는 상하차부터 하도급을 줘버린다. 때문에 택배를 전달하는 최종 개인 사업자들이 상하차 비용을 십시일반으로 부담하거나 직접 분류 노동에 참여하는 경우가 많다. 최근에는 국가에서 분류 노동에 대한 비용을 일부 지급해주고 있지만, 이 금액이 제대로 배분되지 않아 파업으로 이어지는 등 여전히 개선되어야 하는 부분이 많다.

이런 상황에서 배송원을 직고용하는 '쿠팡맨(현 쿠팡친구)' 방식은 법적으로도 비용적으로도 효율성이 없는 형태였다. 업계에서는 지속 가능한 서비스가 될 수 없을 거라는 예측이 파다했다. 하지만 쿠팡은 이를 통해 기존에는 전혀 손댈 수 없던 '라스트 마일'의 배송 퀄리티를 개선했고, 지역 내 물류센터에서 바로 연결해 기존 2일 배송을 '익일 배송'으로 단축함으로써 고객의 신뢰를 얻었다.

쿠팡의 로켓배송 이후 택배 서비스에 대한 투자와 함께 택배 전쟁이 촉발되었다. 하지만 서비스 개선과는 별개로 택배 노동자에 대한 처우 개선은 여전히 현재 진행형이다. 코로나19 이후 비대면 서비스의 급증으로 택배 노동의 중요성이 더 높아지면서 파업과 처우 개선의 목소리가 점점 더 사회 문제로 대두되고 있다.[62]

온라인 결제 프로세스와 간편결제, 그리고 핀테크

처음 이커머스 회사에 발을 붙인 신입 시절, 주문서의 결제 부분은 굉장히 사소해 보였고 눈에 띄지도 않았다. 지금도 많은 신입 기획자가 결제에 대해 그렇게 생각할 것이다. 그나마 조금 관심이 있다면 '결제를 빠르고 편리하게 하는 것'이나 '새로운 결제 수단을 붙이는 것' 정도에 관심을 보일 것이다. 나 역시 그랬다.

결제에 대해 새로운 시각을 갖게 된 건 2012년 엘롯데를 구축하면서부터다. 그때 처음으로 카드 결제 프로세스와 입금 매칭 서비스가 무엇인지 정확히 깨달았다. 그 이후 주문과 클레임 쪽을 계속 담당하면서 간편결제 서비스들을 개발했고, 이커머스에서 간편결제를 타고 핀테크로 이어지는 세계관을 이해하게 되었다. 이 세계관의 핵심은 미래 산업의 원유라 일컬어지는 '주문 데이터'에 있다.

카드 결제를 기본으로 하는 이커머스 결제 시스템

이커머스 결제 시스템을 간단하게 설명하려면 우선 기본적인 신용카드 결제 프로세스에 대해 알아야 한다.

선불식 무기명 카드나 체크카드도 있지만, 일단 흔히 사용하는 기명식 후불 신용카드를 기준으로 설명하겠다. 신용카드를 사용하면 카드사가 카드 주인인 소비자 대신 돈을 먼저 지불한다. 이때 돈을 받는 판매업체는 신용카드 가맹점에 가입해 있어야 한다. 이 과정에서 총 세 가지 확인 절차가 필요하다. 카드와 사용자를 확인하는 '인증', 한도 내에서 카드 사용을 처리해주는 '승인', 그리고 실제 가맹점에서 돈을 지급받기 위해 거래가 발생했음을 영수 처리된 전표로 카드사에 증명하는 '매입'이다. 1990년대의 기억을 떠올리면 쉽게 이해할 수 있다. 인증은 카드에 있는 사용자 사인을 대조하는 것이고, 승인은 3장짜리 종이가 겹쳐진 영수증이 발행되는 것, 마지막으로 매입은 이 3장 중 '카드사 제출용'을 모아 카드사에 전달하는 과정에 해당한다. 이런 과정이 과거에는 하나하나 종이로 이루어지다가 한 단계씩 디지털화되었다.

구분	가맹점 가입 방식	인증	승인	매입
오프라인 (1990년대)	카드사별로 개별 가맹점 가입 후 카드 기계를 별도로 지급 (상점 문에 카드사 스티커로 표시).	눈으로 카드 뒷면의 사인과 비교, 확인하는 것으로 인증.	실제 카드를 사용하여 영수증을 발행하는 것(3장짜리 카드사 전표).	영수증 중 카드사에 보낼 영수증을 모아서 수거해가는 것.
오프라인 (2000년대)	카드사별 기계를 통합하여 VAN사에서 POS 시스템을 무료로 제공받고, 이를 통해 각 카드사에 가맹 계약만 체결.	기존과 동일하나 거의 생략하기 시작함.	실제 카드를 사용해 영수증을 발행하는 것 (단일 POS 영수증으로 변경).	VAN사에서 POS를 통해 수집한 카드 승인 내역을 디지털 정보로 수집하여 카드사로 전달.

이렇게 카드사별 가맹점 가입과 매입을 쉽게 도와주는 VAN사Value Added Network(부가가치 통신망)가 출현하면서 국내 오프라인 매장의 카드 결제 보급률은 급격하게 상승했다. VAN사는 이름부터가 데이터 통신망을 제공하면서 가치를 부여했다는 뜻이다. 어디서든 카드 결제가 가능한 상황이 된 데는 이러한 인프라의 영향이 크다. 그런데 1990년대 말부터 출현한 온라인 쇼핑몰에 카드 결제가 적용되기까지는 꽤나 진통이 있었다.

일단 온라인이라고 해도 카드 시스템은 동일하다. 다만 카드 실물이나 사인을 볼 수 없기 때문에 온라인 카드 사용 시에는 카드 번호 입력 후 비밀번호나 CVC(카드 뒷면의 3~4자릿수의 인증 번호)를 입력하는 방식으로 카드 소유주를 확인하는 '인증' 절차가 디지털화되었다. 인증이 되었으니 이제 '승인'과 '매입'을 대행해야 하는데 여기서 문제가 하나 발생한다. 카드사들이 각자 인증에 사용할 화면을 개발해 가맹점인 이커머스 업체에 연결해야 했는데, 오프라인에서는 매입을 편리하게 도와주던 VAN사들이 온라인 신용카드 결제는 적극적으로 지원해주지 않았던 것이다. 소규모 이커머스 업체들은 카드사까지 연결하는 것도 어려운 마당에 VAN사와 계약을 맺는 것이 더더욱 쉽지 않았다. 그러자 이 사이를 뚫고 PG 서비스를 제공하는 비즈니스가 생기기 시작했다(여기서 PG란 중개 거래에서 필수적으로 진행되는 에스크로 대행과는 다른 개념으로 순수하게 결제를 처리하는 부분에 해당한다).

결제를 대행하는 PG 사들은 카드사와 VAN사의 계약을 대신 처리해주었고, 각 이커머스 업체는 카드사나 VAN사와 직접 가맹 계약을 하지 않고 PG사와 계약했다. 온라인 결제를 하면 거래한 곳과 무관하게 '나이스PAY' 혹은 '이니시스'에서 문자가 오는데, 이런 이유 때문이다. 대략 다음과 같은 형태가 자리 잡았다.

이커머스의 카드 결제 시스템(초기)

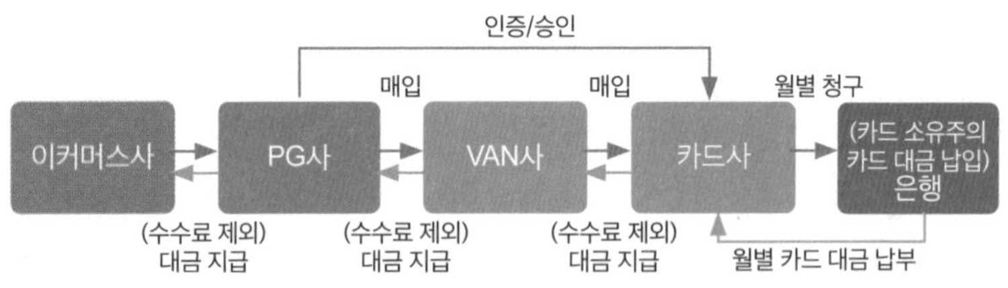

PG 사가 여러 군데 나타나면서 저마다 편리함과 저렴한 수수료를 내세워 경쟁했다. 실제로 PG 사를 이용하면 훨씬 편리하고 저렴했는데 그 이유는 다음과 같다.

첫째, PG 사는 신용카드 인증 처리 연결의 일원화를 제공하여 사용이 편리했다. 카드사와 직접 가맹 계약을 할 경우 카드 번호를 입력하는 인증 페이지도 각 카드사별로 불러와야 하는데, 이 부분을 이커머스 업체가 직접 개발할 필요 없도록 공통 모듈화하여 제공했기 때문이다. 신용카드 결제를 누르면 '이니시스'나 'NICE' 등의 PG사 이름이 뜨면서 카드 인증 페이지로 연결되는데, 이것이 바로 공통 결제 모듈이다. 덕분에 이커머스 업체들은 많은 지식을 갖추지 않고 PG 사의 가이드를 따르는 것만으로 결제를 처리할 수 있게 되었다.

둘째, PG 사는 가맹점이 많아서 거래 규모가 커질수록 카드사, VAN사와의 수수료를 낮출 수 있었다. 카드사와 VAN사는 기본적으로 월별 거래량이 보장될수록 수수료를 낮게 책정한다. PG 사는 대표 가맹점으로서 자신들과 계약된 하위 이커머스 업체의 총 거래량을 기준으로 계약하기 때문에 이커머스 업체가 직접 가맹 계약을 체결하는 것보다 훨씬 낮은 수수료를 보장했다. 중간에 PG 사에 따로 수수료를 내더라도 직접 계약하는 것보다는 저렴한 상황이었다. 그러다 보니 이커머스 업체들은 여러 이유로 PG업을 획득하더라도 이미 상용화된 결제 PG를 통해 카드사와 계약하는 경우가 훨씬 많았다. 이 역시 규모의 경제다.

1차 변화 : 간편결제의 출현

그럼에도 카드 결제는 참으로 불편했다. 사람들은 카드 결제를 하기 위해 매번 액티브X와 싸워야 했고, 30만 원 이상 결제 시 공인인증서 서명까지 해야 했다. 국내 이커머스 결제에 관한 오명은 외국에까지 전파됐다. 결제하기 어려운 시스템 때문에 한류 드라마의 굿즈를 사지 못한 외국인의 소식이 뉴스로 나오는 등 여러 사건을 거치며 2014년에는 결제 시 공인인증서 간소화 방향이 급물살을 탔다. 공인인증서는 카드 결제 시스템 단계 중 '인증'을 처리했는데, 이 인증 처리가 간소화되면서 드디어 간편결제와 핀테크 업체들이 등장하기 시작한 것이다.

인증은 공인인증서 대신 비밀번호나 생체 인증 등으로 바뀌었고, 카드사에 최초 한 번만 인증 정보를 등록해두면 이후에는 인증했다는 '토큰'만으로 바로 승인 처리를 해주었다. 이것이 바로 간편결제 서비스의 근간이다. 사용자들은 혹시 카드 번호를 저장하는 게 아니냐고 오해하지만, 사실 간편결제 시스템의 핵심은 토큰에 있다. 첫 인증 내역을 토큰에 저장한 뒤, 매번 처리해야 하는 인증 과정을 토큰으로 대신해 승인으로 넘기는 것이다. 그 뒤의 절차는 동일하다.

토큰에 저장하여 제공하는 삼성페이, 페이코와 같은 간편결제 서비스가 우후죽순 생겨났다. 일부 이커머스는 스마일페이, 쿠팡페이와 같은 간편결제를 직접 개발하도 했다. 이 과정을 거치며 이커머스의 카드 결제 시스템은 다음과 같이 변경되었다.

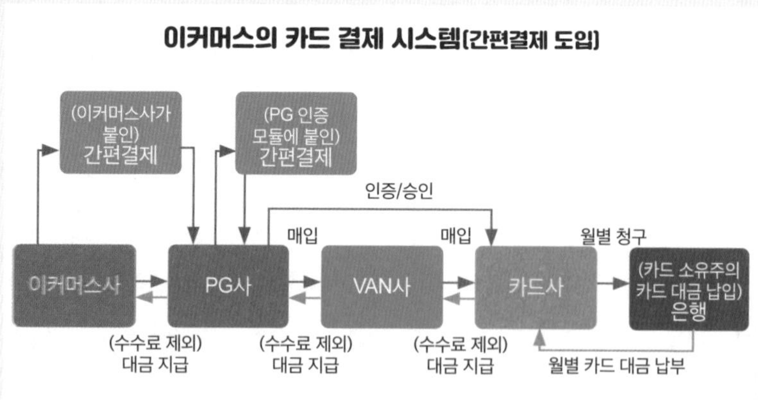

기존 구조는 거의 그대로인데 인증 부분에 직접 카드 번호 입력을 통해 인증하지 않는 하나의 옵션이 생겨났다. 그런데 도표상에 나온 간편결제 인증은 사용 시점이 두 가지가 있다. 이커머스사가 간편결제 서비스를 직접 만들거나 간편결제 페이먼트사와 계약해 연결하는 경우가 있는가 하면, PG사 통합 인증 화면에서 간편결제 페이먼트를 제공하는 경우도 있다. 사실 도표에 다 표현하지는 못했지만 PG사 공통 모듈에 카드사의 인증 모듈을 띄우고 거기에서 카드사가 운영하는 자사의 간편결제 서비스를 연결시키는 경우도 있다. 고객에게는 '간편결제 서비스를 어떤 시점이든 어떻게든 찾을 수 있다' 정도의 차이지만, 결제의 수수료를 부담해야 하는 이커머스사 입장에서는 간편결제를 운영하는 페이먼트사에도 사용 수수료를 부담해야 했다. 이런 과정에서 가맹점이란 단어가 너무 자주 등장해서 이커머스 기획자들조차도 본인들이 어디의 가맹점인지 헷갈리기 시작했다.

2차 변화 : PG와 VAN사의 격돌

두 번째 변화는 PG사와 VAN사 간의 관계에서 일어났다. 이커머스에서 일어나는 카드 거래량이 월등히 증가하면서 VAN사와 PG사 사이의 어설픈 균형에 균열이 생겼다. VAN사 입장에서는 PG업이 수익이 된다면 기술적으로 하지 않을 이유가 없었고, 반대로 PG사 입장에서도 여신전문금융업법이 개정되면서 매입 업무를 할 수 있는 환경이 되었기 때문이다. 그러면서 온라인 업계에서는 점차 PG사와 VAN사의 역할이 모호해지고, 서로가 서로의 영역을 침범해 확장하며 변모하기 시작했다.[63] VAN사의 기반이 되는 여신전문금융업법이 바뀌면서 대형 가맹점 리베이트가 금지되고[64], 카드사들이 주장한 영세상공인을 위한 VAN사 수수료 하락 요구가 실현되면서 이러한 변화는 더욱 가속화되었다.[65]

3차 변화 : 문제는 '데이터'

이 와중에 간편결제의 인기는 더욱 높아졌다. 사실 간편결제 서비스가 수수료로 돈을 벌긴 하지만, 삼성페이 같은 여전히 수수료를 받지 않는 곳도 존재한다. 수수료를 받지 않고도 간편결제 서비스를 만들고 운영하는 이유는 핀테크의 핵심 성장이 '데이터'를 기반으로 하기 때문이다.

이커머스 결제 정보는 빅데이터 시대의 1등급 원유에 해당한다. 사용자에 대해 가장 많이 알 수 있고, 이를 통해 예측할 수 있는 정보가 무궁무진하기 때문이다. 이커머스를 시작으로 전달되는 정보는 다음과 같이 정리할 수 있다.

이커머스의 카드 결제 시스템과 결제 정보

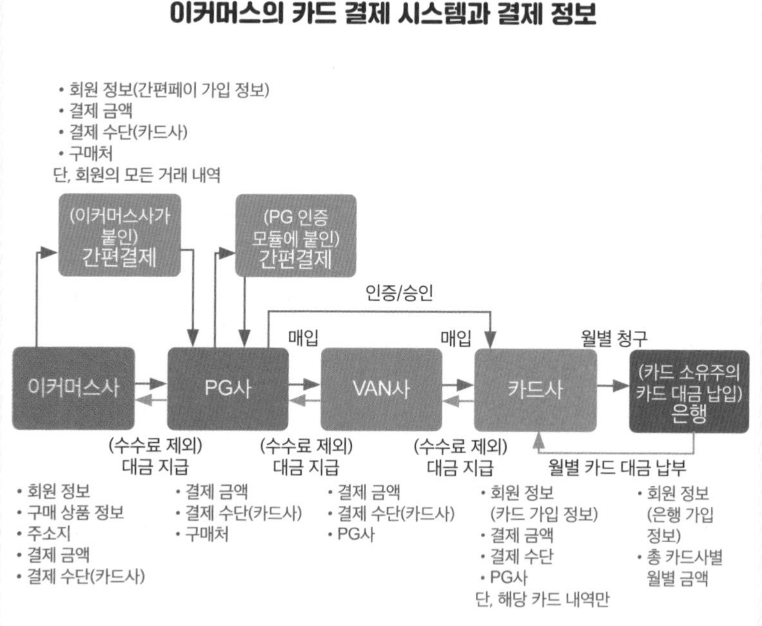

사용자에 대해 가장 정확하게 많은 정보를 수집할 수 있는 곳은 이커머스사이다. 문제는 고객의 사용 횟수가 적다면 알 수 있는 바가 극히 제한적이라는 점

이다. 정보의 질보다 양적으로 의미 있는 정보를 많이 모으는 곳은 간편결제를 운영하는 페이먼트사이다. 사용자의 다양한 거래처를 모두 알 수 있기 때문이다. 프로세스가 멀어질수록 'PG사 〉 VAN사 〉 카드사 〉 은행' 순으로 사용자에 대해 알 수 있는 정보가 줄어든다. 금융업의 원류라고 할 수 있는 은행이야말로 고객의 실제 거래 내역에 대해 알 수 있는 정보가 거의 없다.

이런 위기의식은 2018년 즈음부터 고조되기 시작했다. PG사, VAN사, 카드사, 은행까지 각각의 간편결제 서비스를 만들어 시장에 내놓았다. 가장 위기의식을 느낀 은행은 블록체인을 이용한 직거래를 만들기 위해 애를 썼고, 간편결제에서 신용카드 대신 계좌 이체를 하는 방식으로 거래를 활성화시킬 방법을 찾았지만 성공적이진 않았다.

데이터 교류에 대한 견제도 생겼다. 은행과 카드사는 간편결제 운영 페이먼트사들과의 거래를 공유할 수 있는 방법들을 주장했고 이는 이후 만들어질 '데이터 3법'•을 기반으로 한 오픈뱅킹 서비스 확장에 대한 근거가 되었다.

지금까지 결제 시스템과 간편결제, 핀테크업 사이의 데이터 싸움으로 인한 변화의 양상을 하나의 흐름으로 살펴보았다. 이커머스를 중심으로 연결된 거시적인 세계관을 인지한다면 '결제'라는 과정이 얼마나 확장될 수 있는지 이해할 수 있을 것이다. 이런 관점에서 2014년 이후 이커머스 성장에 가장 중요한 한 축은 단연코 결제의 성장이었음을 확인할 수 있다. 이는 편의성을 넘어선 엄청

• 데이터 3법 : 2020년 1월 개정된 개인 정보 데이터에 대한 법으로, 상업 통계 작성, 연구, 공익적 기록 보존 등을 위해 가명 정보 신용 정보를 신용 정보 주체의 동의 없이 이용·제공하는 것을 골자로 한다. 이로써 개인 정보 데이터를 활용한 서비스의 근간이 마련되었다. 기업들은 흩어진 개인의 데이터를 모은 개념인 '마이데이터'를 확보해서 새로운 기업 성장 동력을 마련하기 시작했다. 금융권의 경우 정부24에서 금융 정보에 대한 마이데이터 '꾸러미 서비스'를 기반으로, 2019년부터 시작한 오픈뱅킹의 확장 버전을 고민했다.

난 가능성에 해당한다.

나는 모든 강의에서 이 부분을 설명하는 것을 굉장히 좋아한다. 항상 감사하게 생각하는 것은 누구도 제대로 정리해주지 않는 이 부분을 주니어 시절부터 직접 프로젝트에 참여하고 이후 복잡한 발전 과정을 겪으면서 스스로 배울 수 있었다는 점이다. 이 정보 구조는 이커머스의 환불과 클레임 그리고 정산 및 카드사 프로모션인 청구 할인과도 연결되는 중요한 정보다.

9기

온·오프라인과 이커머스의 경계를 허물다 (2015)

소셜 삼형제가 리드하는 모바일 이커머스의 평준화

쿠팡의 배송 서비스 전쟁으로 시작된 소셜 커머스 출신 쿠팡, 티몬, 위메프의 상승세는 2015년에도 계속되었다. 더 이상 진정한 의미의 공동 구매 방식 소셜 커머스가 아닌데도 소셜 커머스라고 불리는 것이 이상해서 나는 개인적으로 '소셜 삼형제'라고 부른다. 고객들은 쿠팡맨과 로켓배송 서비스를 사랑했고, 티몬도 무료 반품 서비스와 슈퍼배송 서비스 등 서비스가 줄을 이었다. 업계는 소셜 삼형제에 대한 경계심으로 들썩거렸다.

'뜨거운 감자'가 된 쿠팡의 쿠팡맨 서비스에 대해 기존 택배사들의 반감도 거셌다. 택배사들은 2015년 5월 쿠팡을 물류법 위반으로 고소했다. 물류 차량은 국가에 등록된 번호판을 사용하여 제한된 수로만 이용이 가능한데, 쿠팡맨이 사용하는 차량은 물류 차량으로 등록되지 않았다는 이유에서였다. 쿠팡 역시 할 말은 있었다. 배송료를 무료화하고 있었기에 배송업이 아닌 '자사 고객 편의를 위한 서비스'라고 볼 수도 있었던 것이다. 지루한 싸움이 이어지졌지만 쿠팡맨과 로켓배송에 대한 고객 지지도는 점점 더 높아졌다.[66] 사실 고객 입장에서는 이러한 법적 분쟁에는 관심이 없을 뿐더러, 더 편리하고 고객 생활에 득이 되는 쪽을 응원하는 게 당연한 일이었다.

소셜 삼형제는 다이어트 도시락, 유아용품에서 정기 배송 서비스를 확대 실시했다. 기존에도 정기 배송은 있었지만 편의성이 달랐다. 미미박스•로 시작된 국내 정기 배송 서비스는 미리 여러 회차만큼 선금을 내야 물건을 보내주는 방식이었다. 하지만 간편결제 서비스가 갖추어지면서부터 예약된 시점에 구매 여부를 재확인하고 등록된 결제 수단으로 결제하는 방식으로 진화했다. 고객 입장에서는 부담스러운 거금을 미리 내는 것보다 훨씬 좋은 방식이었지만 정기 배송은 예상만큼 보편화되지 않았다. 우선 정기 배송에 적합한 상품을 찾아내는 것이 급선무였다.

상황이 이렇게 되자 선두를 빼앗길까 봐 불안해진 오픈마켓과 종합몰은 딜과 정기 배송에서 이들의 방식을 따라하기 시작했다. 그러자 딜 상품 매장과 당일 배송 서비스, 정기 배송 서비스가 모든 이커머스 매장에 퍼져나갔다.

● 미미박스 : 2012년 설립된 화장품 쇼핑몰로 초기에는 랜덤한 샘플 상품이나 홍보가 필요한 신제품 조합을 선물 상자에 담아 정기적으로 배송하는 정기 구독 서비스로 시작했다.

지금 와서 생각해보건대, PC 시절의 이커머스 형성기가 온라인 서비스를 구성할 만한 서비스 형태와 비즈니스 모델을 발굴해낸 '서비스 확장기'였다면 내 위의 수많은 기획자 선배는 벤치마킹이라는 이름의 미투 전략으로 '서비스 보편화'를 이루어내지 않았나 싶다. 이 시기에는 해외 서비스를 분석하여 2년 내에 구현하거나 국내에서 누군가 신규 서비스를 만들면 이를 따라 만들었다. 시스템 프로덕트 관점에서 항상 기능을 '플러스(+)' 하는 방식으로 서비스를 성장시켰기에 시스템 복잡도는 계속 높아졌다. 적절한 목표를 위해 전략적으로 개발했는가에 대해 답하지 못하는 경우도 많았다. 전략적 결정이라기보다는 '최종 산출물의 모방'에 가까웠다.

마케팅팀에는 모바일 앱으로 트래픽을 모을 방법을 찾으라는 임원진의 압박이 이어졌고 엄청난 양의 앱 푸시와 모바일 전용 쿠폰이 등장했다. 또 영업팀에는 소셜 커머스처럼 딜 상품을 소싱해오라는 미션이 생겨났다. SCM과 지원팀에는 소셜 삼형제와 같은 배송 속도를 갖추라는 숙제가 떨어졌다. 지향점이 불분명한 따라 하기였기에 기존 서비스와 충돌하는 부분도 생겼고, 품질과 브랜드를 강조하던 종합몰들은 가격 위주의 방식으로 옮기는 과정에서 서비스 일관성을 유지하지 못해 어려움을 겪었다. 당시 종합몰 모두가 그런 상황이었다. 업계에 흩어진 수많은 이커머스 종사자가 동분서주했다.

이런 변화는 고객과 셀러에게도 영향을 미치기 시작했다. 먼저 모바일 이커머스의 메인 화면이 '딜 매장' 형태로 바뀌었다. 당시 나도 모바일 서비스를 리뉴얼하는 프로젝트를 담당했는데, 우리뿐만 아니라 열 손가락에 꼽히는 대부분의 이커머스 서비스가 모바일 최저가 딜 매장을 만들었다. 나 역시 긴급하게 서비스를 만들어 대응해야 했다. 전시 매장 하나를 만드는 개발은 크게 어렵지 않았지만, 업무 프로세스적으로는 적지 않은 변화였다.

딜 중심의 매장을 만들기 위해 상품별로 가로로 긴 이미지 배너와 딜 판매 기간을 입력할 수 있는 툴을 만들어 셀러들에게 교육했다. 셀러는 기존보다 해야 할 일이 한 가지 더 늘었고, 영업 담당자와 소통할 일도 늘었다.

영업 담당자들은 딜 상품을 소싱하기 위해 셀러들에게 상품 할인을 요구했다. 종합몰들은 소셜 삼형제처럼 직매입이 많지 않아 할인할 수 있는 금액 폭이 좁았기에 영업 담당자도 힘들고 셀러도 힘들어졌다. 여러 개의 이커머스에서 딜 상품 판매를 요청하자 셀러들은 기간 단위 딜 운영을 시작했다. A 커머스에서 10일을 팔고, 이후 B 커머스에서 또 10일을 팔았다. 잘 나가는 상품은 재입고를 해가면서 1차 딜, 2차 딜을 만들어 상시화했는데, 모든 이커머스사가 그렇게 운영할 수 있는 기능을 필요로 했다.

그중 하나의 '딜 매장 서비스'를 기획해서 만들어냈던 사람으로서 돌이켜보자면, 당시 종합몰들의 가장 큰 문제는 '딜'에 대한 정의가 명확치 않은 상태에서 그저 소셜 커머스의 딜 기능만 복제했다는 데 있다. 딜 매장을 만들고 '할인된 상품'을 드러내는 단순한 목표 외에 비즈니스적 변화에 대한 가설을 세우지 않았고, 매출에만 관심이 있었다. 우리는 소셜 삼형제의 서비스를 따라 하는 것이 사용자와 시장에 어떤 영향을 미칠지 예상하지 못했다. 컨설팅 출신 프로덕트 오너를 중심으로 프로덕트팀을 구성하기 시작한 쿠팡과는 여기서부터 뼈아픈 격차가 생겼다고 본다. 매장 서비스만 만들 것이 아니라 영업과 마케팅의 변화, 특히 회사의 비즈니스 변화를 깊이 고민했어야 한다는 사실을 당시의 누구도 깨닫지 못했다.

대신 PC 이커머스에서 모바일 이커머스로 넘어가는 과도기, 서비스를 만드는 실무자들은 이율배반적 요구 사항에 집중했다. PC보다 작은 모바일 화면에 어떻게 상품을 효과적으로 노출하느냐 하는 문제였다. 최대한 많은 상품을 노출하는 '기획전 형태의 전시'와 필요한 상품만 적절하게 제시하는 '특정 상품 큐레이션' 중 어떤 것이 모바일에서 올바른 방향인가를 고민한 것이다. 이상적으로는 추천과 큐레이션이 중요했지만 기술은 부족했고, 한 번이라도 상품을 더 노출시키고 싶어 하는 영업 담당자와 셀러들의 요구 사항을 무시할 수도 없었다. 궁여지책으로 한 개의 상품처럼 보이지만 옵션에서 다양한 상품을 선택할 수 있는 '기획전 형태'에 대한 목소리가 커졌다. 하지만 옵션을 어떻게 선택하느냐에 따라 가격이 바뀌고, 기존 상품 설명 페이지에서 여러 개의 옵션을 모두 설명해야 했기에 상품 페이지는 점점 더 복잡하고 길어졌다. 수백 개의 기획전 상품이 상품 페이지에 들어간 조삼모사였지만 트래픽을 전환시키기에는 훨씬 유용했다. 이는 딱 하나의 상품을 제대로 큐레이션할 수 없던 상황에서 마련한 임기응변이었으며, 사용자 편의성보다는 공급자들의 이해관계를 고려한 방향성이었다.

서로가 서로를 벤치마킹하는 사이에 모바일 이커머스 간의 서비스가 평준화되며 빠른 속도로 차이가 줄어들었다. 이제 대다수의 고객은 모바일 이커머스에 대한 '멘탈 모델'이 생기기 시작했다. 형태적으로는 완전히 유사해져 소셜 커머스, 오픈마켓, 종합몰의 구분은 무의미해졌고, 플랫폼 간 경쟁은 상품보다는 브랜드 경쟁으로 양상이 바뀌었다. 광고 경쟁이 더욱 치열해졌고, 톱스타와 아이돌이 이커머스사의 광고를 찍기 시작했다. 현장에 있던 나는 마음 한구석이 불편했지만 손은 계속 분주했다.

GS홈쇼핑의 실험과 모바일 캐니벌라이제이션

모바일 앱을 강화하기 위해 PC 트래픽을 모바일로 보내는 방식도 흔하게 나타났다. 모바일 앱에서만 사용할 수 있는 쿠폰을 대거 발행하는 등의 방식을 사용했다. 이러한 현상은 온라인을 서브 판매 채널로만 생각했던 홈쇼핑 계열 종합몰에서 두드러지게 나타났다. 2014년 백화점 매출의 역신장을 시작으로 홈쇼핑 매출마저 꺾였기 때문이다. 서서히 온라인으로 매출이 빼앗기더니 2015년 3분기에는 '가짜 백수오 파동'•까지 터지면서 홈쇼핑 대표 3사는 전년 대비 -28% 역신장을 기록했다.[67]

홈쇼핑 계열 쇼핑몰들은 TV를 대신할 매체로 모바일을 선택하고 대규모 모바일 광고를 통해 앱을 설치시키기 위한 '마케팅'을 펼쳤다. 대표적으로 GS샵은 가장 빠르게 딜 형태의 매장을 만들고 앱 다운로

• 가짜 백수오 파동 : 2015년 4월 갱년기 여성에게 좋다고 알려진 '백수오' 성분의 제품들이 사실 '이엽우피소'로 만든 것으로 드러나 사회적 문제가 된 사건. 당시 5월 가정의 달을 앞두고 건강식품 매출 전체가 떨어지고 코스피 지수에 영향을 미칠 정도로 큰 사건이었다. 백수오 제품이 주로 온라인 쇼핑과 홈쇼핑에서 팔렸던 탓에 기존 판매에 대한 전면적인 보상 서비스까지 실시하며 해결하고자 하는 분위기가 형성되었다.

드 광고에 많은 비용을 투자했다. 게임부터 웹툰까지 온라인 곳곳에 GS샵 광고가 등장했다. 대규모 비용을 투자한 광고 효과는 굉장했고 모바일 앱 설치 수는 급증했다. 당시 GS샵 신년사에서 '우리의 경쟁사는 다른 홈쇼핑이 아닌 쿠팡'이라고 했다는 이야기가 업계에 퍼졌고, 역시나 앱 설치 목표를 못 채워 허덕이던 다른 대기업 이커머스 마케팅 부서들은 GS샵의 공격적 프로모션을 부러워했다.

홈쇼핑 후발 주자였던 홈&쇼핑도 처음부터 모바일 패권을 잡기 위해 '10% 할인, 10% 적립'이라는 마케팅 초강수를 두며 빠르게 다운로드 수를 높였는데, 2015년 한 해 동안 1,000만 다운로드를 돌파하며 홈쇼핑 앱 중 다운로드 수 1위를 기록하기도 했다.[68]

홈쇼핑 업계는 PC뿐만 아니라 TV를 통한 매출까지 모바일로 전향하려 했다. 향후의 먹거리를 위한 투자였다. GS샵은 카카오톡과의 제휴를 통해 방송 중 카카오톡 챗봇과 대화하며 주문하는 '톡 주문 서비스'를 만들었고, 롯데홈쇼핑은 방송 상품 구매 전용 앱인 '바로TV'를 만들어 추가 할인 행사를 진행했다. CJ쇼핑과 현대홈쇼핑도 모바일 앱을 통한 채팅이나 모바일 구매 후 상품평 작성 시 추가 상품을 제공하는 방식으로 TV 홈쇼핑 매출을 모바일 매출로 전환하려 노력했다. TV 쇼핑과 모바일 쇼핑의 중간적 형태처럼 보이는 T-커머스● 쪽에 투자하여 자연히 모바일로 이어지도록 한 곳도 있었다.[69] 홈쇼핑 업계가 이렇게 불안해 했던 이유는 홈쇼핑이 주기적으로 재승인을 받는 형태였기 때문이다. '가짜 백수오 사태' 이후 혹시라도 정부로부터 홈쇼핑

● T-커머스 : IPTV에서 반은 방송, 반은 모바일 전시 화면 형태를 취하고 IPTV 기기를 통해 주문 가능하도록 하는 형태.

사업 연장 재승인을 받지 못하면 존폐 위기에 처한다는 판단 아래 안정적인 판매 채널을 만들려 노력한 것이다. 이러한 위기의식은 백화점 계열 이커머스사들이 따라가기 어려운 간절함의 차이를 보여주었다.

그럼에도 소셜 커머스 3사의 모바일 지위는 굳건했다. 전체 매출로는 이베이와 11번가의 또한 강력했다. 홈쇼핑 업계는 매출액에 육박하는 마케팅 비용을 지출하고도 한계가 보였다. 더욱이 PC와 TV 매출이 모바일로 전환되어 전체 매출이 늘어나지 않는 캐니벌라이제이션 Cannibalization(자기시장잠식) 현상이 우려되었고, 지나친 마케팅 비용이 결국 업계 내의 제로섬 게임이 될 거라는 지적을 피할 수 없었다.[70] 왜 캐니벌라이제이션이 일어났을까? 이미 확보한 고객에게 모바일을 학습시킨다는 명목으로 쿠폰을 지급했기 때문이다. 예를 들면 모바일 추가 할인 기능을 만들어 홈쇼핑 방송 중에도 전화보다 모바일로 구매하면 더 할인해주는 방식이었다. 모바일 구매자의 수와 앱 설치량이 늘어난 것은 사실이지만 단타성 할인 구매를 위해 새로 진입한 고객들이 얼마나 서비스에 안착했는지는 어느 자료에서도 찾아볼 수 없다.

다만 이에 대한 답은 아마도 2015년 이 정책을 강력하게 추진했던 GS홈쇼핑이 증명해주었다고 생각한다. 엄청난 모바일 마케팅 쿠폰과 비용을 퍼붓던 GS홈쇼핑 모바일 앱의 MAU는 2015년 월 평균 800만 명에서 이듬해 비용을 줄이는 방향으로 선회하자 480만 명대로 빠르게 축소되었다.[71] 결국 엄청난 할인 비용이나 설치 마케팅도 구체적인 전략이 없는 상태에서는 효력이 없다는 것을 보여준 사례로 남게 되었다.

배달 앱의 성장과 O2O에 대한 사회의 대립

쇼핑몰 간의 할인 경쟁이 이어지는 가운데 고객의 삶 속에는 또 다른 이커머스 영역이 급속히 성장하고 있었다. 바로 'O2O 서비스'이다. O2O 서비스란 'Online to Offline'이라는 의미로 온라인을 통해서 오프라인 서비스를 이용할 수 있는 모든 형태를 의미한다.

특히 '배달의민족', '요기요', '배달통'으로 대표되는 배달 앱은 그 중심에 있었다. 초기에는 스타트업 붐을 타고 광고 형태의 O2O가 많았기 때문에 평소 마케팅에 어려움이 있던 영세업자들은 약 15% 전후의 높은 수수료를 내고도 입점을 강력하게 원하는 추세였다. 하지만 각종 O2O 서비스에 결제 서비스가 붙으면서 배달 시장이 연간 1조 원 규모로 성장하고 배달의민족이 배달 업계의 8%가량을 차지하자 상황은 변했다. '신선한 마케팅 도우미'였던 배달 앱 이미지가 '유통 새치기꾼'으로 전락한 것이다.[72]

높은 수수료를 요구하는 유통 새치기꾼이 들어오면서 이 비용을 조달하기 위해 영세업자들은 배달 앱으로 주문 시 음식 양을 줄이거나 보너스 쿠폰을 제외하는 식으로 고객 서비스를 축소했고, 이는 결국 사회적 문제로 비화되었다.

이러한 인식은 배달 앱 간의 수수료 낮추기 눈치 싸움으로 이어져 2014년 한 해 동안 평균 4~5%의 수수료가 낮아지는 결과를 가져왔고, 2015년 7월 배달의민족은 결국 바로결제 수수료 전면 무효화를 선언했다. 당시 배달의민족 수익의 30%를 포기한 결정이었다. 결제 수수료 3% 정도를 제외하고는 다른 이익을 얻지 못하자 전체 거래의 8%

수준이었던 배민라이더스를 확충하는 것이 중요 과제로 떠올랐다.[73] '바로결제 수수료 전면 무효화'는 당장은 엄청난 손실처럼 보였지만 결과적으로 신의 한 수가 되었다. 수수료 때문에 '바로결제' 입점에 부담을 느꼈던 입점사들이 들어오면서 바로결제 지원 매장을 손쉽게 늘릴 수 있었기 때문이다. 또 부정적인 이미지나 음식 퀄리티 문제도 해소할 수 있는 방향이었다. 기존 이커머스에 비해 양면 시장●으로서의 모습이 훨씬 강력했던 탓에 배달의민족은 플랫폼이 갖춘 양면 중 한쪽을 어떻게 늘릴 수 있는지 그 선례를 보여줬다고 할 수 있다.

재미있는 점은 O2O 서비스가 대중의 생활 패턴을 변화시키며 대세로 자리 잡은 뒤, 수수료 문제로 기존 사업자들과의 대치가 일어나 사회적 이슈가 되는 현상이 다른 O2O 비즈니스에서도 반복됐다는 점이다.

한국판 우버를 표방하며 2015년 3월 출시한 '카카오택시(현재 카카오T)'도 1.5개월 만에 누적 호출 수 100만 건, 9개월 만에 누적 호출 수 5,700만 건을 넘어서며 돌풍을 일으켰다.[74] 2015년 말에 조사한 바에 따르면 일 호출 수가 60만 건에 달했으며, 전국 택시 면허의 70%에 해당하는 19만 명이 기사 회원으로 등록된 상태였다.[75] 사회적으로 새로운 경험을 만들어냈기 때문에 역시나 기존 업체의 반발 또한 거셌다. 택시 기사들도 목적지를 미리 보고 나서 골라 태우는 게 아니냐는 지적을 받았다. 또한 배달 앱과 마찬가지로 파트너들과의 관계 유지도 관건이었다. 택시 운전자 모집을 위해 수수료 없이 시작한 카카오택시가 추후 수수료 모델을 도입할 경우에 대한 반발이 우려됐다. 때문에

● 양면 시장(양면 플랫폼) : 셀러(판매자)와 구매자 또는 제공자와 소비자가 플랫폼을 매개로 거래하는 형태를 이르는 말.

카카오택시는 수수료 정책보다는 '카카오택시 블랙'이라는 카카오페이 선결제 택시 서비스를 도입하여 이 문제를 해결하려 했다. 그러나 이번에는 기존 택시운송업체에서 거세게 반발하고 나섰다. 고객이 내는 돈은 동일한데 업체나 개인 택시업자로서는 수수료 납입처가 하나 더 생기는 것이었기 때문이다. 이 부분은 나중에 '타다'의 출현으로 더 다이나믹한 역사적 사건들을 만들어냈다.

숙박업에서도 '야놀자', '여기어때' 등 유명 앱들이 탄생하면서 비슷한 현상이 나타났다. '야놀자'는 2015년 12월 누적 다운로드 수 1,000만 건, 월 사용자 300만 명을 기록했다.[76] '야놀자'가 먼저 구매자 수를 늘려나갔다면 후발 주자인 '여기어때'는 무료 계약을 무기로 제휴점 수를 빠르게 늘렸다. 물론 '여기어때'도 일정 기간이 지나면 제휴점 계약을 유료로 전환시키고 바로결제를 강화할 전략을 갖고 있었다.[77]

O2O 커머스 앱들은 이렇게 비슷한 방식으로 성장했다. 기존에 없던 편리한 앱을 만들어 사용자를 모으고, 입점사들이 쉽게 입점할 수 있도록 수수료를 낮춰주거나 바로결제 서비스의 수수료 전환을 늦춰 헤게모니를 장악하는 방식으로 영향력을 확장했다. 이런 과정을 되돌아보면 사용자에게 서비스의 편의성이란 '업그레이드는 가능해도 다운그레이드는 불가능하다'는 명제가 떠오른다. 한번 변화한 헤게모니는 더 좋은 서비스가 나오지 않고서는 변화하지 않는다.

푸시와 비콘, 그리고 IoT

O2O의 역량이 강화되면서 오프라인 매장에서는 근거리 통신망을 이용한 대중 메시지 전달 서비스인 '비콘Beacon'이 관심을 받기 시작했고, IoT를 활용한 마케팅과 주문에 대한 니즈가 계속해서 발생했다.

국내에서는 SK플래닛의 '시럽' 등에서 지역 기반 할인 쿠폰을 주는 비콘 서비스가 상용화되었고, 각종 앱에서도 비콘을 활용한 서비스 실험이 이루어지기 시작했다.[78] 또한 재기발랄한 푸시Push 서비스 활용도도 폭발적으로 증가했다. 푸시 서비스는 기존 SMS나 이메일에 비해 비용이 거의 들지 않을 뿐 아니라 메시지 오픈에 대한 접근성도 높았기 때문이다. 푸시와 비콘 서비스가 심해지면서 2014년 말에는 정보통신망법이 강화되며 앱 설치 시 푸시와 비콘에 대해 별도의 동의를 받도록 했지만, 사실상 동의 절차가 많이 감추어져 있어 고객에게는 앱에 의한 푸시나 비콘이 스팸처럼 느껴지기 시작했다.[79]

한편 2015년은 IoT 서비스에도 큰 관심이 생기기 시작한 해다. 아마존은 쇼핑용 IoT 기기인 '아마존 대시' 서비스를 4월 발표했다.[80] 아마존 대시란 아마존에서 판매하는 상품 중 하나를 미리 설정해두고 필요할 때 누르면 바로 주문되는 버튼 모양의 IoT 기기다. 버튼만 누르면 아마존 서비스를 통해 해당 상품이 주문된다. 아마존은 반복 주문이 많은 세탁 세제나 주방 세제 등을 중심으로 첫 아마존 대시 서비스를 출시했다. 국내 이커머스들도 이를 기준으로 다양한 IoT 서비스를 만들어냈으나 다들 시험적인 상품이었을 뿐 성공한 서비스는 없었다. 물론 실제 개발 방법도 요원하여 QR 코드 등으로 대체해서 만들었기 때문에 효용성도 낮았다. 아마존 대시 역시 몇 년 후 역사 속으로 사라졌다.

이커머스 발전의 분수령이 된 2015년

2014년까지의 역사는 2015년부터의 이커머스를 만들기 위한 변화였다고 해도 과언이 아니다. 그래서 내가 생각하는 2015년의 역사적 의미를 정리해보고자 한다.

2015년은 업계 내의 변화만 일으키던 이커머스 시장이 '결제'가 이루어지는 모든 곳으로 개념이 확대된 커다란 격변기였다. '이커머스' 하면 '택배 가능한 물건을 사는 곳'으로 떠올리기 쉬운데, 이 시기를 지나면서 '구매 가능한 모든 것을 사는 곳'으로 변모했고, 그러자 이커머스를 구분하는 기준이 시스템적으로 양면 시장과 온라인상 결제 거래를 지원하는 곳이 되었다. 거래 대상은 무엇이든 상관없었다. 노동 서비스가 될 수도 있고 디지털 콘텐츠가 될 수도 있었다.

기존 이커머스 기업들은 '결제'를 기반으로 서비스와 정보를 판매하는 각종 플랫폼의 도전을 받기 시작했는데, 이는 이커머스 시장의 카테고리가 경계 없이 넓어질 수 있다는 깨달음을 주었다. 이후의 경쟁은 그야말로 경계 없는 '빅블러' 형태로 이어졌다.

2015년은 이커머스가 사회적으로도 변화를 미치기 시작한 시기였다. 사람들의 삶의 방식이 바뀐 것이다. '이런 게 있으면 편하지 않을까?'라는 생각이 드는 모든 업종과 서비스가 온라인 서비스로 탄생했다. 수많은 스타트업이 등장했고, 사람들은 더 이상 기존 방식을 고수하지 않았다. 모바일과 간편결제의 탄생으로 드디어 세상 전체의 디지털 트랜스포메이션•이 시작되었다. 삶의 방식이 바뀌었다는 것은 더 이상 과거의 방식으로는 살아남을 수 없다는 말이기도 했다. 이 시기를 기점으로 기업들 간에 명암이 갈리기 시작했다.

마지막으로 이커머스 시장에서 2015년은 국가의 구분도 약화된 시기였다. 그간 국내 이커머스는 국내 기업들과만 경쟁했다. 글로벌 서비스들은 벤치마킹 대상이자 레퍼런스였지 경쟁 대상은 아니었다.

그러나 모바일 앱 스토어가 국내외 시장의 경계를 허물고, 국내 유통 시장의 성장률이 둔화되면서 어느새 경쟁자의 범위가 넓어졌다. 이는 단순히 해외 직구나 역직구의 문제가 아니었다. 재화나 서비스, 매장, 마케팅 어느 것 하나 국내 특수성을 고수하기 어려워졌다.

이러한 이유로 국내 이커머스는 더 이상 미투 서비스나 트렌드라는 이름으로 '비슷한 수준'만을 지향했다가는 도태될 수밖에 없다는 위기의식을 느꼈다. 하지만 조급한 마음은 과도한 마케팅 비용 지출로 이어져 출혈 경쟁 등 여러 가지 부작용으로 나타났다. 2015년이 지나면서 경쟁의 속도와 변화의 양상은 급격하게 빨라졌고, 서비스 기능은 더 복잡해졌다.

• 디지털 트랜스포메이션(Digital Transformation) : 디지털 기술을 사회 전반에 적용하여 전통적인 사회 구조를 혁신시키는 것을 의미한다. IBM기업가치연구소의 보고서(2011)에서는 '기업이 디지털과 물리적인 요소들을 통합하여 비즈니스 모델을 변화시키고 산업에 새로운 방향을 정립하는 전략'이라고 정의했다.(출처 : 한국정보통신기술협회 IT 용어사전)

그때 해외 동향은

2014년부터 예열된 알리바바의 뉴욕 증시 상정이 확정되며 전 세계 이커머스가 중국 시장과 '마윈'을 주목했다. 2014년 9월 알리바바는 인터넷 기업 중 시가총액이 구글에 이어 2위라는 엄청난 저력을 보여주었고[81] 이는 중국의 이커머스를 재평가하는 기회가 되었다. 하나의 기업이 오픈마켓과 종합몰, O2O를 아우르며 슈퍼앱(SUPER APP) 형태로 빠르게 시도하고 또 다르게 만들어내는 중국 방식의 이커머스가 국내 기업에는 새로운 자극이 되었다.

2015년 11월 11일 중국 광군제에서 알리바바는 12시간 만에 10조 원을 팔아치우며 중국 시장과 중국 이커머스의 잠재력을 보여주었다.[82] 블랙프라이데이와 해외 직구에 타격을 입은 국내 이커머스 시장에 충격과 공포를 가져다준 이 수치는 중국 진출만이 살 길이라고 각인시키는 계기가 되었다. 그도 그럴 것이 국내는 큰 오픈마켓도 1년에 겨우 10조 원 내외의 거래량을 보이던 시절이었기 때문이다.

아마존은 2014년 11월 인공지능 알렉사를 기반으로 한 인공지능 스피커 '아마존 에코'를 출시하고, 2015년 6월에는 누구든 알렉사에 적용할 소프트웨어를 만들 수 있도록 '알렉사 스킬 키트(Alexa Skill kit)'를 공개하여 음성 인식 스피커를 둘러싼 소프트웨어 생태계를 조성하기 시작했다.[83] 이는 과거 안드로이드가 시장을 선점하기 위해 사용했던 방식과 같다. 또한 아마존은 2015년 3월 O2O 서비스 지역 연결 플랫폼인 '아마존 홈서비스'를 정식 오픈하고[84] IoT 서비스인 '아마존 대시'를 출시하여 IoT 쪽으로도 서비스를 확대했다.

음성 인식 스피커와 O2O, IoT 서비스의 확대는 모바일 앱에서만 이루어지던 서비스를 오프라인으로 끌어내기 시작하며 이커머스의 확장 가능성을 보여주었다. 한편 2012년 설립한 아마존 코리아의 AWS 사업은 국내 스타트업 서비스들을 끌어들이며 클라우드 사업의 기반을 확장했다.

돋보기

O2O보다는 온디맨드, 옴니채널보다는 온라이프

모바일 이커머스가 확장되면서 계속해서 거론되는 몇 가지 용어들이 있다. 모두가 구호처럼 사용해서 아무리 어떤 때는 개념조차 혼동될 정도의 용어들이다. 대부분의 용어는 학계나 언론, 컨설팅 업계에서 만들어져 사방으로 흩어졌다가 마케팅 개념으로 정착된다. 그런데 현실에 발붙이고 무언가를 만들어내야 하는 나 같은 사람에게는 이런 용어가 종종 함정 카드로 작용한다. 본질을 찾지 못하고 그 '단어'에 맞는 그럴싸한 것을 어설프게 만들어내려 할 때, 스스로도 혼동되는 기분이다.

특히 모바일 기반의 이커머스가 성장하는 과도기에 등장한 몇몇 용어는 굉장히 트렌디하면서도 모순적으로 사용되었다. 이 용어들은 2015년을 전후로 '치트키'처럼 모바일 서비스를 설명하는 모든 문구에 쓰였다. 하지만 읽으면 읽을수록 정체가 모호했다. 모바일을 설명하기 위한 용어들의 기저에, 역설적으로 오프라인 서비스 산업의 공포심이 자리 잡고 있다는 생각이 들었다.

난무하는 이 용어들이 너무나 혼란스러웠던 나는, 2016년에 자원하여 이 용어들에 대해 조사하고 요청해 기획팀 내에서 발표하는 자리를 가졌다. 당시 선택한 단어는 세 가지였다. O2O Online to Offline, 온디맨드 On-Demand, 옴니채널 Omni-Channel. 교과서에 정리된 내용이 아니라 현업에서 체감한 입장에서 지금도 자주 쓰이는 이 용어들의 정체성을 정리해보고자 한다.

O2O

당시 뉴스에 하루가 멀다 하고 나온 가장 핫한 단어는 O2O였다. '오프라인 서비스를 이용하게 하기 위한 온라인 서비스'를 의미한다. 하지만 이 단어는 실제로 굉장히 다양한 국면에서 사용되었다. 네이버나 구글에 O2O를 검색해보면 마케팅 용어라고 나오거나 온라인 서비스를 오프라인에 옮겨놓는 것이라 설명하거나 온라인으로 신청하고 오프라인으로 서비스를 얻는 형태라고 이야기하는 경우도 있다. 가장 대표적인 사례는 '배달의민족'의 음식 배달 서비스다. 이때는 온라인에서 오프라인 서비스를 이용하기 위한 카탈로그를 제공하고 실제 서비스는 오프라인에서 이용한다는 의미로 활용되었다. 그러면서 직접 서비스를 이용하러 가는 '픽업'이나 '이용권'의 방식과 서비스를 제공하러 찾아오는 형태의 '배달' 혹은 '방문' 서비스들을 설명했다. 하지만 시스템으로만 본다면 이커머스사의 기존 택배 발송 방식도 결국 상품은 오프라인 배달 서비스라는 점에서 크게 다르지 않다. O2O라는 용어는 결국 구매 대상이 '현물에서 서비스로' 확대되고 '배송 방식Delivery'이 오프라인의 다양한 형태로 나타났음을 일시적으로 설명하기 위해 사용되었다. 어휘란 결국 사용자의 입장을 대변한다. 이 용어가 이런 식으로 사용된 건, 모든 산업의 온라인화를 '오프라인 산업의 입장'에서 설명하기 쉬워서였을 것이다. 본질은 오프라인이 온라인 서비스가 되는 '디지털 트랜스포메이션'인데, 그것을 오프라인 산업의 시각에서 O2O라고 쓰고 오프라인을 위해 온라인을 이용하는 것이라고 해석한 것이다. O2O는 당시 모든 뉴스에서 한 번씩은 다룰 정도로 열풍적이었지만, 나에게 만약 핵심 키워드를 짚으라고 한다면 O2O보다는 '온디맨드'를 꼽을 것이다.

온디맨드

2015년은 모바일 플랫폼 스타트업이 폭발적으로 늘어나기 시작한 해이다. 당시 가장 많이 활용된 기능은 모바일 GPS를 이용해 개인화된 서비스를 제공하는 위치 기반 서비스LBS, location based service였다. 모바일이 성장하면서 모바일에서 제공하는 자이로스코프, 터치 스크린, 고화질 카메라 등의 디바이스 특징을 활용해 혁신적인 서비스를 만들기 시작했고, O2O 역시 GPS를 활용한 서비스를 구상하는 과정에서 시작되었다. '사용자가 원하는 지역에 가장 가까운 오프라인 서비스를 안내해주는 온라인 서비스'가 바로 O2O니까 말이다. 사실 O2O가 의미 있는 이유 역시 온디맨드에서 출발한다.

온디맨드란 '수요가 있을 때 즉시 사용할 수 있는'이란 뜻이다. 이 단어를 가장 많이 사용하는 것이 VOD 서비스인데, VOD가 'video On-demand'의 줄임말이라는 것을 모르는 사람들이 많다. 언제든 원할 때 바로 볼 수 있는 비디오 서비스가 VOD다. 언제든지 원하는 것을 바로 선사하려면 두 가지에 신경 써야 한다. 바로 '수요에 적합한 무한한 공급량'과 '즉시 사용할 수 있도록 하는 빠른 배송'이다. 모바일 GPS나 언제 어디서나 사용 가능한 초고속 LTE 네트워크망은 서비스 수요자들이 '제품을 원하는 시점'을 정확하게 표현할 수 있도록 도와주었다. 가장 빠르게 전달할 수 있는 방법으로는 2015년 상승세를 높인 소셜 삼형제의 직접 배송 방식과 본인이 오프라인에서 픽업하는 교환권 사용이 있었다. 오히려 문제는 '수요를 위한 공급을 맞추는 것'이었다.

기존의 단방향적 파이프라인 형태로는 24시간 수많은 지역에서 넘쳐나는 수요를 맞추기가 불가능했다. 더 많은 상품과 더 많은 제공자가 필요했다. 그때 가장 혁신적으로 부족한 공급을 채워나간 것이 '우버'였다. 우버는 자동차 유휴시간에 운전을 해주는 서비스를 제공할 수도 있고, 또 그런 서비스를 이용할 수도 있는 플랫폼이다. 택시 회사였다면 한계가 있었을 '공급량'을 참여자를 통해 채울 수 있었고 이 방식이 오픈마켓보다 훨씬 더 공개적이라 자유 시장 경제에 적합했다(이 분야를 공유 경제라는 멋진 말로 소비하고 있지만, 공유 경제는 여전히 논란이 많은 용어이기에 여기서는 생략한다). 우버는 공급자와 수요자를 중개하기만 하고 그 안에서 자발적인 수요자와 공급자가 서로 교환되게 함으로써 본인들의 서비스를 '온디맨드' 서비스로 이용할 수 있게 만들었다. 이 방식은 모바일의 가치를 극대화시켰다. 이후에 등장한 플랫폼 서비스들은 대부분 우버의 공식을 따라간다. 누구나 공급자가 될 수 있고, 누구나 소비자가 될 수 있으며 서로 간의 계약은 수요와 공급이 맞닿는 시점에 실시간으로 일어난다. 그 사이에 배달이나 픽업이라는 방식이 들어오면서 모바일 산업은 기존의 이커머스나 오프라인이 해내지 못한 촘촘한 생태계를 형성할 수 있었다. 단방향 파이프라인 형태의 기업에서는 절대로 만들어낼 수 없던 형식이다.

옴니채널

마지막으로 '옴니채널'은 무엇일까? 이 용어는 온·오프라인 산업을 모두 갖추었을 때의 지향점으로 쓰인다. 일단 이 용어를 쓰는 집단을 살펴볼 필요가 있는데, 국내에서는 오프라인 유통 매장을 많이 갖춘 롯데그룹에서 2014년부터 중요한 핵심 전략 가치로 이야기해왔다. 옴니채널이란 여러 개의 채널에서 동일한 서비스 품질을 제공해 일관성 있는 하나의 서비스로 인식할 수 있게 해야 한다는 뜻이다. 오프라인 매장을 가든, 온라인 서비스에 접속하든, 동일한 품질과 브랜딩을 경험할 수 있어야 한다는 것이다. 하지만 이러한 설명은 온라인 산업을 활용하는 오프라인 산업 입장에서 둘 사이의 품질과 유대감이 동일해야 한다는 사업적 방향성을 강조하려는 것이지 온라인 산업을 설명하는 것은 아니었다. 마치 'N스크린'을 통해 스마트폰과 PC에서 동일한 영상을 연달아 이어 볼 수 있도록 하자는 넷플릭스 같은 OTTOver The Top media service 형태를 생각나게 하는 대목이다.

롯데에서 일할 때 '옴니채널을 달성하자'는 미션을 보며 정말 많은 고민을 했다. 일부러 옴니채널을 강조하며 서비스 접점을 만들려 노력하지 않아도 이미 고객들은 '롯데백화점 명동점'과 '롯데백화점 앱'을 분리해서 생각하지 않았기 때문이다. 사람들에게 앱은 그 회사 자체이고 지점 역시 마찬가지였다. 지점별로 다르다고 생각하는 것은 지점 간 경쟁을 당연하게 여기는 오프라인 산업의 오랜 관념뿐이었다. 그래서 '옴니채널로서 완성도를 높이자'는 말이 되지만 '옴니채널을 달성하자'는 불가능했다. 더불어 옴니채널을 통해 오프라인으로 모객하라는 미션이 더해질 때면 과연 옴니채널의 핵심이 무엇인지 물음표만 가득했다.

온라이프

모든 어휘는 사용자의 심경을 드러낸다. 'O2O'보다는 '온디맨드'가 모바일 시대 온라인 산업의 변화를 이야기하기 적절하다. 마찬가지로 온·오프라인 조화의 지향점으로는 '옴니채널'보다 훨씬 더 적절한 단어가 필요하다고 생각했다. 그리고 비록 시기적으로 늦게 나오기는 했지만 온·오프라인 연결의 지향점을 설명하기에 더 적절하다고 생각한 용어는 바로 '온라이프On-life'다.

온라이프는 바이난트 용건이 쓴 《온라인 쇼핑의 종말》에 나오는 단어로, 저자가 오프라인 매장(책에서는 리테일이라고 표현한다)의 미래를 짚어보기 위해서 사용한 개념이다. 온라이프는 사람들이 인터넷이나 어떤 도구에 연결된 상태로 끝나는 것이 아니라, 사람과 사람이 온라인을 통해 연결되고 나아가 서로의 사회적 욕구가 모이는 곳에서 즉각적으로 원하는 모든 것을 연결한다는 의미이다. 예를들어 오프라인 매장이 체험은 오프라인에서 구매는 온라인에서 하는 '쇼루밍' 단계를 지나 '체험형 매장'을 지향하다가 종국에는 증강 현실, 가상 현실, 홀로그램 등 디스플레이 기술의 발달로 시간과 공간의 구분이 흐려져서 하나가 될 것이라고 본 것이다. 이는 2021년 유행한 '메타버스'와 비슷하면서도 다른데, 온라이프가 오프라인 공간에서 디지털로 융합된다고 보았다면 메타버스는 각자의 공간에서 네트워크상으로 사회가 융합된다는 점에서 다르다. 그러나 이러한 해석의 차이는 이 책이 코로나 시대가 오기 전에 쓰였기 때문일 뿐, 결국 지향하는 바는 비슷하다. 오프라인 산업과 온라인 산업의 경계가 희석되고 융합될 거라는 점에서 둘 다 유사하기 때문이다.

그럼에도 옴니채널보다 더 적절한 지향점으로 온라이프를 이야기하는 이유는 모바일로 성장하던 2015년 오프라인 산업과 온라인 산업 간의 융합에 대한 지향점을 잘 짚어주기 때문이다. 메타버스 개념에는 오프라인이 없지만, 온라이프는 온·오프라인 각자의 가치를 존중해주면서 고객에게 융합된 더 큰 가치를 부여한다고 생각했다.

물론 이 용어들에 대한 해석은 상당히 주관적이다. 그저 시장에 나온 서비스들을 분석하고 그와 비슷한 서비스들을 직접 만들어야 했던 실무자 중 한 사람인 나의 해석일 뿐이다.

10기

모바일 only 시대의 이커머스 생존 경쟁 (2016)

'모바일 퍼스트'를 넘어선 '모바일 온리'의 시대

모바일 서비스가 대세로 떠오르면서 이커머스 업계에도 '모바일 퍼스트'라는 단어가 유행하기 시작했다. 이 단어는 모바일 디자인 전문가 루크 로블르스키가 주장한 UX 철학으로, 브라우저 사이즈에 따라 자동으로 변화하는 반응형 웹으로 UI와 사용자 경험을 디자인할 때 모바일을 최우선으로 하라는 뜻이다. 이는 구글의 전 회장인 에릭 슈미트가 2010년 모바일 월드 콩그레스 기조 연설에서 스마트폰을 통한 모바일 시대가 도래할 것이라고 이야기하면서 더더욱 활성화되었다. 에릭 슈미트는 이후 2014년 개최된 모바일 퍼스트 월드 콘퍼런스에서 모바일 퍼스트가 아닌 '모바일 온리Mobile Only'의 시대가 올 것이라 선언했다. 그리고 실제로 2016년 대한민국에서는 "결제는 중요하니까 PC를 쓸 거야."라는 말이 더 이상 통하지 않게 되었다. 이커머스에서조차 그의 예언이 현실이 되는 것을 모두가 느끼고 있었다.

2015년을 기점으로 이커머스 업계는 완전히 모바일 중심으로 기울었고, 모바일에서 승기를 잡은 소셜 삼형제의 성장세는 특히 두드러졌다. PC 위주로 서비스하던 이커머스사들도 모바일을 잡기 위해 혈안이 되었다. 그리하여 2016년에는 이커머스사들이 모바일에서 먼저 성장한 '그 회사들'을 제치고 모바일 패권을 잡으려는 엄청난 혈투를 하기 시작했다(그리고 그 전쟁을 치르기 위해 나는 이 책의 기반이 된 이커머스의 역사를 공부하기 시작했다).

소셜 삼형제의 위기와 전략의 분리

모바일에 힘입어 2014년부터 대대적으로 높아진 소셜 삼형제의 인기는 2015년 한 해 정점을 찍었다. 직매입한 최저가 딜 상품을 자체 물류 인프라를 통해 빠르게 배송하는 소셜 삼형제의 전략은 고객에게 온라인 쇼핑의 이상적인 모델로 각인되었다(물론 소셜 삼형제 중 쿠팡의 질주는 이제부터 시작이었지만, 그건 '딜 상품 판매'보다는 배송과 결제 중심의 성장이었다).

반면 2015년 백수오 사태와 수수료 갑질 논란을 겪은 홈쇼핑 계열 종합몰은 모바일에 대대적인 비용 투자를 했는데도 그 입지가 줄어들었다. 더 이상 승부하기가 어려워지자 오픈마켓과 백화점 계열 이커머스는 조용히 해외 역직구와 대형 행사를 키우는 마케팅에 주력했다. 앞서 말했듯 이 움직임의 바탕에는 네이버 가격 비교가 있었다. 네이버 가격 비교에 의해 트래픽이 좌우되었기에 가격에서 밀리는 기존 이커머스사들의 손발이 묶인 것이다.

소셜 삼형제의 물류 투자가 고객에게 좋은 선택 요소가 된다는 것은 명확했다. 하지만 자체 물류 인프라에 대대적인 투자를 하고 외부 고급 인력을 수용하는 방식은 수익 구조에 큰 무리를 가져왔다. 1조 원이 넘는 매출을 기록한 쿠팡은 무려 매출의 50%에 달하는 5,260억 원의 적자를 기록했고, 소셜 삼형제의 적자액만 8,100억 원에 육박할 정도로 처참했다.[85]

쿠팡을 필두로 소셜 삼형제는 한계를 깨닫고 대응책 마련에 나섰다. 그리고 마침내 2015년 하반기, 오픈마켓 방식에 대한 의지를 내비쳤다. 직매입 방식만으로는 물류비용을 제외하더라도 너무 큰 재고 관리 비용이 드니, 이미 확보한 안정적인 트래픽을 기반으로 수수료 방식을 통한 수익도 노리고 상품 수를 빠르게 늘릴 시점이라고 판단한 것이다.[86]

여기서 IT 개발에 문외한인 사람들이 기억해야 하는 것이 있다. 시스템을 만드는 것은 생각보다 오래 걸린다는 점이다. 특히 비즈니스 모델을 바꾸는 정도의 구조 변경은 빠르게 진행할 수 없다. 필요한 시점에 이런 선택을 할 수 있었다는 것은 쿠팡이 이미 오래전부터 오픈마켓 전환을 시스템적으로 준비해온 것이라 미루어 짐작할 수 있다. 그냥 임기응변으로 다급하게 내놓은 대책은 아닐 거라는 이야기다.

적자를 기록하던 불안한 질주 속에서도 소셜 삼형제가 모바일 시장을 살뜰히 차지해가는 모습을 보면서, 지금이라도 모바일 시장을 놓치면 안 되겠다고 생각한 기존 주자들이 참전했다. '전쟁'이 시작된 것이다. 목표는 단 하나, 비용이 약점인 소셜 삼형제를 자멸하게 만드는 것.

가장 먼저 선전포고를 한 것은 기저귀 배송으로 타격을 입은 '이마트'였다. 쿠팡의 김범석 대표는 마트 업계는 자기네와 업태가 달라 경쟁자가 아니라며 안심시켜왔다. 그러나 코로나 맛보기 수준 정도였던 2015년의 메르스 사태는, 달콤한 말에 속고 있던 이마트에 경종을 날렸다. 오프라인이 마비되면 어떤 일이 벌어지는지 드디어 깨달은 것이다. 2015년 이마트 기저귀 매출은 전년 대비 26.3% 줄었는데 이 매출이 대체로 쿠팡으로 넘어갔다는 게 중론이다.[87] 이 수치는 모바일에 생필품 시장을 뺏기는 것에 대한 위기의식을 느끼게 해주었다.

결국 2016년 2월, 이마트는 최저가 선언을 하며 SSG 배송에 대한 대대적인 TV 광고를 시작했다. 선정한 상품군만큼은 타 이커머스사보다 1원이라도 더 싸게 팔겠다는 이 선언은 직원들이 실시간으로 해당 상품군의 가격을 비교하며 최저가를 지키는 것으로 정말 현실이 되었다. 약 3개월간 이어진 이 전쟁으로 이마트몰의 온라인 매출은 전년 동기 대비 51.2% 증가했고, 이마트몰 전체 매출은 29.8%의 신장률을 기록했다. 이익률은 줄었겠지만 지금의 이마트몰의 입지를 마련한 투자의 시기였다.

한편 이마트나 쿠팡처럼 직매입을 하지 않고 중개 거래를 하는 이커머스사들은 가격 경쟁에서 더욱 밀리면서 과도한 생필품 역마진 경쟁에 참전해야 할지 말지를 고민했다.[88] 결국 온라인 쇼핑 업계 1위를 수성하던 오픈마켓들도 소셜 삼형제에 대한 대대적인 공세를 시작했다. 소셜 삼형제가 오픈마켓 진출을 선언한 이상, 더는 업종 차이가 무의미해졌기 때문이다.

지금은 쿠팡을 포함한 소셜 삼형제의 이미지가 좋아서 착각하기 쉽지만, 사실 이때까지만 해도 모바일 트래픽 최강자는 11번가와 G마켓이었다. 닐슨코리아의 조사에 따르면 2015년, 2016년 모두 순방문자 수UV 에서 11번가가 1등을 차지했다. 가장 많은 사용자가 모바일에서 11번가를 찾았다는 뜻이다.[89]

2016/2015년 이커머스 업계 순방문자 수(UV) 현황

모바일(웹+앱)

	11번가	G마켓	옥션	쿠팡	티켓몬스터	위메프
2016 순방문자 수 월평균	12,736,660	12,486,227	9,637,695	8,671,626	7,491,675	7,878,558
2015 순방문자 수 월평균	10,375,297	10,168,167	8,136,099	9,056,787	6,669,904	7,493,485

모바일(웹+앱)+PC

	11번가	G마켓	옥션	쿠팡	티켓몬스터	위메프
2016 순방문자 수 월평균	19,961,068	19,758,134	16,381,939	12,992,413	11,486,114	12,678,130
2015 순방문자 수 월평균	18,571,499	19,070,008	16,407,739	13,522,746	10,642,246	12,140,165

출처 : 닐슨코리안 클릭

하지만 이 자료는 11번가와 G마켓이 겪고 있던 상황을 제대로 보여주지는 않는다. UV는 한 번이라도 방문한 사용자를 의미하는데, 1년에 한 번 오는 사용자를 충성도 있는 사용자라고 보긴 어렵다. 할

MAU 기준 상위 리테일 앱

iPhone, 2015년 7월~2016년 6월

온라인 퍼스트　온·오프라인　기타

순위	중국	일본	한국
1	Taobao	Amazon	Coupang
2	Jingdong	Rakuten ichiba	TMON
3	Tmail	GU	WeMakePrice
4	Vipshop	MUUI passport	11st
5	Yihaodian	Yahoo! Shopping	Gmarket
6	Amazon	Apple store	CJ ONE
7	SMZDM	WEAR	GS SHOP
8	Red-shop the world	T-Point	Home&Shopping
9	Dangdang	Matsumotokiyoshi	CJmail
10	Apple Store	ZOZOTOWN	Home plus

출처 : 앱애니

인 혜택에 따라서 체리 피킹•을 하는 고객일 가능성도 높다. 애플리케이션 분석 업체인 앱애니(현 데이터에이아이)가 발표한 2015년 7월부터 2016년 6월까지의 아이폰 사용자 MAU 분석 자료를 보면, 이미 소셜 삼형제가 11번가와 G마켓의 MAU를 넘어섰음을 확인할 수 있다.[90] 단기적으로는 이기고 있어도 장기적으로는 위험한 상황이었던 것이다.

이 상황을 11번가나 G마켓이 모르진 않았을 것이다. 결국 11번가와 G마켓도 전쟁에 뛰어든다. 11번가는 2015년에 소셜 삼형제의 방식

• 체리 피킹 : 어떤 회사의 제품이나 서비스 가운데 가장 이익이 되는 특정 요소만을 골라서 합리적으로 소비하려는 현상을 가리키는 경제 용어이다. 플랫폼 입장에서는 혜택만을 추구하고 플랫폼에는 락인되지 않는 사용자의 기회주의적 행동을 지칭하는 경우가 많다.

을 따라 딜 매장을 만들고 빠른 배송 서비스를 선보였으며, 2016년에는 최저가 경쟁을 선언하고 직매입 상품을 늘려 오픈마켓 최대 단점인 상품과 물류의 불확실성을 보강했다.[91] 옥션은 소셜 삼형제에서 강세를 보이던 여행 상품 판매를 늘렸고, G마켓과 11번가는 소셜 삼형제와 O2O가 장악하고 있던 로컬 서비스에 대한 영역을 확대하며 고객의 머릿속에 각인된 업종 간 차이를 부수기 시작했다.

온라인 유통업체 연도별 비중 및 매출 증감율

구분	2014년	2015년	2016년
오픈마켓	7.70%	7.4%	21.5%
소셜 커머스	72.9%	46.6%	13.5%
종합유통몰	12.9%	11.2%	10.9%
온라인 전체	**17.7%**	**16%**	**18.1%**

전쟁은 소셜 삼형제의 일보 후퇴로 막을 내렸다. 2016년 소셜 삼형제의 매출 증가율은 둔화되었다. 쓸 수 있는 자금이 떨어지고 있다는 평가가 지배적이었다. 출혈 경쟁이 이어지던 중 2016년 10월 쿠팡은 사전 통보 없이 로켓배송 기준 금액을 기존 9,800원에서 19,800원으로 두 배 이상 올리고, 패션을 제외한 카테고리의 '딜 상품'을 폐지하기로 선언한다. 이로써 소셜 삼형제를 죽이기 위해 돈을 때려 붓던 전쟁이 일단락되었다. 무료 배송 기준을 높인 것은 적자를 메우기 위해서일 거라는 분석이 가장 우세했다. 내부적으로는 기준 금액을 높여도 고객 충성도가 유지될 것이라는 분석이 있었다는 말도 있고, 더 이상의 비용 싸움이 의미 없다는 해석 또한 있었다.

하지만 다른 한편으로 '직매입 기반의 딜 상품 폐지'는 오픈마켓형으로 상품 셀렉션을 늘리기 위한 자연스러운 수순이었다고 평가할 수 있다. 이미 쿠팡은 로컬 쿠폰 상품의 비중을 조금씩 줄여가고 있었고 오픈마켓형 입점을 강화하면서 사실상 소셜 커머스의 기존 특징을 버릴 생각을 갖고 있었다.[92] 목표가 뚜렷하고 성장가도에 있던 쿠팡과 달리 위메프와 티몬은 정말 자금 위기 상황에서 나타나는 신호들이 보였다. M&A를 위해 대기업 유통사와 접촉했다는 소문도 돌았다. 이들은 수익을 늘리기 위해 셀러 대상으로 각종 용품을 판매하거나 특정 기업과 계약하에 해당 기업의 사무용품을 판매하는 MRO 등의 방법으로 B2B 시장 진출을 선언하며 수익을 보전할 방법을 찾기 시작했다.[93]

사실 소셜 삼형제의 수익 문제는 과거 닷컴버블 시기 벤처 기업들이 겪은 수익 구조 문제와 유사해 보인다. 닷컴버블 시기에도 안정적인 수익 구조를 만들지 못한 상태에서 몸집 불리기를 위한 마케팅과 투자를 하다가 어느 순간 비용을 감당하지 못하고 자본금을 잠식하면서 위기가 찾아왔다. 소셜 삼형제는 다른 이커머스와 다르게 '스타트업'으로서의 정체성을 가지고 있었기에 유통 비용 보전에 의한 수익 창출보다는 '예상된 적자'를 바탕으로 투자를 받아서 규모를 키웠다. 국내에서 오랫동안 유통 시장을 이끌어온 이들에게 이 전략은 낯설었지만 스타트업에서는 전반적으로 나타나는 현상이었다. O2O 회사인 배달의민족이 2015년 259억 원의 영업 손실을 보았으며, 자동차 공유 경제 플랫폼 쏘카 역시 60억 원의 영업 손실을 기록했다.[94]

그런데 여기서 재미있는 분기점이 생겨났다. 마치 한 배를 탄 것처럼 한 방향으로 흐르던 쿠팡, 티몬, 위메프의 전략적 방향성이 달라진 것이다. 쿠팡은 높은 트래픽을 유지하며 계속 투자를 끌어오는 한편, 물류창고와 시스템을 업그레이드하고 고급 개발 인력을 확보하는 데 주력했다. 반면 위메프와 티몬은 닷컴버블 시기에 이커머스가 수익 마련을 위해 찾은 B2B로의 활로를 답습했다. 이를 계기로 이들의 운명이 달라지기 시작했다. 앞서 닷컴버블 시절 국내 이커머스사들이 B2B 서비스로 이익을 내면서 IT 기술 투자에 소극적이었던 점이 많이 아쉽다고 평가했는데, 이 시기 티몬과 위메프가 이러한 선택을 되풀이했다는 점에서 다시금 아쉬움을 곱씹게 된다.

옴니채널과 해외 진출을 노리는 유통 공룡, 백화점계 종합몰

롯데는 신동빈 회장이 새로운 성장 전략으로 '옴니채널'을 선언했던 2014년 결정을 유지했다. 오프라인 매장으로 고객을 보내려는 이 전략은 PC 서비스에서 모바일 서비스로 대상을 옮겼다. 모바일에서 상품을 보거나 구매하고 오프라인에서 수령하는 '모루밍 쇼퍼'를 타깃팅한 것이다.[95]

롯데를 비롯해 오프라인 기반으로 유통업을 해온 이른바 유통 공룡들의 이커머스는 항상 다급했다. 온라인 쇼핑몰의 성장이 두드러지면서 가장 영향을 많이 받은 곳은 단연 백화점과 마트 같은 오프라인 유통업계이다. 그룹사 대부분이 오프라인 유통업인 롯데는 2011년 롯데닷컴에서 구축한 '스마트픽'을 마트, 슈퍼, 하이마트 등 전 계열사로 확대했다. 편의점에서 배송 픽업과 반품을 하는 방식으로 전 계열사의 온·오프라인을 연결한다는 생각이었다. 문제는 여전히 해결책이 오프라인을 어떻게든 살리는 방향으로 나아갔다는 것이다. 오프라인 매장에도 디지털적인 무언가를 도입하기 시작했다. 신규 오픈한 잠실 롯데월드몰에 비콘•을 활용한 서비스를 늘리고, 롯데홈쇼핑 앱으로 구매 가능한 오프라인 매장인 '스튜디오샵'을 만들기도 했다. 백화점에 '가상 피팅 미러룸'을 구축하고 식료품 보관이 가능한 '스마트 로커', 장바구니 없이 쇼핑을 하다가 마지막에 결제가 가능한 '스마트 쇼퍼'도 선보였다.[96] 이것이 실제 옴니채널이나 디지털 트랜스포메이션에 적합한 해결 방안인지를 판단한다면 분명 근본적인 해결책은 아니었다고 생각한다.

빅데이터에 대한 전략도 내놓았다. 롯데 멤버스를 분사하여 회원제와 포인트제를 계열사가 모두 활용할 수 있도록 재정비하고 결제 서비스인 L.pay도 마련했다. 모든 계열사의 데이터가 모이면 고객에 대한 다면적 데이터를 바탕으로 정확하게 개인화할 수 있을 거란 판단이었다. 훌륭한 전략이지만 구현 역량이 문제였다. 경험이 부족한 초보 요리사가 좋은 음식 재료를 가지고 두서없이 만든 요리 같았다. 기준과 목적 없이 뒤죽박죽 쌓인 데이터를 '다크 데이터'라고 부른다. 롯데의 방향성을 실행하려면 다크 데이터에 대한 전체적인 정비가 필요했다. 그러나 계열사 간 데이터를 모으는 것만으로도 버거웠고, 계열사에서 차출된 인원으로 구성된 조직은 힘을 발휘하기 어려웠다. 전략

• 비콘(Beacon) : 위치 정보를 전달하기 위해 어떤 신호를 주기적으로 전송하는 기기. 블루투스4.0 프로토콜을 기반으로 한 근거리 무선통신 장치이다. 최대 70m 이내의 장치들과 교신할 수 있다.(출처 : 한경 경제용어사전)

은 멋졌지만 임원부터 실무진까지 IT에 대한 이해와 경험이 부족했다. 결국 이 도전은 겉으로는 그럴듯했지만 실제로는 작동하지 않는 어설픈 결과를 가져왔다.

신세계는 브랜드 옴니채널 전략으로 2014년 오픈한 SSG을 대대적으로 브랜딩화하기 시작했다. 공효진, 공유를 앞세운 TV 광고는 '쓱'이라는 명칭을 성공적으로 알리며 트래픽과 매출 성장에 기여했다.[97] SSG페이를 선보이며 옴니채널 전략도 강화했다. '쓱' 마케팅의 효과로 2016년 상반기에만 전년 대비 매출이 30% 향상됐다. 또한 옴니채널 서비스로 '샤벳' 앱을 통해 백화점 상품과 매장을 촬영하여 온라인에 전시했다. O2O 전문 매장인 하남 스타필드에 '슈퍼샵'도 오픈했다. 스마트 스탬프, RFID, 터치 디스플레이를 장착한 안내 서비스 등 다양한 디지털 디바이스를 오프라인에 비치해서 옴니채널에 대한 실험을 시도했다.[98] 하지만 기억나는 것은 '쓱'이라는 브랜딩뿐이다. 신세계 역시 근본적으로 롯데와 비슷한 문제를 가지고 있었다.

현대백화점은 두 공룡보다 다소 소극적으로 대응했다. 프리미엄 백화점 온라인몰인 '더현대닷컴'을 새로 오픈하고 백화점으로의 역쇼루밍•을 강화한 정도다. 판교점 나이키와 아디다스 매장에 실험적으로 VR 매장을 오픈하고 VR 기기를 통해 3차원 매장 영상을 볼 수 있도록 했으며, 픽업 서비스를 확대했다.[99] 당시 업계에 있던 동료들이 한자리에 모일 때면 현대의 이런 소극적 태도가 의아하다는 의문을 표했다.

• 역쇼루밍 : 쇼루밍이 오프라인 매장에서 상품을 살펴본 후 실제 구입은 온라인에서 하는 쇼핑 형태를 의미한다면, 역쇼루밍은 온라인에서 정보를 서치한 후 오프라인에서 구매가 이루어지는 형태를 뜻한다. 웹루밍(Webrooming)이라고도 한다.

백화점계 종합몰들의 해외 역직구몰에 대한 투자도 이어졌다. 국내 온라인 쇼핑 시장의 성장률은 여전히 두 자릿수를 유지했지만 점차 줄어들었고, 이미 시장 1위 자리에는 오픈마켓이 굳건하게 버티고 있어 살아남으려면 다른 방법을 찾아야 했다. 위수탁 매입 형식의 종합몰들은 오프라인을 통한 강력한 상품 소싱력을 바탕으로 한류가 대세인 외국에 지속적인 투자를 이어갔다. 특히 중국, 인도네시아, 베트남은 대표적인 진출 대상이었다.

이 과정에서 상품군의 변화도 많이 일어났다. 2000년대 중반부터 소호soho에서 점차 성장해온 의류 쇼핑몰들은 화려한 피팅 모델과 코디로 입지를 굳히고 자체 상품을 만들어내며 '한국판 SPA'● 형태로 자리 잡기 시작했다. 2014년부터 백화점은 젊은 타깃층 공략을 위해 전략적으로 '스타일난다', '임블리' 등의 의류 쇼핑몰을 플래그샵 형태로 입점시켰다. 역쇼루밍을 노렸던 이 브랜드들은 백화점계 종합몰과 역직구몰로 흔쾌히 입점했다.[100] 의류 브랜드사로서는 새로운 판로의 개척이었고, 종합몰에서는 노후화되던 고객층을 젊은 층으로 넓히는 계기로 판단한 것이다. 비슷한 흐름으로 이른바 '스트리트 브랜드'라고 불리던 화장품 브랜드 '에뛰드하우스'가 백화점에 입점하며 '백화점 입점 브랜드'라는 높은 성벽이 흐려지는 분위기가 형성되었다. 당시 롯데는 젊은 세대를 타깃팅한 영플라자 매출의 60%가 이미 온라인 판매에서 이루어졌고, 이들이 적극적으로 입점시킨 새로운 브랜드들은 온

● SPA(Specialty retailers of Private-label Apparel) : 기획부터 생산, 유통까지 직접하는 패션 의류 브랜드사를 의미한다. 실질적으로는 해당 시즌에 가볍게 소비하는 패스트패션 브랜드를 지칭하는 경우가 많다. 유니클로, TOP10, 8세컨즈 등이 대표적이다.

라인을 통해 해외 판매로 활로를 넓혔다. 물론 엄청나게 큰 매출을 만들어낸 것은 아니다. 광군절 등으로 커진 중국 시장과 앞으로 성장 가능성이 높은 인도네시아, 베트남 등 동남아 시장 진출로 국내 시장의 치열한 경쟁 문제를 해결하려는 기대감이 더 높았다.

이렇게 다양한 활동을 했지만 이때의 '유통 공룡' 3사는 잘 기억나지 않을 수 있다. 사용자로서는 당연한 일이다. 다양한 시도에도 불구하고 유통 3사는 '쓱'과 '이마트'를 제외하면 임팩트를 주지 못했다. 유통 공룡 3사가 운영하는 이커머스에 대한 사용자들의 주목도는 뉴스와 달리 이미 기운 상태였다. 해외로 진출할 수밖에 없던 가장 큰 이유이기도 하다. 국내 이커머스 간 MAU 관련 기사에서 백화점계 종합몰들은 더 이상 순위권에 들지 못했다. 온라인 매출은 시대의 흐름에 따라 순증했지만, 급성장하는 이커머스에 비해 그 효과가 크지 않았다. 내가 생각하는 가장 큰 실패 원인은 네이버 가격 비교에 대한 높은 의존도와 상품 희소성을 낮춘 오픈마켓 연동 판매다. 네이버 가격 비교 때문에 직접 찾아오는 다이렉트 트래픽 비중이 줄어든 데다 오픈마켓으로 연동한 매장의 판매 매출이 커지면서 플랫폼으로서의 자생력이 줄어든 것이다. 오프라인 유통 공룡이 이커머스 시장에서만큼은 힘을 쓰지 못했다.

프리미엄 식품 배송 서비스와 간편식 문화

이 시기, 아직 완벽하게 이커머스에 정복되지 않은 카테고리가 몇

개 있었다. 대부분 눈으로 직접 보고 골라야 하는 제품이나 배송이 용이하지 않은 제품이었는데, 신선식품과 대형 가구가 대표적이다. 서비스가 아예 없지는 않았지만 성공적이진 않았다. 2009년경 G마켓에서 시도한 온라인 마트는 조용히 사라졌고, 사람들은 2014년 국내에 진출한 이케아 매장에 직접 가서 구매하는 것에 열광했다.

하지만 2016년이 되면서 이커머스와 관계가 없을 것 같던 식품 카테고리에 두 가지 새로운 양상이 나타났다. 2015년부터 시작된 '집밥'과 '요리' 문화에 대한 인기가 소비로 이어지며 마트, 슈퍼의 배송 서비스가 일부 지역을 바탕으로 호응을 얻기 시작한 것이다. 쿠팡을 견제해 생필품 최저가를 내세우며 온라인 시장에 공격적으로 대처한 이마트는 식료품 배달 사업이 성장하여 점포 역신장을 막는 새로운 성장 기반이 되었다.[101]

2015년 5월 프리미엄 식품 배달 서비스로 등장한 '마켓컬리' 또한 강남과 잠실 중심으로 인기가 치솟았다. 잡지를 보는 듯한 식품 사진과 인근 마트에서 보기 힘든 유기농 프리미엄 식품을 인스타그램에 포스팅한 듯 선보인 마켓컬리는 식품을 레시피 콘텐츠와 함께 판매했고, 하루 일과를 방해하지 않도록 새벽에 배송해주는 '샛별배송'으로 입소문 나기 시작했다.[102] 인스타그램에 자랑하고 싶은 유명 베이커리를 배달로 받아 아침을 차리고, 기존 마트에서 찾을 수 없던 낯선 해외 식자재 구매가 가능해진 이런 흐름은 실물로 보고 고르던 식료품 쇼핑 문화에 변화를 일으켰다. 사람들은 마켓컬리에서 '라이프 스타일'을 주문하는 느낌을 받았다. 함께 주목받은 곳으로는 헬로네이처, 한살림몰 등이 있다. 이마트와 롯데마트도 주도권을 놓치지 않으려고 노력했다.

이렇게 2016년은 마트, 슈퍼 업계의 공격적인 온라인 마케팅이 일어나며 또 한 차례 사람들의 생활 방식을 바꾸어놓았다.

반면 밥을 해 먹는 것 자체가 더 낭비를 불러온다는 '일코노미족(1인 가구이면서 경제적인 소비를 선호하는 사람들)'도 늘어나면서 '편의점 도시락'이 큰 인기를 얻기 시작했다. 3대 편의점은 집밥의 느낌을 가미한 다양한 도시락을 앞다투어 출시했다. 2009년부터 온라인상에서는 편의점 음식을 빗댄 '창렬하다'나 '혜자하다'라는 신조어가 쓰였는데, 2014년을 넘어서면서 더욱 대중적으로 사용되기 시작했다. CU에서는 2015년 백종원을 모델로 내세운 프리미엄 도시락을 출시하며 편의점 도시락 시장의 규모를 키웠다. 이에 발맞춰 온라인에서도 간편식 정기 배송 서비스가 다양한 형태로 등장했다.

도시락뿐 아니라 반찬류의 주문도 새로운 서비스가 등장했다. 식당 음식을 배달 대행만 하던 배달의민족은 '배민프레시'를 앞세워 반찬 배달이나 간편하게 음식을 만들어 먹을 수 있는 식재료 패키지 판매를 시도했고, 야쿠르트 아주머니를 통한 반찬 배달 서비스도 나타났다.

IT 트렌드의 도입과 실패 : 동영상, AR, VR, 채팅, 챗봇, AI

모바일 환경이 점차 좋아지면서 동영상은 핵심 서비스로 성장해 2016년에 이르러서는 BJ, 스트리머, 유튜버 등 '동영상 기반 인플루언서' 문화가 대세로 자리 잡았다. 짧은 영상 클립 외에 라이브 방송이 늘어났고 유튜브를 통해 세계적인 스타 스트리머가 탄생하면서 '아프리카 TV'의 BJ 중심으로만 움직이던 국내 스트리머 시장도 여러 갈래로 나뉘었다. 페이스북과 인스타그램도 2016년 라이브 방송 서비스를 만들면서 동영상 서비스의 중요도는 한층 높아졌다.

국내의 경우 〈캐리와 장난감 친구들〉 유튜브 방송이 큰 인기를 끌며 아동 타깃 방송이 눈길을 끌었고, 뷰티 유튜버나 전자제품 품평 유튜버, 실시간으로 게임하는 모습을 보여주는 게임 스트리머 등 다양한 크리에이터들이 대규모 팔로워를 무기로 인플루언서로 성장했다. 이들의 인기는 상품의 완판으로 이어졌고 광고를 뛰어넘는 광고 효과를 가져왔다. 판매를 기반으로 한 중국의 '왕홍'•에 대한 이야기가 들려오면서 이커머스는 어떻게 하면 이러한 '라이브 커머스'••를 도입할 수 있을지 고민했다.

쇼핑몰에서도 각종 시도가 이어졌다. G마켓은 'G어벤저스'라는 이름으로 유명 BJ들을 초빙해 동영상으로 상품을 홍보하는 방송을 제작했고, GS샵은 아예 '숏방'이라는 30초짜리 이커머스용 동영상 서비스 플랫폼을 만들었다. 롯데닷컴은 프로덕션 제휴를 통해 '생생샵'이라는 라이브 방송을 주기적으로 시도했다. 그러나 이러한 서비스는 주로 기업에서 제작하여 제공하는 것이어서 다양한 방법으로 동영상을 이용하기는 했으나 크리에이터가 참여하는 문화 토양으로 이어지지는 않았다. 게다가 트래픽 대비 뚜렷한 매출로 이어졌다고 판단하기도 어려

• 왕홍 : 중국의 동영상 기반 인플루언서를 지칭하는 말로 상품을 소개하는 소개자로서의 역할을 함께 하는 경우가 많다.

•• 라이브 커머스 : 온라인 라이브 영상으로 상품을 소개하고, 채팅을 통해 실시간으로 소통할 수 있는 커머스. 기존 TV홈쇼핑에 비해서 콘텐츠의 길이가 짧고 직접적인 소통을 할 수 있다는 점이 다르다.

웠다. 라이브 쇼핑은 시기상조라는 평가가 지배적이었다.

아마존에서도 동영상 상품평 플랫폼인 8TV 서비스를 시작하고, 게임 방송 라이브에 특화된 '트위치'를 인수하며 고객 혹은 개인이 동영상의 제공자가 되고 수익을 벌 수 있는 구조를 만들기 위해 노력했다. 동영상까지도 플랫폼 형태로 소비하는 시도가 나타난 것이다. 모두가 무엇을 해야 할지 알고 있었으나 유효타를 만들어낸 기업은 없었다. 오랫동안 영상으로 물건을 팔아온 홈쇼핑 업계조차 모바일 라이브 영상이라는 환경에서는 의외로 빠르게 적응하지 못했다.

가상 현실과 증강 현실, 혼합 현실•이 주목받으면서 이커머스는 또 다른 숙제를 안았다. 360도 카메라로 촬영한 VR 동영상 기술이 대중화되면서 각종 컨퍼런스에서 이 기술의 활용에 대한 이야기가 나왔다. 당연히 이커머스에서도 VR과 AR을 적용하기 위한 노력이 많이 나타났다. 가상 매장을 만들어 온라인 상품을 연결한다거나, 제품을 온라인상에서 더 생생하게 전달하는 방식으로 VR 기술을 차용하기 위해 노력했다. 신세계백화점과 H몰은 VR 매장을 시험 삼아 만들었고, GS샵은 여행 상품을 설명하기 위해 360도 카메라로 여행지나 숙박업소의 구석구석을 보여주었다. 이미지 인식으로 대두된 AR에 대해서도 여러 시도가 이루어졌다. 롯데닷컴은 사진을 찍어 상품을 검색하는 '스타일 추천' 검색을 선보였다.

전 세계적으로는 게임 '포켓몬고'의 인기로 '포켓코노미'라는 신조

• 혼합 현실(MR, Mixed Reality) : 증강 현실(AR)이 현실에 3차원 가상 이미지를 겹쳐서 보여주는 기술을, 가상 현실(VR)이 현실에 100% 가상의 이미지를 사용하는 기술이라면 혼합 현실은 현실 세계와 가상 세계를 결합해 두 세계를 융합시키는 공간을 만들어내는 기술을 뜻한다.(출처 : 용어로 보는 IT)

어가 생기며 AR 서비스의 큰 가능성을 보여줬다. 2016년 11월 중국의 광군제에서는 알리바바가 공격적인 AR 마케팅을 선보이며 가능성을 몸소 증명했다. 오프라인에서 '광란의 고양이를 찾아라尋找狂歡貓'라는 앱으로 브랜드 매장을 인식하면 포켓몬고처럼 고양이가 나오고 이 고양이를 잡으면 타오바오에서 사용할 수 있는 쿠폰을 발행해주는 방식이었다. 가상 VR 쇼핑인 '바이플러스'에서는 VR 안경을 통해 매장 구경부터 결제까지 할 수 있었다.[103] 이러한 오락적인 쇼핑으로 알리바바는 단 하루 만에 매출 20조 원을 달성하는 저력을 보여주었다.[104]

한편, 2014년부터 중국 쇼핑몰에서 유행하기 시작한 채팅 서비스가 국내에도 상륙했다. 국내 쇼핑몰들은 고객 CS 채널에 앞다투어 채팅 서비스를 도입했다. 상담 센터는 이커머스에서 굉장히 중요한 역할을 맡지만 동시에 인건비와 인프라 비용이 많이 드는 곳이다. 그래서 실시간 채팅 서비스는 유선 전화보다 저렴하고 비실시간성이라 한 명의 상담사가 여러 고객과 소통할 수 있다는 비용 절감 차원에서 이야기되다가 곧 챗봇과 AI의 도입으로 키워드가 옮아갔다.

챗봇은 시나리오에 따라 고객의 자연어를 이해하는 ARS 서비스를 채팅으로 옮긴 형태로 나타났다. 하지만 실제로 도입하려면 엄청난 양의 키워드와 시나리오를 작성해야 해서 상담사를 온전히 대체할 수는 없다는 업계의 판단이 나왔다. 물론 시도는 많았다. STTSpeak-To-Text로 기존 상담 대화 내용을 텍스트로 치환한 뒤 문장 자체를 학습하는 방식도 이야기되었다. 하지만 STT를 학습하는 과정 자체가 상용화되지 않은 상황이라 상담까지 대체하기에는 무리가 있었다.

국내 쇼핑몰에서 AI 기술 도입은 엄청난 키워드였다. 2016년이 바로 이세돌과 알파고가 세기의 바둑 대결을 벌였던 해였기 때문이다. AI는 모든 사람의 뇌리에 박혔고 빨리 선점해야 한다는 생각이 컸다. 하지만 기술의 이해 없이 기대만 가지고 도입하려 했기에 큰 성과는 내지 못했다. 그저 아마존에서는 여러 가지 용도로 자체적인 머신러닝이 이루어지고 있다는 이야기만 들려왔을 뿐이다.

아마존 에코 그리고 아마존GO

2014년 11월 출시한 스마트 스피커 '아마존 에코'는 인공지능 비서 알렉사의 발전으로 계속 진화했다. 특히 SDK•를 외부에 공개하면서 아마존 에코 생태계를 지속적으로 넓혔다. 아마존 프라임 회원을 위한 음악 서비스를 제공하는 것은 물론, 음성으로 쇼핑 목록을 담을 수도 주문할 수도 있었다. 모든 스마트 기기들을 집에서 컨트롤하는 IoT 기기의 컨트롤러 역할을 했으며, 공개된 SDK를 통해 우버를 호출하는 서비스가 추가되면서 O2O에서도 스마트 스피커 이커머스를 통한 다양한 가능성을 보여주었다.

모바일 패권을 빠르게 쥐지 못했던 많은 기업이 스마트 스피커에 주목했다. 혹시나 이것이 모바일 다음의 '넥스트 디바이스'라면 빠르게 선점해야 했기 때문이다. 국내에도 이와 비슷한 서비스 계획이 줄을 이었고, 2016년 11월 SK텔레콤에서 스마트 스피커 'NUGU'를 발

• SDK(Software Development Kit) : 특정한 앱 생태계에 포함된 앱을 만들기 위해 공개된 꾸러미이자 개발 도구.

표했다. 그러나 소프트웨어 수가 한정적이었고 초기에는 SDK가 공개되지 않아 제한적이었다. SK텔레콤에 이어 KT와 LG텔레콤, 네이버와 카카오 같은 포털에서도 음성 비서 서비스에 대한 계획을 발표했다. 이런 상황에서 이커머스사는 스마트 음성 비서 서비스에 어떻게 파고들지를 고민하기 시작했다.

아마존이 내민 또 하나의 충격은 2015년 말 첫 오프라인 서점을 내며 보여준 O4O•의 가능성이다.[105] 오프라인 서점 확대를 통해 온·오프라인 유통을 통합할 거점을 마련한다는 점에서 이미 오프라인 매장을 확보하고 있던 유통 공룡들은 크게 동요했다. 그리고 이러한 오프라인 확대는 2016년 12월 '아마존GO'를 통해 더 크게 다가왔다.

아마존GO는 등록된 매장에서 물건을 들고 나오면 자동으로 결제가 되는 무인 매장이다. 매장 내에 설치된 카메라, 센서, 인공지능이 고객이 어떤 물건을 장바구니에 담는지 추적 및 분석하여 아마존 계정으로 자동 결제하는 계산대도 점원도 없는 신개념 상점이었다. 당시에는 아마존 직원을 대상으로 시애틀 아마존 본사 건물에 50평 규모의 베타스토어를 만든 정도였지만 시도만으로도 전 세계는 충격에 빠졌다. 오프라인 매장을 가진 모든 곳이 IT 기술을 바탕으로 무인 매장을 만들어내는 일에 몰두하기 시작했다.

• O4O(Offline for Online) : O2O(Online to Offline)에서 진화해서 아예 오프라인을 위한 온라인 서비스(Online for Offline)라고 강화된 개념이다.

2016년 온디맨드 서비스의 생존 경쟁

2015년 이후 모바일 스타트업 비즈니스는 양면 플랫폼이자 우버 방식의 비즈니스 모델이 두드러지게 나타났다. 혹자는 이를 '우버피케이션Uberfication'이라고 부르기도 한다. 우버와 비슷한 사업이란 뜻이다. 이러한 서비스에는 세 가지 특징이 있다.

1. 누구나 판매자가 될 수 있는 마켓 플레이스형 플랫폼 형식을 띠고 있다.
2. 재화가 아닌 서비스를 판매한다.
3. 구매를 원하는 즉시 핀테크를 이용한 빠른 결제가 이루어지고, 결제 즉시 배송 및 이용이 가능하다.

요약하면, 플랫폼이 모든 자원을 조달하지 않고도 원하는 서비스를 바로바로 연결해서 이용하도록 하는 형태의 비즈니스이다. 우리가 웹 2.0이라 부르던 '사용자의 참여와 연결을 통한 가치 창출'이 모바일 환경을 통해 실현된 것이다.

2015년 O2O 서비스가 활성화되면서 이커머스 시장은 현물 중심에서 거래할 수 있는 모든 것으로 경계가 사라졌다. 2016년에는 여기서 한 발 더 나아가 온디맨드 서비스가 강화되었으며 로컬 거점의 중요성이 크게 대두되었다. 우리가 상상할 수 있는 모든 서비스가 온라인 사업으로 '이커머스화'되었고, 이를 위해 AR, VR, 동영상, GPS, AI 등 다양한 기술이 활용되었다.

기술을 바탕으로 명확한 타깃에게 확실하고 편리한 서비스를 제공하여 기존 산업의 방식을 깨뜨리는 것을 '파괴적 혁신Disruptive Innovation'이라 한다. 대한민국의 2016년은 작은 스타트업도 '파괴적 혁신'을 통해 기존의 산업 규칙을 깰 만한 균열을 만들 수 있다는 믿음을 만들어 준 해였다고 볼 수 있다.

이커머스는 모든 면에서 주목받기 시작했고 또 성장했다. 유통 시장만 봐도 2016년 오프라인은 4.5% 성장한 반면 온라인 쇼핑몰은 18%나 성장하며 65조 원 매출을 돌파했고, 이는 전체 유통 시장의 30%가 넘는 매출로 이전 해보다 10조 원 더 커진 금액이다(전통적인 오프라인 강자였던 마트는 23%, 백화점은 22%였다). 통계청에서 제대로 측정하지 못한 스타트업까지 고려한다면 온라인 산업은 성장에 가속이 붙기 시작해 이제 이 산업을 어떻게 해야 하는지 아는 사람들이 늘어난 상황이었다.

2016년은 국내·외 시장의 경계가 무너지기 시작한 해이기도 했다. 해외 SNS가 자리 잡은 지 꽤 오랜 시간이 흘렀지만, 우리나라는 대부분의 서비스가 '온라인 갈라파고스'라고 불릴 정도로 자국주의가 강했다. 그래서 해외 이커머스나 서비스가 한국에 진출했다가 고배를 마시는 일이 많았다.

하지만 모바일을 통한 글로벌 앱 시장이 활성화되면서 이런 장벽이 많이 낮아졌다. 특히 AI 서비스 중 '번역 서비스'가 선도적으로 나타나면서 어색하나마 한글 패치가 된 서비스가 제공된 덕분에 국내 고객도 글로벌 서비스를 어렵지 않게 이용할 수 있었다. 그러자 PC 시절에는 고객이 모르는 해외 서비스를 벤치마킹해 1~2년 후 똑같이 만들어 도입해오는 방식이었다면, 2016년에는 고객이 해외 서비스를 통해 친숙한 경험을 쌓으면 국내 정서에 맞는 미투 서비스를 1년 내에 만들어 사용자를 끌어오는 방식이 많아졌다. 이런 상황은 이커머스 플레이어들이 새로운 서비스를 만들기 위해 지속적인 투자를 할 수밖에 없도록 만들었다. 과거의 '신사업 개발'의 방식은 너무 느렸기 때문이다. 하지만 어차피 이 다음은 국내와 해외 서비스를 동시간대에 개발하고 경쟁하는 일만 남았을 뿐이다. 더 이상 미투나 벤치마킹이 아닌 자체적인 방향성과 차별성, 기술력을 가진 기획과 개발이 필요하다는 것을 모두가 조금씩 깨달아가는 시기였다.

특히 나는 이커머스에서 한편으로 밀려난 기업에 있었기에 이러한 시장의 변화에서 오는 불안감과 다급함을 절실히 체감하고 있었다. 자체 개발 기술력이 높지 않은 기업이다 보니 '파괴적 혁신'을 위한 기술과제조차 장기적 직접 투자보다는 외주를 통해 외부에서 수급하려 했고, 결국 여러 시도에도 불구하고 근본을 바꾸지는 못했다.

실무자로서 나는 신기술을 다루는 서비스를 하지 않고 있다는 불안감과 'IT 기업이란 무엇인가'에 대한 진지한 고민을 했던 시기였다(이때의 고민과 결론은 전작인 《코딩 몰라도 됩니다》에 많이 녹아있다). 그리고 근본이 튼튼하고 경쟁력 있으며 전략이 분명한 온라인 서비스를 만들고 싶다는 생각을 점점 굳혀갔다.

돋보기

모바일 시대의 K-갈라파고스 생태 '의도된 적자'와 GMV

모바일 시대가 되면서 온라인 갈라파고스인 한국인들도 점차 글로벌 서비스에 쉽게 노출되었다. 사람들은 언어 지원만 되면 자연스럽게 해외 서비스를 이용했다. 특히 페이스북, 구글을 기반으로 서구권에서 사용되는 UI 형태나 앱의 품질에 익숙해졌다.

나는 2014년부터 모바일팀으로 옮기고 모바일 앱을 만들기 위한 기획과 개발을 새롭게 익혀나갔다. PC에는 없던 다양한 기능, 즉 스와이프나 플리킹 같은 터치 인터랙션, 앱 푸시를 통한 커뮤니케이션, 네이티브 앱 영역과 웹 영역을 구분하거나 웹 브라우저에서 스마트폰을 가로Landscape mode로 했을 때와 세로Portrait mode로 했을 때의 해상도 관리 등을 익히느라 정신이 없었다.

그리고 또 하나 알아야 했던 것이 있는데 바로 '앱 스토어'였다. 앱 스토어는 PC 서비스와 달리 서비스에 대한 총체적인 평가가 남는 곳이기에 기존의 VOC, 즉 '고객의 소리'와는 차원이 다른 날것의 리뷰를 볼 수 있었다. 이때 한 가지 깨달은 점이 있는데, 어떤 종류의 앱이냐와 관계없이 고객들은 좀처럼 칭찬을 남기지 않는다는 것이다. 일반화하기는 어렵지만 사용자가 많을수록 리뷰를 남기는 사람들은 좋은 평가를 위해 리뷰를 쓰는 게 아니라 불편하지만 참을 만한 이유를 설명하거나 누군가에게 꼭 전하고 싶은 팁이 있을 때 또는 정말 앱 자체에 몹시 불만일 때 리뷰를 남기곤 했다.

해외 서비스 리뷰에 'thank you', 'amazing', 'awesome', 'great'가 범람할 때, 한국 앱 리뷰에는 신랄한 평가가 난무했으며 별점이 높더라도 칭찬이 아닌 내용도 많았다. 이건 문화 차이라고 볼 수도 있지만, 리뷰를 찬찬히 읽다 보면 한국인만의 특이점이 눈에 띈다. 바로 '서비스의 유지'에 대한 이야기나 '성능'에 대한 평가가 많다는 점이다.

'서비스의 유지'는 프로모션으로 제공한 일시적 혜택을 지속해달라고 요구하거나 변경된 업데이트에 대한 불편함 항의, 정책에 대한 불만이나 사용상의 어려움을 지적하는 등의 평가를 뜻한다. 이는 모두가 할 수 있는 피드백이다. 정작 내가 흥미롭게 생각한 것은 성능이나 기능 오류에 대한 피드백이었다. 앱 리뷰 코너가 '오류 신고'나 '사용성 개선 요청'을 하는 곳처럼 느껴졌다.

앱 스토어 리뷰 코너에 올라온 사용성 개선 요청 사례

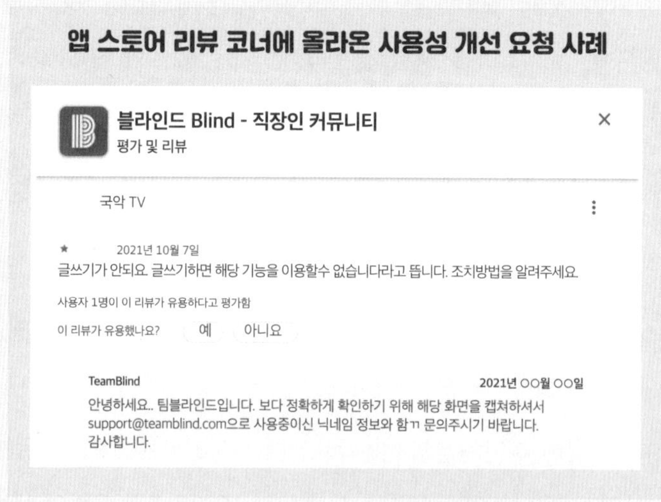

사견이지만 이 역시 국내 온라인 환경이 가져온 특성이 반영된 결과가 아닐까 생각한다. 어떤 나라보다 빠른 인터넷 환경에서 PC의 모든 서비스들은 칼같이 정확하고 오류 없는 UI를 추구했다. 배너 광고나 텍스트 또한 완벽하게 정돈

되어있었다. 때문에 당시 PC에 비해 상대적으로 느린 모바일 인터넷 환경과 그 때까지 완벽하지 않던 모바일 웹 최적화 기술에 사람들은 불편함을 느꼈을 것이다. 종종 디자인 완결성에 대한 부분도 리뷰로 올라왔다. 폰에서 픽셀이 조금 깨지는 것도 서비스 완성도가 낮다는 식으로 평가했다. 그리고 그런 불만은 '앱을 삭제하겠다'는 선포를 동반했다.

해외 서비스와 비교하는 경우도 있었다. 유사한 서비스를 사용해본 경험이 있는 고객은 UI부터 사용성이나 구체적인 부분까지 비교를 했다. 당시에는 카드 결제에 대한 사용성이 과도기였기에 아마존의 원클릭 결제의 편리함에 대한 이야기가 많았다. 국내법상 불가능한 부분까지 비교하면서 평가 기준은 더욱 높아지기만 했고 아쉬운 국내 서비스에 대한 리뷰도 많았다. 서비스를 만든 나 같은 사람은 입이 열 개라도 할 말 없지만 공감되는 부분이었다.

게다가 PC 시절에 개인 정보 유출 사건을 종종 겪은 사용자들은 개인 정보를 제공하거나 마케팅에 동의하는 것에 굉장히 민감한 반응을 보였다. 특히 모바일 앱 푸시를 통한 알림은 이메일이나 SMS에 비해 저렴하고 직접적이라는 장점 때문에 급격하게 사용량이 늘어났는데 고객의 불만이 거세게 일었다.

결국 2015년 말 한국인터넷진흥원(KISA)과 방송통신위원회에서 앱 설치 시 광고성 알림을 받을 것인지 동의하는 가이드라인을 추가한다고 발표했다.[106] 그리고 앱 설정에서 알림 수신 여부를 고객이 변경할 수 있도록 기능을 추가하라고 안내했다. 그때 이후로 국내 서비스는 앱 설치 시 앱 푸시 여부에 동의를 구하는 팝업을 띄웠으며, 밤 9시 이후에는 광고성 메시지를 전송하지 않았다. 인지하지 못했겠지만 해외 앱에는 그런 절차가 없고 종종 밤에도 알림을 보낸다.

모바일이라는 새로운 환경을 맞이하여 쇄국 정책은 깨졌어도 사용자의 온라인 서비스에 대한 경험은 이어지고 있었다. 열심히 추가되는 가이드에 맞춰 개

이제 모바일에서 더 날카로운 목소리를 내기 시작한 푸른발부비새

발할 때마다 고민은 늘었다. 하지만 가장 큰 고민은 역시나 이 까다로운 국내 사용자에게 어떻게 하면 사랑받을 수 있는 서비스를 만들 수 있을까에 관한 것이었다.

다행인 점은 친절하고 섬세하며 아기자기한 인터페이스에 익숙한 사용자들이라서 (아직까지는) 쉽게 해외 서비스로 이동하지 않고 있었다.

해외 스타트업의 운영 방식과 성장 공식에 대한 해석이 늘어가면서 드디어 우리 K-갈라파고스에도 스타트업 투자에 대한 VC(벤처 캐피털)나 엔젤 투자, 정부지원사업 등이 늘어났고 새로운 스타트업 평가 방식이 생겼다. 기존에는 기업을 평가할 때 '재무제표'가 가장 중요했다. 이를 통해 기업의 비즈니스 모델이 정상적으로 작동하고 이익이 발생하는지를 확인했다. 하지만 온라인 사업은 초기에 이익을 발생시키기가 쉽지 않다. 전작인 《코딩 몰라도 됩니다》에서 이커머스 업무를 하는 사람들이 인지해야 할 여러 직무적 특징을 이야기했는데, 서비스를 잘 만든다고 사람들이 알아서 찾아오는 구조가 아니기 때문에 퍼포먼스 마케팅이나 그로스 해킹이 중요하다는 설명이었다. 오프라인 서비스는 매장을 여는 것만으로도 광고 효과가 있으나 온라인은 그렇지 않다. 정말 좋은 앱을 만들어 앱 스토어에 올려놓아도 아무도 알 수가 없다. 앱 서비스가 어느 정도 성장 궤도에 오르려면 홍보는 물론, 이용자들이 서로에게 혜택을 주거나 홍보할 수 있도록 공유를 돕는 네트워크 효과가 중요하다.

그래서 앱 서비스 생태계에서는 이익보다는 서비스가 얼마나 성장할 수 있는지를 더 중요한 평가 지표로 사용한다. 바로 MAUMonthly Active User(월간 활성화 사용자 수)와 GMVGross Merchandise Value(거래된 상품·서비스 가치의 총합)다. 사용자 수를 나타내는 트래픽 중에서도 활성화 사용자인 MAU는 얼마나 많은 사용자가 재방문하는지를 보여주는 건전 지표다. 하지만 MAU만으로는 서비스가 목적을 달성하고 있는지 평가하기 어렵다. 왜냐하면 막대한 비용으로 온라인 광고를 집행하면 단기적으로 MAU를 높일 수 있기 때문이다. 그러므로 정말 서비스가 가치 있게 운영되느냐를 보려면 GMV를 봐야 한다. 이는 보통 거래된 매출액을 기준으로 한다.

VC나 투자사에서 기업 가치를 평가할 때도 이런 지표를 반영한다. 트랜잭션 멀티플Transaction Multiple이라고 불리는 방식인데 GMV의 배수를 기준으로 기업 가치를 평가하는 것이다. 적용 배수에 대해서는 여러 가지 조건이 있지만 적자 규모보다는 MAU와 GMV 자체의 가치를 더 높게 평가한다고 한다. 이 부분은 신사업팀에서 스타트업 인수를 검토할 때 곁눈질로 본 것뿐이라서 자세한 설명은 할 수 없다. 그런데도 이를 언급한 이유는 바로 이러한 환경적 변화가 K-갈라파고스 생태에 큰 영향을 미쳤다고 생각하기 때문이다.

스타트업에게 투자는 생명줄이고, 투자를 잘 받기 위해 기업은 MAU와 GMV를 높이려고 안간힘을 쓴다. 이때 손쉬우면서도 마약 같은 방법이 고객 혜택을 높이는 것이다. 쿠폰을 퍼붓고 리워드를 남발하고 후킹hooking용 상품을 광고하는 방법이다. 장기적으로는 서비스 품질을 높이는 것이 바람직하겠지만 아무래도 자금으로 밀어붙이는 게 가시적인 효과를 볼 수 있기 때문이다. 이 상황에서 우리의 고객들은 어떻게 성장했을까?

이미 가격 비교를 바탕으로 한 이커머스의 가격 경쟁을 겪으면서 우리 고객들은 이커머스는 오프라인보다 무조건 싸야 한다는 생각에 익숙해졌다. 그리고 모바일 시대를 맞아 서비스를 정착시키기 위해 경쟁하는 과정에서 더 많은 할인 쿠폰과 리워드와 훌륭한 서비스 품질까지 이용의 척도가 되었다. 문제는 이 모두가 이커머스사에는 적자로 나타난다는 것이다.

이러한 성향이 가장 극단적으로 나타나는 부분이 바로 '배송비'이다. 택배 배송비는 대개 2,500원에서 3,000원 수준으로 고정되어있다. 만약 비용을 더 지불하면 더 좋은 배송 서비스를 이용할 수 있다고 하거나 더 낮은 비용의 배송비를 내는 대신 늦게 받는 것을 선택할 수 있다고 한다면 대한민국 고객들은 어떻게 행동할까? 무료 배송으로 빠르게 배송해주는 대안, 즉 다른 이커머스를 찾아 서비스를 이탈하고 말 것이다. 설령 그 2,500원이 배송 서비스를 유지하기 위해 이커머스 플랫폼, 셀러, 택배사, 혹은 자영업자인 택배 배달원 중 누군가에게 손실을 주는 구조라고 해도 한번 잡힌 인식은 쉽게 바뀌지 않는다.

대한민국 사용자들의 까다로움을 비난하려는 것이 아니다. 나도 직장 밖을 나와 서비스를 이용할 때는 딱 이런 고객으로 변신한다. 아는 놈이 더 한다고, 잘 아는 부분에서 뭔가 안 되는 게 보일 때는 더 구체적으로 항의하기도 한다. 중요한 것은 한번 시작된 서비스 경쟁은 업그레이드는 되어도 다운그레이드는 안 된다는 것이다.

그래서 수많은 기업이 '의도된 적자' 구조를 만들어서라도 서비스를 성장시키기 위해 애쓰고 있다. 해외에서 일하는 한 프로덕트 오너가 말하길 '대한민국 사용자만큼 까다로운 사용자도 없다. 대한민국 사용자를 상대할 수 있다면 글로벌 어디서든 상대할 수 있다'고 했다. K-갈라파고스가 결국 세계적으로 성장하는 K-온라인 서비스가 될 수 있을지 기대해본다.

3부

모바일을 넘어 플랫폼의 시대로

11기

퀀텀 점프를 위한 마지막 과도기 (2017)

커지는 이커머스 시장, 더 커지는 적자 구조

그 사이 이커머스 시장은 계속 성장하여 2016년 65조 원 가까이로 마무리되었다. 그리고규모가 커질수록 적자가 커지는 형태에 대한 업계의 우려가 대두되었다. 2015년 적자 규모는 쿠팡이 5,470억 원이었고 티몬과 위메프도 각각 1,400억 원대를 기록했다. 1년 전인 2014년 쿠팡의 적자가 1,215억 원이었던 것에 비하면 엄청나게 오른 수치이다. 11번가도 2,000억 원대의 적자를 냈고 오로지 이베이코리아만이 800억 원대의 영업이익으로 유일하게 흑자를 기록했다.[107] 그나마 아슬아슬하게 남아 있던 업태의 구분이 이 시기를 거치면서 거의 의미를 상실했고, 적자 구조에 대해 우려를 표명하는 목소리가 높아졌다.

온라인 쇼핑몰 거래액

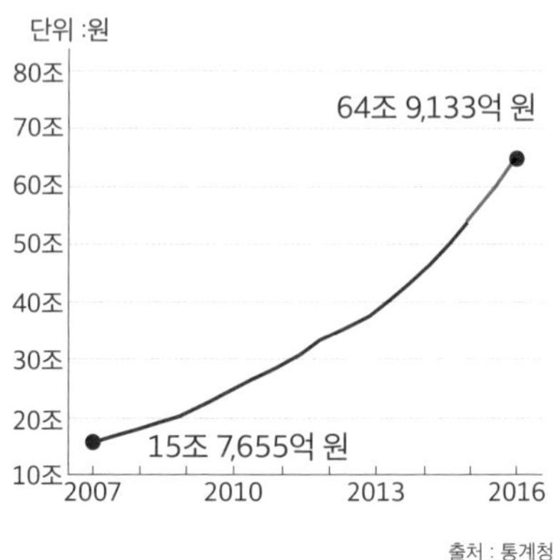

하지만 지금의 시각으로 이때를 돌아보면 플랫폼으로 성장하기 위해 마지막으로 주춤하던 과도기였다는 생각이 든다.

다른 길을 걷기 시작한 소셜 삼형제의 생존 전략

대기업 이커머스사들의 강력한 견제로 위기를 맞게 된 소셜 삼형제는 서로 다른 전략을 펼치며 각자 도생을 도모했다. 하지만 비용의 위기는 생각보다 심각했던 것으로 보인다.

가장 선봉에 서서 비용 정책을 펼치던 쿠팡은 2016년 10월 로켓배송 기준 금액을 슬그머니 올린 것에서 나아가 2016년 11월에는 네이버 가격 비교와의 상품 DB 연동을 중지했다. 이미 많은 트래픽이 자사 앱으로 직접 들어오고 있어 비용 구조가 높은 네이버 가격 비교를 통한 상품 노출이 불필요하다고 판단한 것이다.[108] 그리고 두 달 뒤 쿠팡은 네이버 가격 비교 연동 중지 후 오히려 매출이 증가했다며 네이버를 떠나 홀로서기에 성공한 유례없는 성과라는 평가를 받았다.[109]

2017년 2월, 쿠팡은 패션 분야만 남겨두었던 딜 상품과 로컬 상품을 완전히 접었다. 하지만 이에 대한 결과는 좋지 않았다. 로켓배송 기준 금액을 올린 시점부터 트래픽이 떨어지더니 2016년 12월에는 티몬과 위메프에 밀리기까지 했다. 기업 비즈니스가 오픈마켓으로 변화하면서 기업도 고객도 변화에 적응이 필요한 시기였다. 오픈마켓으로 입점한 상품은 딜상품에 비해 가격 경쟁력을 높이기가 쉽지 않았기 때문이다. 순방문자가 2016년 8월 1,489만 명에서 2016년 12월에는 1,097만 명으로 400만 명가량 줄어드는 상황까지 벌어졌다.[110] 하지만 소셜 커머스가 아닌 직매입을 통한 배송 서비스 확대와 오픈마켓 내부 셀러 경쟁을 도모해 상품 수를 확보하면서 가격 경쟁력을 정착시키는 기간이었던 만큼 어쩔 수 없이 겪어내야 했다.

이 사이 내부 갈등도 불거졌다. 우선 쿠팡맨의 시간외수당 미지급 논란이 떠올랐다. 쿠팡 측은 실제 정책이 변경된 것일 뿐 미지급이 아니라고 설명했지만,[111] 업계에서는 2014년 소프트뱅크로부터 유치했던 10억 달러(한화 약 1조 2,000억 원 상당)를 다 쓴 것이 아니냐는 이야기가 돌았다. 족벌 경영 문제도 수면 위로 올랐다.[112] 오랜 기간 쿠팡이 망하길 빌었던 업계 사람들은 아마도 '이번에는 정말로 망하겠지'라는 생각을 했을 것이다.

반면 위메프는 소셜 커머스의 정체성을 강조하며 의류 직매입을 강화하고 소셜 커머스를 기반으로 한 지역 비즈니스를 파고들며 O2O로 사업 확장을 노렸다. 티몬은 '슈퍼마트'를 만들어 온라인 장보기를 시작했고, '티몬 투어'와 '티몬 금융몰'을 만들어 여행 상품과 보험 등 금융 상품을 판매했다.[113] 여행 상품과 금융 상품은 대표적인 이커머스의 '필살기' 상품이다. 여행 상품은 이익은 낮으나 거래 금액이 크기 때문에 사업 지표로서 서비스가 활성화되어 보이는 효과가 있다. 금융 상품, 특히 보험 판매는 거래 구조상 거래가 체결되기만 해도 지속적으로 이익을 얻을 수 있는 고수익 상품이다. 즉 직매입 의류를 높이려는 위메프와 보험 상품을 시작한 티몬 역시 비용 문제에서 다급해졌음을 짐작할 수 있다.

자, 그런데 여기서 꼭 밝히고 싶은 점이 있다. 3사가 공격당하는 이 시점에도 PC와 모바일을 합친 트래픽 1위는 여전히 G마켓이었다는 사실이다. 2017년 1월 4주차를 기준으로 했을 때 G마켓 순방문자는 986만 명으로 492만 명의 쿠팡보다 두 배 정도 앞섰다. 645만 명의 티몬, 565만 명의 위메프와 비교해도 큰 차이가 있다.

국내 이커머스들의 더 큰 문제 : 중국 사드와 11번가의 향방

2017년 전후로 신선식품, 반려동물용품, O2O와 공유 경제의 확보 등 다양한 부분에서 신사업적 시도가 이루어졌다. 하지만 대기업 유통 공룡들에게는 더 중요한 문제가 있었다. 바로 중국 시장과 11번가 문제였다.

알리바바와 중국의 광군절 성장을 지켜본 국내 이커머스들은 너도

나도 역직구몰을 만들어 해외 진출을 시도했으나 큰 성과를 거두지 못했다. 온라인은 그렇다 치더라도 오프라인 유통만큼은 중국을 기회의 땅이라고 보았는데 2017년 초 국내에 설치된 사드THAAD(고고도미사일방어체계)를 이유로 중국이 보복 조치에 나서면서 롯데와 신세계 같은 국내 유통사들의 중국 내 점포가 강제로 영업 정지를 당하고 지점이 폐쇄되기 시작한 것이다.[114]

중국발 사드 위기로 막대한 손실을 보고 있을 때, 국내에서 조용히 매물로 나와 대기업의 마음을 설레게 한 곳이 있다. 바로 11번가다. 뜬소문으로만 돌던 11번가의 분사 및 매각 소식은 호재였다. 이커머스 오픈마켓 2위라는 시장 점유율을 가져올 수 있는 무기였기 때문이다. 신세계와 롯데 모두 딜을 추진했다. 당시 11번가의 2016년 거래액은 8조 원으로 14조 원인 이베이코리아에 이어 2위였지만, G마켓이 유일하게 흑자를 내는 회사였던 것과 달리 2,000억 원대의 적자를 내는 상태였다. 매각을 검토했으나 적자 폭이 너무 커서 지분 거래를 고려하고 있다는 이야기도 돌았다. 이 상황은 쉽게 해소되지 않았다.[115] 결국 2017년 9월쯤 신세계에 이어 롯데와도 매각이 결렬되었다는 보도가 나왔다. 매각 결렬 사유는 명확했다. 50% 이하의 지분 투자는 경영권이 없으므로 하지 않겠다는 것이었다. 11번가는 자금 확보를 원했지만 이유 없이 자금만 내줄 롯데와 신세계가 아니었다. 이는 SK의 이커머스 전략이 바뀌어서 벌어진 일이기도 하다. 협상 과정 중에도 SK는 이커머스 기반으로 성장하는 글로벌 트렌드를 보고 11번가가 중심이 되어 주도권을 갖는 성장 전략을 검토하고 있었다. 이를 두고 경영권을 넘겨주는 행동은 하지 않겠다고 본 것이다.[116]

신세계와 롯데는 모두 고민이 넘치는 시기였다. 온라인에서는 오픈마켓과 소셜 삼형제에 트래픽이 밀리고, 오프라인 유통은 중국발 사드와 점차 줄어드는 오프라인 입지가 문제였다. 이 중요한 시기에 11번가 인수전은 약 반 년 이상 걸린 고통스런 시간이었다. 롯데에 몸담고 있던 나는 11번가 인수 여부에 따라 내부 전략이 판이하게 달라질 수 있었기에 운신의 폭이 넓지 않았다. 11번가에서 근무하는 업계 동료에게 상황을 물어봐도 매번 서로 아는 것이 없어 답답하기만 했다.

네이버의 본격적인 질주

PC로 이야기되는 이커머스1.0과 모바일로 이야기되는 이커머스2.0을 지나, 각종 데이터를 기반으로 개인화를 하면서 플랫폼으로 확장되는 이커머스3.0의 유일하고도 강력한 승리자로 손꼽히는 곳이 있다. 바로 네이버다. 2017년은 이러한 네이버가 이커머스 시장으로 강력하게 질주한 해다. 2014년 조심스럽게 출범한 '스토어팜'은 검색과 포털의 힘을 등에 업고 무섭게 성장했다. '샵N'이라는 오픈마켓 사업을 접고 3년 만에 다시 시작한 스토어팜은 네이버페이(N페이)를 중심으로 한 플랫폼이라는 점에서 오픈마켓과는 차별점이 있었다. 기존 오픈마켓이 판매 수수료와 광고 수수료를 동시에 받는 구조였다면 스토어팜은 간이과세자나 개인 사업자까지도 무료로 입점하여 수수료 없이 판매할 수 있는 구조다. 다만 N페이 이용에 대한 수수료와 네이버 검색 광고에 대한 광고비 등을 집행한다.[117] 특히 쇼핑 윈도와 같은 영역은 기존 과금 방식인 CPC(클릭당 비용) 방식을 차용해[118] 오픈마켓과 차별화하면서도 리스크는 훨씬 낮은 수익을 낼 수 있었다. 이처럼 네이버는 상품으로의 유입은 검색과 추천이라는 포털의 역량으로 이루고, 회원제와 N페이를 통해 결제까지 이어지는 이커머스의 역할을 성공적으로 이루어냈다.

N페이의 질주에 기존 이커머스 사업자들은 두 가지 방향으로 대응했다. 먼저 N페이는 물론 결제 수단을 다양하게 늘려 가격 비교를 통해 유입되는 인원을 잡으려고 노력했다. GS홈쇼핑은 N페이와 카카오페이 모두를 수용했고, 롯데홈쇼핑도 카카오페이와 L페이 등을 붙였다. G마켓과 옥션 같은 이베이 계열은 자사의 스마일페이를 성장시키기 위해 노력했다.

두 번째 대응 방향은 네이버처럼 데이터 감각을 키우는 쪽으로 진화했다. 2016년부터 이어진 챗봇 서비스는 추천 서비스로 진화했고, 이미지를 이용한 상품 검색 등 AI를 이용한 상품의 데이터화를 통해 이커머스3.0으로 나아가기 시작한 것이다. 롯데닷컴에서는 유사 상품을 찾아주는 이미지 검색 서비스 '스타일 추천'을 오픈했고, 네이버에서도 비슷한 형태의 서비스가 론칭됐다. 삼성전자 갤럭시S8에 도입된 AI 플랫폼 '빅스비'에서도 H몰, 이베이 등과 연계하여 상품 이미지 검색 서비스를 시작했다.

이커머스3.0 시대의 플랫폼 헤게모니를 잡기 위한 디바이스 전쟁도 가속화됐다. 2016년 말 출시된 SKT의 NUGU 외에도 KT의 기가지니를 비롯하여 네이버 클로버, 카카오 미니 등 스마트 스피커가 줄줄이 출시됐다. 음성과 이커머스를 연결하는 서비스도 활발히 일어났다.

11번가는 SKT의 NUGU 서비스에 기초 생필품을 팔기 시작했고[119], 롯데닷컴은 2017년 말 KT의 기가지니와 MOU를 체결하며[120] 음성 이커머스 선두 경쟁에 뛰어들었다.

그러나 이러한 서비스가 정말 유용하려면 상품 정보를 비교 가능하도록 메타Meta정보로 만들어야 했다. AI가 분석할 수 있을 만큼 정형화된 데이터가 있어야 추천 서비스가 가능했기 때문이다. 이 발판을 마련하기 위해 각 이커머스사들은 상품 데이터의 기반을 바꾸기 시작했다. 11번가는 표준 모델 코드를 통해 흩어져 등록된 동일 상품의 정보를 표준 정보로 대체하는 전략을 사용했다. G마켓은 상품 등록 시 옵션별 가격제를 폐지하고 묶음형 상품을 등록할 수 없도록 했다.[121] 추천 가능한 단위로 상품을 조정하기 위해서다. 또한 카테고리별 상품 속성 정보를 다량으로 입력하게 하여 추천 기반 데이터를 쌓도록 유도했다. 쿠팡이나 에누리닷컴 등이 과거에 수기로 기록하던 데이터를 입점 업체들에게 등록하게 한 것이다. 모두가 이커머스3.0의 방향성을 어떻게 설정할지 고민하기 시작했다.

해외 사업자들의 한국 진출 위협

아마존은 국내에 50여 명의 채용 공고를 내며 한국 이커머스 시장을 깜짝 놀라게 했다.[122] 물론 대부분이 글로벌 셀링 파트, 즉 한국 물건을 아마존에서 해외 판매하는 직무였지만 과거 일본 진출 시에도 동일한 방식으로 접근했기에 한국 시장 초읽기가 아니냐는 평이 나왔다.

셀러 직원들을 통해 소싱처를 확보한 후 온라인 사업에 진출하는 전략일 수 있다는 해석이었다. 물론 FBA가 없어 직접 진출은 회의적이라는 해석도 있었다.

알리바바 역시 카카오페이에 2,300억 원을 투자하며 알리페이와 카카오페이의 제휴를 강화했다.[123] 카카오페이를 알리페이 사용처에서 자유롭게 사용할 수 있도록 하는 것이 목적이라고 했지만, 페이 서비스를 기본으로 온·오프라인 결제를 모두 점령해본 알리바바에게 페이는 진출의 전초전일 것이라는 해석도 있었다.

식품과 반려동물, 그리고 왕홍

2017년에 가장 많이 투자된 카테고리는 식품과 반려동물용품 분야였다. 2017년 2월 닐슨이 발표한 자료에 따르면 온라인 쇼핑을 이용하는 주요 국가 중 한국이 생활용품과 식품을 온라인으로 가장 많이 구매하는 국가로 조사되었는데, 이 내용이 공개되면서 그 열기가 더욱 뜨거워졌다.[124] 2016년 도시락과 식품 배달로 시작된 식품 카테고리는 11번가의 헬로네이처 인수와 각 회사별 식품 배송 플랫폼 경쟁으로 한층 달아올랐다.[125] O2O의 반찬 배달 서비스와 마트의 식료품 배달 서비스, 여기에 기존 이커머스사까지 가세하며 식품 전쟁은 더욱 치열했다.

반려동물용품 시장은 2015년 1조 8,000억 원 규모에서 2020년 5조 원 규모로 성장이 예상되어 이커머스사들의 관심이 높았다. 롯데닷컴,

티몬, 11번가 등 종합몰은 물론 오픈마켓 등의 활발한 진출도 이루어졌다.[126] 때문에 소규모로 유지해오던 반려동물 전문 쇼핑몰들은 트래픽이 몹시 축소되는 경향을 보였다.

판매 방식으로는 인플루언서의 유명세를 이용한 SNS, 동영상 마케팅이 활발했다. 특히 사드 이슈가 심각해지기 전까지 중국 왕홍과의 교류를 통해 화장품과 생필품 등의 해외 판매가 성황을 이루었다.

돋보기

이커머스3.0과 네이버

이커머스3.0이 국내에 대대적으로 알려진 것은 2017년 말에 개최된 '2018 유통산업 전망 세미나'에서 보스턴컨설팅그룹 유통 부문 김연희 대표가 거론하면서부터다. 나는 이 발표에 크게 공감했다. 그동안 절대 강자가 없었던 국내 이커머스 생태계에 투톱이 확실해지겠다는 생각도 들었다. 그동안 뜨거운 감자는 항상 '쿠팡'이었다. 네이버는 가격 비교를 통한 헤게모니와 N페이의 급성장에도 이커머스로 인식되지 않았다. 이커머스를 특정한 앱이 있고 물건을 판매하는 곳이라는 좁은 시각으로 바라보았기 때문이다.

이날 김연희 대표는 '이커머스3.0'을 '고객보다 앞서서 고객의 니즈를 파악해서 알려주는 것'으로 정의했다. PC 기반의 전자상거래가 이커머스1.0, 모바일을 통한 전자상거래가 이커머스2.0이라면 그 다음의 시대를 이야기한 것이다. 그는 이커머스1.0 시대에는 오픈마켓 중심의 가격 경쟁이 심했지만, 모바일 중심의 이커머스2.0이 시작되면서 가격과 구색보다는 원하는 물건을 최대한 빠르게 찾을 수 있는 기능과 원터치로 간편하게 결제까지 진행되는 것이 중요해졌다고 설명했다. 그리고 이 발표에서 네이버가 이커머스로서 가장 위협적인 존재임을 각인시켰다. 검색, 탐색에서 우수한 역량을 갖추고 있어 급부상했다고 말이다. 이커머스3.0에 이르면 고객을 끊임없이 '관찰'하고 '소통'하여 고객의 니즈를 '해석'할 수 있어야 하는데, 이런 흐름을 통시적으로 바라보는 회사는 네

이버가 유일하다며 네이버가 곧 이커머스3.0의 강자가 될 것임을 강조했다.[127]

김연희 대표의 말처럼 네이버만 성공할 것이라고는 장담할 수 없다. 하지만 고객을 다면적으로 바라볼 수 있을 만큼 데이터 자원을 확보하고 있는 곳이 네이버임에는 틀림없다. N페이로 결제되는 거래액만 따지자면 쿠팡보다 높다. 물론 언론에서는 N페이로 결제된 금액 중에는 이커머스사의 결제 수단으로 사용된 금액과 콘텐츠 거래 금액 등이 포함되어있으므로 단일 이커머스로서는 쿠팡이 더 높다고 말한다. 하지만 좀 더 넓은 시각에서 이커머스를 바라보고, 기존 이커머스에서 결제가 일어나도 상품 거래 정보까지 저장한다는 점을 미루어본다면 네이버는 핀테크와 이커머스 사이 어딘가에서 커다란 생태계를 만들었다고 볼 수 있다. 오랫동안 공고히 쌓아온 가격 비교를 통한 트래픽 헤게모니도 여전히 가지고 있으니 말이다.

이날의 발표는 이커머스들이 확보해야 할 데이터에 대한 관점과 쿠팡 외 핵심 플레이어로서의 네이버를 한 번 더 짚어주었다. 적어도 나에게 이날은 메인급 플레이어가 없던 이커머스판에서 더 이상 소셜 삼형제와 엮이지 않는 쿠팡과 조용히 힘을 키워온 네이버라는 두 기업의 양강 구도가 명확하게 선언된 날이었다.

카카오뱅크의 출현과 UI/UX에 대한 인식 변화

2017년 모바일 서비스 업계에서 가장 임팩트 있는 사건은 그해 오픈한 '카카오뱅크'의 출범이다. 이미 K뱅크가 오픈되어 '인터넷 전문 은행'에 대해서는 이해를 하고 있었지만 솔직히 기대치가 높지 않았는데, 카카오뱅크가 업계에 큰 파란을 일으켰다. 계좌 보유 고객 100만 명을 만드는 데 고작 5일이 걸렸다. 1년 만에 고객 수가 633만 명을 넘어섰고 수신 적금은 8조 6,300억 원을 기록했다.[130] 2021년 8월 기준 1,502만 명의 계좌 개설 수와 215만 명의 계좌 없는 서비스 이용자 수를 더하면 약 1,700만 명의 이용자 수를 기록했다. 이는 실제 이용자 수만 헤아린 것이기에 앱 설치율이나 한 번이라도 거쳐 간 사람의 수는 이를 훨씬 웃돌 것으로 보인다. 오픈 시점인 2017년부터 4년 1개월 간의 운영 기간 동안 탈퇴자 비율은 0.7%에 그치는 등 대단한 인기를 자랑했다.[131]

2017년의 중요한 사건으로 카카오뱅크를 꼽은 이유는 오랜만에 업계에 'UX/UI'에 대한 새로운 반향을 불러일으켰기 때문이다. 금융권 서비스는 법적 고지 내용이 많고 복잡도가 높아서 이를 낮추기 쉽지 않을 거란 의견이 지배적이었다. 한마디로 은행 앱은 불편했다. 그런데 카카오뱅크는 당연하게 생각했던 불편을 이해하기 쉽고 간단하게 만드는 데 성공했다. UX 가치로부터 출발한 최초의 은행 서비스라 할 만하다. '같지만 다른 은행'이라는 문구는 구호에만 그치지 않았고 정말 새롭고 쓰고 싶어지는 앱이 탄생한 것이다(기존 은행에서 쓰지 않던

'캐릭터'도 큰 존재감을 발휘했다).[132]

이 부분이 이커머스 역사에서 왜 중요하냐면, 금융 다음으로 복잡도를 줄일 수 없다고 언급되던 서비스가 바로 이커머스이기 때문이다. 그동안은 돈을 다루는 서비스에서의 안내 문구와 선택 화면의 복잡도를 당연하게 생각했지만 카카오뱅크의 출시와 폭발적인 인기로 UX의 중요성과 UX로 무엇이 달라질 수 있는지를 보여주자 당시 모든 회사에서 '카뱅처럼 심플하고 직관적인 UX'를 요구하는 구체적이지 않은 요청 사항이 넘쳐났다. 그간 이해하기 어렵고 관심도에서도 밀렸던 UX를 대중적으로 인식하게 해준 중요한 사건이라고 생각한다.

돋보기

오프라인 유통이 생각보다 데이터를 모으지 못하는 이유[133]

"오프라인 유통이 많으니 데이터 많이 모았겠네요. 그 데이터를 이용해서 추천 서비스를 만들면 시장을 선도하게 될 거예요."

오프라인 유통이 주력인 곳에서 일하다 보니 컨설팅 전문가에게 밥 먹듯이 이 소리를 들었다. 물론 맞는 말이다. 그런데 문제는 실현이 어렵다는 점이다. 그 이유를 간단하게 예시로 살펴보겠다.

우리 집 근처에는 스타필드가 있다. 일주일에 한 번은 스타필드에 가서 간단히 식사를 하거나 쇼핑을 한다. 물론 스타필드 포인트도 있고 트레이더스에서 이마트 포인트 회원 할인도 꼬박꼬박 챙긴다.

자, 그럼 신세계는 나에 대해서 잘 알고 있을까? 불행히도 나라는 고객이 자주 온다는 것만 알 뿐 왜 왔는지, 다음에는 무엇 때문에 올 것인지 알지 못한다. 이렇게 단언하는 이유는 모두 영수증에 있다.

문제점1 : 이원화된 영수증, 이원화된 데이터

스타필드에서 생필품도 보고 옷도 샀다. 매장에서 계산하는 사람의 안내에 따라 신세계 포인트도 적립했다. 그런데 이상한 점이 있다. 영수증 두 장을 스테이플러로 찍어서 준다. 관심이 없다면 그냥 지나쳤겠지만 여기에는 아는 사람에게만 보이는 무언가가 있다. 왜 종이 아깝게 영수증이 두 장이나 될까?

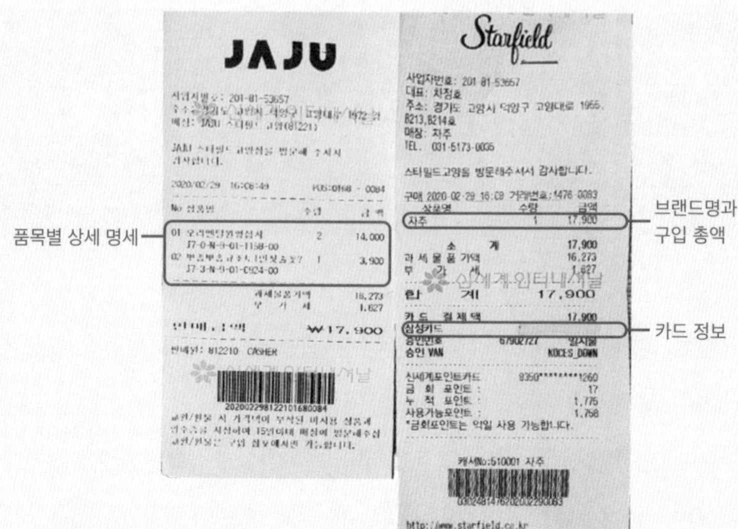

두 장씩 주는 스타필드 영수증

무엇이 다른지 조심스럽게 살펴보자. 한쪽에는 브랜드명과 품목이 기입되어있고 다른 쪽에는 스타필드 이름이 보이고 브랜드명에 총액만 기입되어있다. 영수증을 보자. 두 개 이상의 제품을 산 상세 품목 정보는 JAJU 영수증에만 찍힌다. 나머지 스타필드 영수증에는 JAJU란 이름으로 총액만 찍히고 신세계 포인트 적립 내역이 찍혀 있다. JAJU 영수증에는 상세한 결제 수단이 나와 있지 않다. 어떤 신용카드를 사용했는지는 스타필드 영수증에만 나온다. JAJU에서 구매할 때 캐셔는 JAJU 멤버십도 적립하겠냐고 물었고, 난 없다고 답했다. 만약 내가 멤버십을 적립했다면 JAJU 영수증에는 해당 포인트도 찍혔을 것이다.

이게 다 무슨 상관인지 싶겠지만 모두 중요한 내용이다. 영수증에 찍힌 정보는 영수증 발행처가 수집할 수 있는 정보의 전부이기 때문이다. 각 주체별로 가지고 있는 정보를 정리해보자면 이렇다.

1. **JAJU도 스타필드도 아는 것** : JAJU에서 내가 사용한 금액
2. **JAJU에서만 아는 것** : JAJU에서 구매한 상세 제품, 나라는 사람을 특정하는 멤버십 정보(JAJU 멤버십을 인증했을 경우)
3. **스타필드에서만 아는 것** : 결제 수단, 결제 시점 → 스타필드 방문 시간대, 나라는 사람(신세계 포인트를 적립했기 때문)

확인 차원에서 같은 영수증을 스타필드 앱으로 확인해보자. 스타필드 앱에는 영수증 총액이 담긴 스타필드 영수증 하나뿐이다. 그런데 영수증 페이지의 안내 문구는 또 다른 제약이 있음을 보여준다.

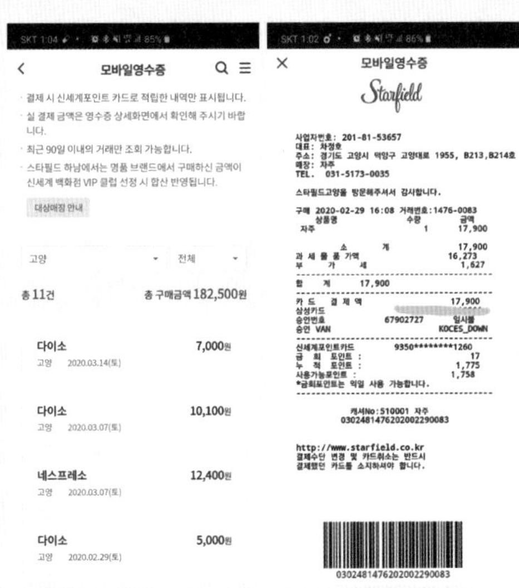

스타필드 앱을 통해 확인할 수 있는 영수증 내역

"결제 시 신세계 포인트로 적립한 내역만 표시됩니다."

이 말은 반대로 말하면 신세계 포인트를 적립하지 않은 결제는 영수증 정보를 보여줄 수 없다는 말이다. 만약 내가 신세계 멤버십을 적립하지 않았다면 신세계가 나라는 고객에 대해 분석할 방법은 전혀 없다. 이런 말을 하면 사람들이 묻는다.

"신용카드 결제 정보로 매칭할 수 있지 않나요?"

신용카드 번호로 개인 식별은 못해도 동일 인물인지 여부는 알 수 있지 않겠냐는 말이다. 안타깝게도 신용카드 정보는 카드사와 PG사 외에는 어디에서도

수집하지 못한다. 영수증에 마스킹 처리된 저 정보가 스타필드가 가지고 있는 정보의 전부라고 보면 된다. 동일한 카드를 구분해내기란 불가능하다.

"뒤에서 따로 데이터를 주고받을 수도 있잖아요?"

만약 이런 일이 일어난다면, 개인 정보에 해당하는 구매 목록을 구매자 동의도 없이 제3자 법인에게 제공한 것이므로 스파오나 JAJU를 당장 고소해야 한다.

"JAJU는 신세계 건데요?"

신세계는 맞지만 JAJU는 '(주)신세계 인터내셔널'이고 스타필드와 법인이 다르므로 제3자다. 지금과 같은 구조로 데이터를 쌓고 이력을 공유하려면 별도의 제3자 정보 제공 동의를 받아야 한다. 누가 오프라인 결제를 하면서 이걸 일일이 받을 수 있을까? 심지어 정보 제공 동의의 목적이 명확해야 하고 파기 시점과 동의 여부도 관리해야 하는데, 오프라인 매장에서 정보 제공 동의를 받는 것은 무리수에 가깝다.

결국 스타필드는 고객이 구매한 상품 정보를 파악할 수 없다. 그나마 수집되는 결제 수단이나 결제 금액조차 멤버십을 적립하지 않으면 누구의 결제인지 식별할 수 없다. 그리고 바로 이 부분이 두 번째 문제점으로 이어진다.

문제점2 : 분리된 멤버십, N개의 법인이 가로막는 데이터 통합

스타필드에서 다음 사진과 같은 안내문을 본 기억을 떠올려보자. 초등학생 때부터 이마트에서 돈가스를 사 먹던 내가 이마트 포인트에 가입한 시기는 기억조차 나지 않는다. 언젠가부터 이마트 포인트 멤버십에 가입되어있었고, 사용하지 않아서 소멸된 적이 있지만 계속 가지고는 있다. 그런데 처음 스타필드에 가서 놀랐던 점이 있다.

"스타필드 회원이 아니면 전화번호로sms 적립을 못 하세요!"

스타필드와 이마트 모두 신세계 계열사이지만 한 회사는 아니다. 그래서 이마트에서 만든 멤버십 적립 카드를 내밀면서 적립을 요청하면 적립할 수 있지만, 이마트 멤버십 적립 카드를 만들 때 사용한 전화번호로는 회원을 식별할 수 없어 불가능하다. 오로지 스타필드 회원으로 가입한 경우에만 전화번호로 이마트 포인트를 적립할 수 있다.

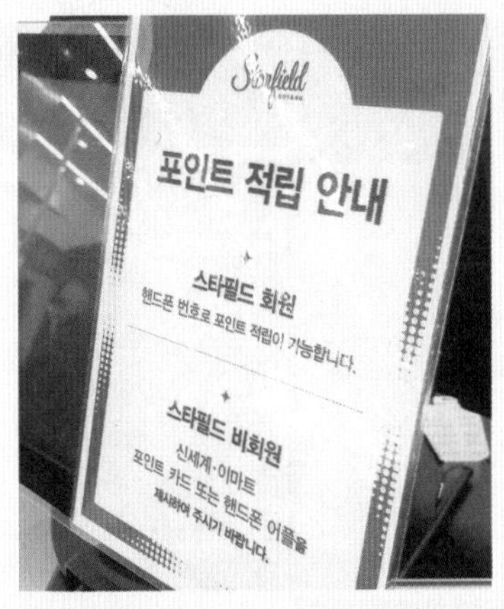

통합 회원제 안에서 별도로 관리되는 스타필드와 이마트 개인 정보

부연 설명하자면, 신세계는 통합 회원제를 운영하고 있긴 하지만 아이디와 패스워드를 공유하고 있다고 해도 법인이 다르면 개인 정보에 해당하는 전화번호는 고객의 동의 없이 계열사 간에 함부로 공유할 수 없어 생긴 일이다. 복잡한 설명보다는 신세계 포인트에 내 스타필드 결제 정보가 어떻게 수집되었는지 눈으로 확인해보면 이해가 빠르다.

신세계 포인트만 전담하는 앱이 없어서 법인 '에스에스지닷컴'•에서 운영 중인 쓱페이 앱에서 영수증 모아 보기를 확인했다. 모아 보기를 할 서비스와 업체를 선택하고 영수증 제공 동의를 받자 정보가 노출됐다.••

그리고 놀랍게도 스타필드는 심지어 법인이 세 개다. 고양점과 하남점은 서로의 고객 정보를 임의로 통합해서 볼 수 없다는 말이다. 촘촘히 들어선 법인명

• 개인 정보 조회에 소유 주체는 법인을 기준으로 하기 때문에, 앞서 이커머스 브랜드를 표현하는 SSG와 분리하여 지칭한다.

•• 이 영수증을 캡처할 당시 영수증 모아 보기 정보 제공사는 이마트였다. 당시 이마트가 그룹사 내 결제 정보의 핵심을 담당하고 있었기 때문이다. 현재는 회원제도 페이먼트 서비스도 에스에스지닷컴의 같은 법인으로 이동했다. 정보 공유의 한계를 줄이기 위해서라고 해석할 수 있다.

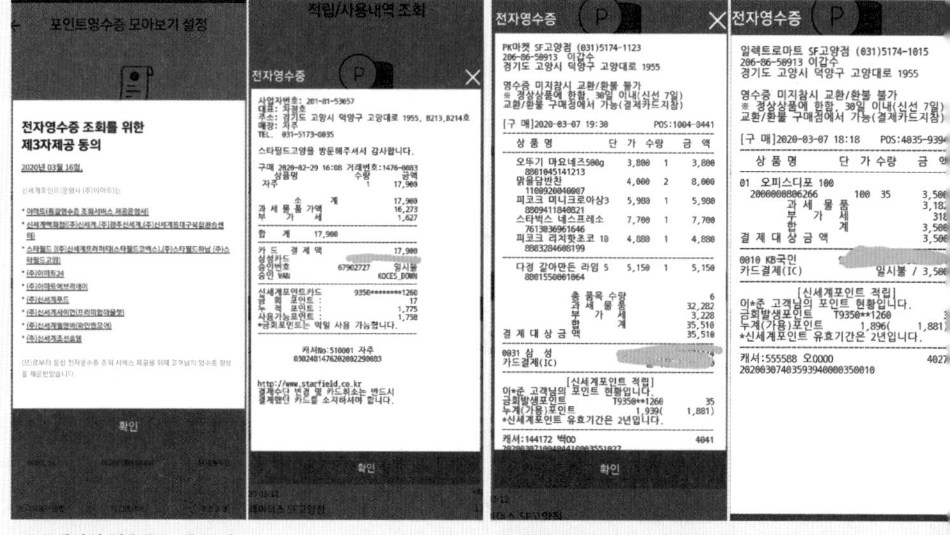

SSG페이의 영수증 모아 보기

상품명까지 모이지만 스타필드로는 공유되지 않는 계열사 영수증

만큼 정보는 분절되고 데이터는 나뉘어 있다. 모아 보려면 고객에게 동의를 받아야 하는 정보들이다.

영수증을 다시 살펴보자. 영수증에는 JAJU에서 산 총액만 찍혀 있다. 이 정보가 스타필드에서 수집한 유일한 정보이자, 신세계에서 통합할 수 있는 유일한 정보에 해당한다는 말이 실감날 것이다.

영수증을 보면 스타필드 내에서도 신세계 법인이 다르면 관리가 다르게 이루어진다는 것이 눈에 띈다. JAJU는 계열사라도 입점 업체 취급했지만 이마트 트레이더스와 일렉트로마트는 영수증이 이원화되어있지도 않고 영수증 데이터도 제대로 수집되고 있다.

문제는 스타필드는 이 정보를 제공받을 수 없다는 점이다. 영수증 정보와 멤버십 정보를 통합하고 있는 계열사는 이 정보라도 가질 수 있지만 스타필드는 불가능하다. 무려 스타필드 안에 있는 신세계 매장에서 이루어진 결제인데도 말이다!

오프라인 유통 매장이 많기에 데이터를 활용할 수 있다는 뜻에는 AI와 빅데이터를 이용한 활용이 전제로 깔려 있다. 하지만 구매 내역을 통해 상품 판매 추천을 만들거나, 고객에 대해 파악하려면 최소 두 가지 정보가 필요하다. 구매자를 식별하는 것과 상세 구매에 대한 정보.

멤버십은 회원 식별값으로 사용되고, 결제된 상품 내역은 분석 대상이 되어야 이를 통해 고객 프로파일링도 하고 유사 고객 그룹도 만들어 의미 있는 추천을 할 수 있다. 하지만 지금 본 것처럼 오프라인에서의 정보들은 여러 가지 이유로 파편화되어있다.

유통사들도 이 사실을 아주 잘 알고 있다. 때문에 그룹사 내에 핵심 조직을 만들어 통일된 회원제와 결제 내역을 수집하기 위한 포인트 사업을 추진하고 있다. 포인트 적립을 대가로 그룹사 내에서 일어나는 모든 거래 내역을 모으려는 것이다. 물론 목표는 그렇다.

하지만 앞서 말했듯 법인과 멤버십이 쪼개지고 분리된 구조에서 쓸 만한 정보를 수집하려면 수많은 동의가 필요한데 정보 활용에 예민한 고객에게 마케팅 동의를 받기란 쉽지 않다. 입점사별 매출 총액만 관리하던 과거의 방식을 바꾸지 못하면 의미 있는 정보를 모으기 힘든 이런 식으로는 오프라인 유통의 돌파구로 데이터를 사용하는 디지털 트랜스포메이션에 한계가 있을 수밖에 없다.

쓸 만한 데이터는 목적을 가지고 목적에 맞는 형태로 쌓아야 한다. 그러려면 애초에 법적인 이슈가 없도록 검토되어야 한다. 이런 이유로 나는 스타필드가 당분간 나를 제대로 타깃팅할 것 같지 않다. 스타필드는 나에 대해 무엇을 추정할 수 있을까? 스파오에서 여성용 조거 팬츠를 사고 JAJU에서 접시 두 개와 뽀송뽀송 규조토 칫솔꽂이를 샀지만, 스타필드가 나에 대해 알 수 있는 점은 내가 각각의 브랜드에서 쓴 결제 수단이 삼성카드라는 것뿐이다. 트레이더스나 일렉트로마트에서 결제한 내용도 모르고, 스타필드의 다른 지점에서 쓴 돈도 모른다(안다면 불법이다). 마음을 아주 넓게 쓰면 스타필드에서 결제하고 돌아다닌 방문 추정 시간까지는 알 수 있겠지만 이것만으로 '나에 대해 안다'고 말하기엔 부족해 보인다.

신세계의 스타필드조차 이렇다면 다른 쇼핑몰들은 어떨까? 신세계에서 일하지도 않는 내가 왜 이렇게 잘 파악하고 있는지를 생각해본다면 다른 오프라인 유통사의 데이터 구조 또한 크게 다르지 않다는 점을 미루어 짐작할 수 있을 것이다.

12기

플랫폼 전쟁, 명확해진 양강 구도(2018~2019)

대기업의 온라인 사업과 풀필먼트에 대한 투자, 쿠팡의 부활

2018년 초부터 이어진 핵심 키워드는 '장보기'와 '풀필먼트'였다. 중국 알리바바의 '신유통' 대표 주자인 허마셴셩盒马鲜生과 아마존의 홀푸드 인수 이야기가 국내에 전해왔다. 더불어 여러 공세에 의해 한풀 꺾였어도 오픈마켓으로 다시금 급부상할 것으로 보이는 쿠팡에 대한 견제가 강력해지면서 대기업 유통 공룡을 중심으로 큰 투자가 시작되었다. 실제로 쿠팡은 2017년 말에 월간 최대 상품 판매액GMV를 기록하며 말 그대로 로켓 같은 성장세가 예상되는 상황이었다.[134]

2018년이 시작되자마자 신세계는 온라인 사업 강화를 외치며 1조 원을 투자 유치했다고 밝히고 별도로 나뉘어 있던 신세계백화점과 이마트 온라인 사업부를 통합해 별도 법인을 만들겠다고 발표했다.[135] 1조 원의 투자금은 온라인 전용 물류창고 구축에 쓰일 것이라 했다.[136] 온라인 장보기 시장과 새벽 배송을 확실히 해보겠다는 의지의 표현이었다. 대기업 유통의 경우 전용 물류창고가 없으면 새벽 배송을 하기 어렵다. 매장에서 새벽 배송을 할 경우 2주에 한 번씩 휴무하는 것과 새벽에 영업을 하는 것 자체가 법적인 문제가 된다. 아예 온라인 물류창고를 지어야 이러한 제약 조건에서 벗어날 수 있다.

이에 질세라 롯데도 온라인 사업에 3조 원을 투자한다고 발표했다. 롯데는 신세계가 온라인 사업부를 분사한 것과 반대로 기존에 분리되어 있던 롯데닷컴을 롯데쇼핑 안으로 통합시키면서 롯데쇼핑 내에서의 시너지를 강조했다.[137] 2017년 롯데, 신세계와의 M&A가 결렬된 11번가는 2018년 8월 국민연금과 새마을금고로부터 5,000억 원을 투자받았다.[138]

대규모 투자가 들어오면서 시장에서는 이커머스의 판도가 바뀌지 않을까 하는 약간의 기대감이 있었다. 대기업 이커머스에 대한 이미지가 좋아서인지 적어도 언론 기사는 그런 식의 표현이 많았다. 그런데 재밌는 점은 이때부터 롯데와 신세계에 대해 '이커머스 후발주자'라는 표현을 썼다는 점이다. 앞에서부터 읽어온 독자라면 알겠지만 롯데와 신세계는 이커머스 초창기부터 온라인 쇼핑몰을 운영했다. 오히려 너무 초창기에 진입하여 시장의 흐름에 적응하지 못했다고 봐야 하는데 '이커머스 후발주자'라는 제목으로 이제 판도가 뒤집어질 것이라는 기사가 반복되니 자존심 상할 정도였다. 자존심이 상한다는 표현을 쓴 이유는 당시 롯데에 근무하면서 이런 과정을 생생하게 겪었기 때문이다.

투자비에 대해서도 할 이야기가 많다. 대기업은 투자 발표가 났다고 해서 그 돈이 빠르게 집행되는 것이 아니다. 투자 계획이 나오면 수많은 사업부가 그 예산을 바탕으로 무슨 사업을 할 것인지 보고하고 검토를 거쳐 비용을 집행한다. 따라서 롯데쇼핑 내의 모든 사업부가 올린 계획의 총합은 3조 원을 넘었을 것이나 실제로 집행된 금액이 3조 원인지에 대해서는 지주사 정도만 정확하게 알 수 있다. 다시 말해 3조 원을 먼저 입금한 뒤 마음대로 해보라고 한 것이 아니다. 이때부터 나는 '롯데ON' 구축에 참여했는데 여기에만 3조 원이 온전히 쓰인 것도 아니다. 그건 11번가의 5,000억 원 투자비도 마찬가지였다. SSG의 경우 명확하게 용처가 있고 외부에서 투자를 한 것이기에 물류창고를 짓는 데 쓰였겠지만, 11번가는 수익화 미션을 받고 투자를 받은 것이라 이익 개선에 대한 고민을 먼저 해야 했다. 중요한 것은 유통 공룡들을 중심으로 물류창고에 투자가 이루어지면서 이커머스 사업 전반적으로 물류창고와 풀필먼트에 투자해야 한다는 분위기가 퍼졌다는 점이다. 이를 잘 뜯어보면 유통 공룡들은 라이브 커머스나 스마트 스피커를 통한 보이스 커머스, 챗봇을 통한 대화형 커머스 등 혹시라도 모바일 다음에 올 넥스트 디바이스를 장악해야겠다는 전략이었음을 알 수 있다. 그러나 태생이 IT 기업이 아닌지라 솔루션 도입 후 잘 활용하지 못하는 사례가 많았다. 유통 공룡들은 서로서로 견제했다.

네이버와 카카오도 이커머스에 대한 본격적인 전략을 내비쳤다. N페이와 스마트스토어, 쇼핑 윈도를 통해 조용히 거래액을 성장시켜 온 네이버는 더 이상 이커머스를 향한 전략적 방향성을 숨기지 않았다. 2018년 10월 '네이버 커넥트 2019'에서 네이버의 10.0 베타 버전을 발표했는데, 광고 영역이 즐비했던 메인을 구글처럼 심플하게 싹 걷어내

네이버 10.0 베타 버전에 대한 설명과 메인 화면의 변화

는 대신, 왼쪽 스크롤로 넘어가면 N페이와 이커머스 중심의 페이지를 구성했다. 앞으로의 네이버의 핵심 서비스에 대한 의지를 보여준 것이라고 할 수 있다.[139] 이는 네이버의 또 다른 위기의식이 바탕에 깔려 있는 것이기도 했다. 압도적인 트래픽으로 헤게모니를 쥐고 있던 검색 포털에서 젊은 층의 이탈이 두드러졌던 것이다. 10대들은 지식 검색은

유튜브로, 맛집 검색은 인스타그램으로 했고, 스마트폰에서의 검색은 구글로 연결되는 경우가 많았다.[140]

카카오도 이커머스를 강화하기 위해 메이크샵이 있는 코리아센터의 인수를 고려했지만, 결국 자체적인 카카오커머스를 다시 한번 설립하기로 했다. 다음 시절부터 D&shop을 비롯하여 다양한 이커머스를 해왔지만 성공적으로 안착시킨 적이 없기에 업계의 반응은 그리 뜨겁진 않았다.[141] 2019년 카카오커머스는 중국의 '핀둬둬拼多多' 모델과 유사한 메신저 공동 구매 형태의 서비스 '톡딜'을 론칭했다.[142]

이런 투자가 이어지면서 업계는 판도가 바뀔지 모른다는 기대감이 감돌았다. 하지만 2018년 연말, 쿠팡이 투자금에서 크게 홈런을 치며 상황이 뒤집혔다. 쿠팡은 3년간 1.7조 원의 적자를 기록하며 2018년 상반기부터 자본 잠식 상태에 들어갔다.[143] 1,500~2,000억 원 단위의 유상증자나 투자를 조달하고는 있었으나 자금난에 시달렸다. 거래량은 지속적으로 늘어나는데 재무 부채 비율이 높아져 팔면 팔수록 손해나는 구조라며 업계는 쿠팡의 실패를 조심스럽게 예측했다.[144] 그런데 11월 소프트뱅크에서 다시 2조 2,500억 원의 투자를 하면서 상황이 급반전됐다.[145] 재밌는 점은 투자 발표가 난 11월 21일로부터 이틀 후인 11월 23일 쿠팡이 네이버쇼핑 가격 비교에 상품DB 연동을 재개했다는 점이다.[146] 제휴를 중지한 지 1년이 지난 시점이었고, 그간 트래픽 감소의 매운맛도 본 상황이었다. 네이버 트래픽이 가지고 있는 위상과 헤게모니가 여전하다는 점이 인상적이다.

격전지로 떠오르기 시작한 신선식품과 온라인 장보기

알리바바 신유통의 핵심 허마셴셩의 소식과 아마존의 홀푸드 인수 소식이 연달아 들리면서 2017년부터 신선식품 장보기 배달이 새로운 격전지가 되었다. 2016년 마트 생필품 위주로 가격과 배송 전쟁을 한 차례 겪은 이커머스 업계는 식재료와 신선식품 판매를 두고 견제하기 시작했다. 대부분의 이커머스 매장에서 신선식품 성장률이 높아졌고, 소셜 삼형제 중 가장 먼저 장보기를 시작한 티몬은 물류창고 증설 계획도 세웠다. 2016년 말 헬로네이처를 인수한 11번가도 시너지를 낼 수 있는 방향을 고민했다. 2018년 신선식품 시장은 연간 20조 원대로 성장했다.[147]

이 와중에 가장 눈에 띄게 성장한 회사는 마켓컬리였다. 앞서 말했듯 2015년 1월 창업한 마켓컬리는 2016년 샛별배송을 타고 조용히 성장했다. 새벽 배송은 2019년 4,000억대 시장으로 성장했는데[148], 그중에서도 마켓컬리의 샛별배송은 배송 지역의 한계가 있었음에도 가장 선호도 높은 새벽 배송 서비스로 뽑혔다. 이후 국내 최초의 새벽 배송 서비스인 샛별배송은 이커머스 기업이 새벽 배송을 고려할 때 참고하는 레퍼런스가 되었다. 관계자 말에 따르면 마켓컬리의 샛별배송이 새벽 배송 기준 단가가 되었고 신선식품 배송을 위한 '콜드체인'이라는 냉장 배송 방식 또한 업계 표준으로 쓰일 정도였다고 한다. 게다가 배우 전지현을 모델로 TV 광고를 하면서 인지도가 급격히 올라갔고 투자도 이어졌다.

장보기 배달 서비스의 중요도가 높아지면서 오토바이와 같은 이륜차 배송이 검토되기 시작했다. 이른바 '퀵 커머스'라고 불리는 형태로 알리바바 계열의 허마셴셩 방식이 레퍼런스가 되었는데, 덕분에 바로고, 부릉(매쉬코리아) 같은 이륜차 배달 관련 스타트업과 제휴하려는 시도가 많이 일어났다. 2018년 배달의민족을 운영하는 '우아한형제들'은 유니콘•에 등극하고, 2019년에는 편의점에서 소규모로 배송받는 퀵 커머스 서비스 'B마트'를 론칭했다. B마트는 직매입을 하는 형태로 수수료와 광고로 이익을 올리던 기존과는 다르게 운영되었는데, 이는 지역의 소규모 다크스토어••이자 마이크로 풀필먼트 센터•••에 대한 관심을 높였다. B마트의 성공 공식은 추후 설명할 알리바바의 콰이마러스快马热食와 굉장히 비슷하다.

2018년 마지막 쩐의 전쟁 : 100조 원 돌파

2018년은 신흥 강자들과 제조업 기반의 회사들이 D2C••••를 키우려고 할인 경쟁과 트래픽 경쟁을 했던 해이기도 하다. 신흥 강자들은 대부분 버티컬 커머스에서 탄생했다. 커뮤니티를 기반으로 성장한 '무신사'는 스트리트 의류 시장을 독주하며 백화점보다 큰 영향력을 자랑

• 유니콘 : 기업 가치가 1조 원을 넘는 비상장 스타트업 기업을 부르는 말.

•• 다크스토어 : 고객들이 직접 방문하지 않는 물류 거점용 매장. 물류센터 인프라가 상대적으로 적게 투자되기에 스토어로 구분된다.

••• 마이크로 풀필먼트 센터 : 도심 등 주요 지역에 분포시킨 소규모 풀필먼트 센터로 물류센터 인프라를 포함하기 때문에 다크스토어와 차이가 있다.

•••• D2C(Direct to Commerce) : 제조업이 유통사 없이 직접 이커머스를 운영하여 판매하는 형태.

했는데, 그들의 룩북과 브랜딩 전략은 죽은 브랜드도 다시 사랑받게 해주었다. 10대들이 가장 많이 사용한 쇼핑앱으로 '지그재그'와 '스타일쉐어'를 꼽아서 놀라움을 주기도 했다. D2C몰에서는 LG패션이 운영하는 'LF몰'의 성장세가 컸다. 하프클럽 인원을 수용하여 성장하는 전략을 쓴 LF몰은 10대와 20대에게 각광받는 몰로 성장했다.

제조업 기반 커머스 서비스의 장점은 원가를 넘어서는 큰 폭의 할인이 가능하다는 점이다. 그러나 이는 소소한 이유일 뿐이다. 제조업 기업들이 D2C를 만든 가장 큰 이유는 미래를 준비하기 위해서다. 고객정보를 직접 모을 수 있고, 급격하게 성장하는 이커머스 플랫폼의 영향력에서도 벗어날 수 있기 때문이다.

2018년은 이커머스 거래액이 총 100조 원을 돌파한 해이다. 특히 11월, 12월에 대형 행사를 경쟁적으로 진행하며 거래액을 높였다. 놀라운 점은 11월 할인 행사에 처음으로 G마켓이 참여했다는 사실이다. 11월은 중국의 광군제를 비롯하여 전 세계적으로 할인이 많아지는 시기이지만 G마켓은 이전까지는 참전하지 않았다. 사실 국내 시장은 해외처럼 창고 대개방을 할 이유가 없다. 대부분 중개 거래라 재고 관리에 대한 부담이 없기 때문이다. 오히려 이 같은 경쟁은 출혈 경쟁에 해당하므로 무의미했다. 국내의 11월 할인 트렌드는 11번가가 만들었다. 11번가는 행사가 끝난 뒤 일정 기간 동안 높은 마케팅 비용이 드는 프로모션은 자제한다고 했는데, 이는 대기업 임원 평가가 11월까지여서 그때까지 매출을 극대화하는 전략이라는 해석도 있었다. 그런데 G마켓은 적자 회사도 아니고 임원 평가가 대기업 방식으로 진행되는 것도 아니었다. 따라서 이 행사에 참여했다는 것 자체가 이미 G마켓의 성장률이 둔화되었음을 시사한다고 볼 수 있다.

국내에서 항상 부러워하던 아마존 프라임과 같은 월별 구독 방식의 유료 회원제도 등장했다. 쿠팡의 와우클럽과 이베이의 스마일클럽이 그 주인공이다. 쿠팡은 11월에 소프트뱅크의 추가 투자를 받은 뒤 일정 기간 동안 와우클럽의 가입비를 면제해주는 등 공격적으로 마케팅을 해나갔다. 이베이 스마일클럽도 가입 후 일정 기간 이상 유지 시 공격적인 할인 금액권을 지급하는 방식으로 회원 수를 만들어갔다.

2019년 확고해진 이커머스 양강 체제 : 쿠팡과 네이버

2018년 12월 순방문자가 가장 많았던 이커머스는 쿠팡이다. 이 기세로 2019년 1월에는 하루 170만 개의 로켓배송 상품을 판매하여 연일 최고치를 경신했다.[149] 판매량이 이 정도로 늘어나자 더 이상 내부 인력만으로는 로켓배송을 충당하기 어려웠고, 이전처럼 멋진 그림이나 편지를 써줄 정도로 여유롭지 못했다. 2019년 쿠팡은 추가 배송을 위해 기존에 거래하던 한진택배와 외부 택배사에도 물량을 나눠주기 시작했고,[150] 플랫폼 노동자 형태로 택배 업무를 돕는 쿠팡플렉스도 더 세분화해서 로열티 프로그램을 만들어 도입하려 했다.[151]

2019년에 입점한 판매자 수 또한 그 전해보다 100% 더 늘었다. 와이즈앱 조사에 따르면, 2019년 쿠팡은 17조 1,000억 원의 결제액으로 G마켓, 옥션, G9를 합쳐 17조 원을 기록한 이베이코리아를 누르고 단일 쇼핑몰 앱 1위로 올라섰다.

이 지점에서 주목해야 할 곳이 하나 더 있다. 바로 네이버다. 결제 플랫폼으로 봤을 때 네이버에서 결제한 돈은 20조 9,249억 원으로 추산된다. 쿠팡과 비교했을 때 네이버가 판정승을 거두었다고 볼 수 있다. 하지만 네이버의 20조 원은 스마트스토어 거래액 외에 N페이를 통해 일어난 거래액을 포함하고 있었기에 사실상 많은 쇼핑몰 거래액이 이중으로 측정되어있다고 볼 수 있다. 명확하게 어떤 기준을 두고 판단하느냐에 따라 이커머스 1등이 달라질 수 있다는 해석이다.

2019년부터 쿠팡과 네이버의 전략적 질주는 엄청났다. 이것을 거대한 맥락으로 보지 않고 세부적으로 하나하나 따진다면 오히려 전체 모습을 제대로 파악할 수 없다. 명확한 것은 쿠팡은 고객 위주의 서비스 편의 정책을 바탕으로 성장한 반면, 네이버는 소상공인들이 네이버 생태계에 쉽게 적응할 수 있도록 도왔다는 점이다. 네이버는 소상공인이 네이버 시스템과 광고를 이용해 성장할 수 있도록 지원하는 방향으로 서비스 전략과 포트폴리오를 만들어나갔다. 이러한 현상은 2020년과 2021년에 더 극명하게 드러난다.

2019년 다양한 온라인 업계의 움직임과 접점

2015년 이후 쏟아져 나온 수많은 스타트업이 점차 성장하면서 2019년은 새로운 변곡점이 만들어졌다.

먼저 2018년 유니콘이 된 배달의민족은 2019년에 가장 핫한 변화를 겪은 곳이다. 배달의민족, 요기요, 배달통 중 요기요와 배달통이 딜리버리히어로에 인수되면서 배달의민족은 사실상 양강 체제에 단독 원탑으로 승승장구하고 있었다. 그러던 중 요기요는 '요기요 멤버십'을 런칭해 할인 쿠폰을 많이 받을 수 있는 구독형 멤버십 서비스로 반등의 기회를 노렸고 이에 맞춰 배달의민족도 응수하는 등 멤버십 경쟁이 잠시 벌어졌다. 하지만 대세를 바꾸지는 못했다.

두 기업 사이에는 사건이 더 있다. 배달의민족에서 가맹점 업주를 위한 주문 데이터 통합 서비스를 만들며 요기요의 로그인 정보를 입력하게 만들어 데이터 공유에 대한 법적 문제로 갈 뻔한 일이 있다.[152] 하지만 이상하게도 원만하게 합의가 되며 오히려 데이터 공유 협약을 맺는 모양새가 나왔다.[153] 그때가 2019년 11월 말이었는데 핵폭탄은 12월에 터졌다. 배달의민족을 운영하는 '우아한형제들'이 요기요, 배달통이 함께 있는 딜리버리히어로로 인수합병된 것이다. 전국적으로 떠들썩한 반응이 이어졌다. 독일 회사인 딜리버리히어로와 배달의민족의 홍보 문구를 빗대어 '우리가 누굽니까? 게르만 민족'이라는 농담이 유행하며 하루 종일 메신저와 페이스북 창을 달구기도 했다.

사실 배달 업계의 진짜 근심은 쿠팡의 진출이었다. 서울 10개 지역에서 소박하게 시작한 쿠팡이츠는 본격적인 사업으로 확장하면서 건당 7,000원이라는 당시 최고 금액의 높은 시급으로 이륜차 배달원을 확보하고, '1음식 1배달'이라는 홍보 문구로 배달의민족 사용자들의 불만 요소를 철저하게 저격했다[154]. 배달원이 여러 개의 음식을 한꺼번에 받아 배달하려다 보니 음식이 돌고 돌아서 오는 경우가 많았기에 이러한 정책은 큰 메리트가 되었다.

패션 이커머스에서는 무신사의 독주가 이어지는 가운데 10대, 20대

트래픽에서 높은 사용률을 보인 지그재그가 본격적인 이커머스로 전환하기 시작했다. 지그재그는 개인 혹은 소호 쇼핑몰을 모아놓은 메타 쇼핑몰이었는데, 2019년 10월 제트결제를 론칭하면서 자체 결제를 만들고 비즈니스를 이커머스로 전환했다. 네이버에서 N페이가 만들어진 이래 처음으로 메타 쇼핑몰이 이커머스로 안착된 사례다. 지그재그 외에 에이블리, 브랜디 등의 패션 이커머스사들도 주목받기 시작했다.

또 이커머스와 핀테크 간의 도메인 연결성이 한층 높아졌다. 2019년 8월부터 시작된 데이터 3법의 실행으로 마이데이터 사업을 할 수 있게 되면서 핀테크 업체들은 이커머스 데이터를 탐내기 시작했다. 간편결제 서비스를 제공하는 이커머스들이 마이데이터 사업을 하게 될 경우 금융사들과 이 데이터를 공유할 수 있기를 기대한 것이다. 이 사실을 모를 리 없는 네이버는 '네이버파이낸셜'을 분사시켰다. 공식적으로는 추가적인 핀테크 사업을 하겠다고 했으나, 미래에셋과 파트너십을 맺고 새로운 형태의 대출 사업을 할 수도 있을 것이라는 추측에 은행권과 마찰도 있었다. 이런 상황은 2019년 4월부터 SCF(선정산채권)를 통해 일정 부분 현실화되었다. SCF란 원래 구매 확정 이후에나 받을 수 있던 정산 대금을 중간 펀드사를 통해 대출 형태로 먼저 지급받고, 실제 대금은 나중에 펀드사로 넘어가도록 하는 시스템이다. 당장 내일 팔 상품을 빠르게 수급해야 하는 셀러들에게는 아주 중요한 제도로 네이버의 '소상공인과의 공생 기조'와도 일치한다. 하지만 금융권 입장에서는 기함을 할 노릇이었다. 이는 결국 소상공인 대출과도 같은 형태이기 때문이다. 하지만 이러한 기조는 전 이커머스로 확산되었다.

2019년은 드디어 토스TOSS에도 시선을 보내야 한다. 비바리퍼블리

카가 운영하는 핀테크 앱인 토스는 2019년에 두 가지 변곡점을 겪었다.

1. 한 번 실패했던 인터넷 전문 은행 설립을 재추진했다.[155]
2. LG유플러스가 운영하던 PG 사업부 인수에 성공했다.

이 두 가지가 중요한 이유는 이커머스와의 접점이 굉장히 강해졌기 때문이다. 결제 수단업을 키우려면 결제처를 확보하는 일이 중요하다. 이들은 결국 이커머스와 만나게 되어있다.

법적 규제의 강화

2019년에는 국가와 IT 스타트업 간의 논쟁도 굉장했다. 특히나 모빌리티 사업 분야의 문제는 모두에게 많은 생각을 하게 만들었다. 자세한 내용은 [돋보기 : 정부와 플랫폼 규제의 잔혹사, 타다] 항목을 참조하기 바란다.

이커머스 업계 또한 고민할 수밖에 없는 두 가지 지침이 있었다. '영세소상공인 PG 수수료 감면'에 대한 부분이다. 하나는 영세소상공인은 거래량이 적기 때문에 PG사에 더 높은 수수료를 내는 경우가 많은데 연간 매출이 일정 금액 이하로 낮은 경우에는 이 수수료를 감면해주라는 지침이다. 또 하나는 PG를 통해 많은 셀러와 중개 거래를 하는 오픈마켓 형태의 모든 플랫폼도 이 수수료 감면을 해줘야 한다는 것이었다. 배달의민족은 2019년 1월 이 지침을 누구보다도 빠르게 수용했다.

2019년의 변화와 확장

2019년의 양상은 유명한 온라인 밈Meme 중 하나인 다음의 사진을 떠올리게 한다.

2018년 2019년

2018년에는 그래도 빼곡하게나마 각자의 자리를 지키며 자신의 업계를 꾸려가던 사업자들이 서로 사업을 확장하고 기회를 엿보는 과정에서 결국 각자의 영역을 침범하며 만난 모습이다. 로켓배송을 하던 쿠팡과 음식 배달을 하던 배달의민족도 각각 B마트와 쿠팡이츠로 서로의 영역을 침범했고, 네이버파이낸셜의 분사로 핀테크와 이커머스가 한층 가까워졌다. 마이데이터 사업에서는 더 많은 기업이 서로 만나게 되었다.

이렇게 빈틈없는 사이를 비집고 신흥 강자들이 출현한 것도 대단하다. 특히 이 신흥 강자들은 '버티컬 서비스'의 개념이 강했다. 버티컬 서비스는 하나의 카테고리를 기반으로 서비스를 제공하는 것인데 공통적으로 '커뮤니티'와 '콘텐츠'성이 강하다. 흥미와 재미로 자주 방문하던 사용자들이 자신의 취향에 맞는 서비스를 만난 형태라 체류 시간도 높고 구매 전환도 높았다.

'파괴적 혁신'을 거론한 클레이튼 크리스텐슨 교수의 'Jobs-to-be-done', 즉 '할 일 이론'이라는 것이 있다. 이 이론에 따르면 사용자는 자신의 특별한 목적에 적합한 해결책을 주는 서비스를 '고용'한다고 한다. 즉 서비스가 성공하려면 굉장히 뾰족하게 대상의 문제를 해결해줄 수 있어야 한다는 것이다. 버티컬 커머스의 성장은 바로 이런 지점에서 굉장히 유효했다. 그런데 이렇게 다양한 서비스가 병아리빵처럼 경계 없이 이어진 상황에서는 '상황적 맥락Context'도 중요하게 작용했을 거라고 생각한다. 평소 습관적으로 네이버나 구글부터 켜고 보는 것처럼 어떠한 행위를 하는 루틴이 정해질 수 있다는 뜻이다. 그러니까 모든 상품이 쿠팡에 다 있더라도 의류를 구매하기 위해 머릿속에서 선택된 맥락은 '옷을 사야 하니까 지그재그에 가야지'일 수 있다. 무언가를 구매할 때 특정한 맥락적 흐름이 만들어진 것이다.

이 시기의 생존 방식은 오히려 더 세분화해서라도 아주 명확하게 단 하나의 맥락을 머릿속에 각인시키는 것이었다.

네이버 가격 비교에 N페이가 가져온 변화[128]

이커머스 세상에도 '메타'가 있다. 바로 메타 쇼핑 서비스다. 메타 쇼핑몰은 이커머스처럼 보이기도 하지만 엄밀히 말하자면 이커머스가 아니다. '이커머스가 아니다'라는 것을 이야기하려면 이커머스가 무엇인지부터 다시 짚어야 한다.

이커머스란 '온라인상에서 일어나는 상거래 서비스'를 의미한다. 말 그대로 온라인 네트워크를 통해 상품과 서비스를 사고파는 것이다. 사실 대부분의 사용자들 머릿속의 이커머스는 '물건의 형태를 가진 상품을 사는 곳'이라는 느낌이 강하다. 서비스를 결제하는 것을 이커머스라고는 잘 생각하지 않는 경향이 있다. 그래서 이커머스 하면 '쿠팡'을 떠올리지 '배달의민족'을 떠올리지 않는다. 배달 앱은 O2O라는 다른 개념으로 생각하는 것이다. 하지만 배달 서비스를 포함한 음식을 온라인으로 거래한다는 점에서 배달의민족 또한 이커머스다.

소비자가 아닌 '업자의 시각'으로 보면 좀 더 명확하게 구분할 수 있다. 나는 이커머스를 정의할 때 시스템적인 부분을 중시한다. 판매자가 입점 계약을 하고, 상품을 등록하고, 상품이 전시되고, 이를 소비자가 장바구니에 담아 결제하고, 취소/반품/교환을 처리하고, 마지막으로 대금이 판매자에게 정산되는 구조를 가진 곳을 이커머스라고 정의할 수 있다. 나는 이 구조를 내 맘대로 '이커머스 프레임 시스템'이라고 부른다. 사실 '커머스 플랫폼 시스템'이라고 부르는 것이 정식 명칭에 가깝지만 각 단어가 주는 이미지가 너무 거창해서 내 맘대로 '뼈대

Frame'라는 의미를 넣어서 부르고 있다. 다음은 이커머스 시스템을 한 번이라도 만들어본 사람이라면 너무나 익숙한 그림이다.

이커머스 프레임 시스템

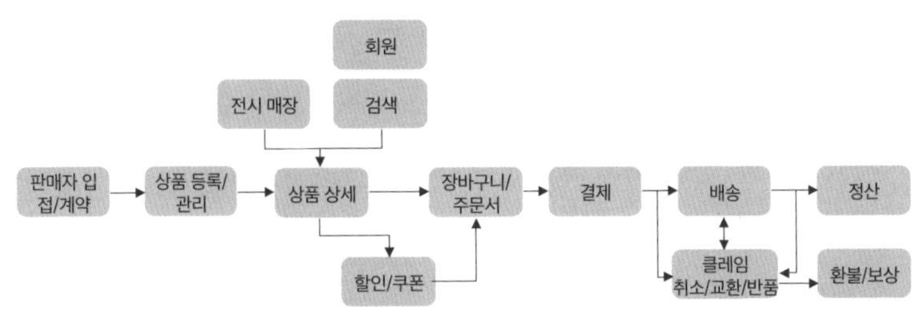

출처 : 이커머스 프레임 시스템(by 서비스 기획자 도그냥)

이커머스를 법적으로 구분해볼 수도 있다. '통신판매업'인 경우와 '통신판매중개업'인 경우다. 통신판매업은 직접 상품을 매입하는 형태로, 플랫폼이 '판매자' 지위를 가지고 있는 경우에 해당한다. 통신판매중개업은 판매자와 구매자가 서로 거래하는 것을 어떠한 형태로든 중개하는 경우에 속한다. 이때 중개라는 게 꼭 결제를 필수로 하지는 않는다. 거래를 중개하고 결제까지 해주는 시스템이 우리가 흔히 '오픈마켓'이라 부르는 이커머스 플랫폼의 전형적인 방식이고, 결제는 대행해주지 않지만 판매자와 구매자 사이에서 상품이 있다는 정보만 알려주는 사이트도 통신판매중개업에 해당한다.

한편 이커머스 프레임 시스템에서 정작 핵심적인 부분이 빠져 있는 서비스가 있는데, '메타 쇼핑몰'라고 불리는 서비스가 이에 해당한다.

메타 쇼핑몰이란?

메타 쇼핑몰을 이해하려면 먼저 메타 데이터Meta Data라는 용어를 알아야 한다. 메타 데이터는 여러 곳에 흩어져 있는 방대한 양의 데이터를 모아서 새로운 체계로 정리해 '재구조화한 데이터'라고 할 수 있다. 다양한 형태로 존재하는 데이터를 일관된 형태로 만들어 분석하고 분류하기 쉽게 하는 것이다. 이런 메타 데이터를 바탕으로 만든 서비스들이 '메타 정보 사이트'다. 흩어져 있는 정보를 모아서 보여주는 서비스라고 보면 된다. 비슷한 서비스가 많아지면 필연적으로 등장하는 서비스이기도 하다. 상품에 대한 메타 정보를 바탕으로 동일 상품을 인식한 뒤 다시 각각의 쇼핑몰로 연결시킨 것이 '메타 쇼핑몰'인데 우리나라에는 역사적으로 두 번의 '메타 쇼핑몰 태동기'가 있었다.

첫 번째 시즌은 PC 시절 다나와, 에누리닷컴, 네이버 가격 비교 등이 자리 잡으며 가격 비교를 통해 구매하는 트렌드가 생긴 2006~2007년쯤에 해당한다. 서구권에서는 아마존에 접속해서 필요한 물건의 가격을 비교할 때, 국내에서는 인터넷 요금 정액제라는 강력한 인프라 덕에 수십 개 이커머스의 가격을 비교하는 서비스가 별도로 발달했다. 오랫동안 국내 이커머스에 절대적 1인자가 없던 이유는 바로 이런 가격 비교를 통한 고객의 분산 때문이다.

두 번째 시즌은 모바일이 나오면서 다시 한번 반복됐다. 2014~2015년쯤이다. PC 시절과 마찬가지로 다양한 모바일 기반의 소셜 커머스들이 나오면서 가격 비교에 포함되지 않은 상품이 생겼고, 이를 기반으로 새로운 메타 쇼핑몰 서비스들이 출시됐다. 대표적인 곳이 '쿠차', '홈쇼핑모아' 같은 딜 중심의 메타 쇼핑몰이고, 조금 특이하게 소호몰을 대상으로 링크했던 '지그재그'도 이에 해당한다.[129]

메타 쇼핑몰은 겉보기에는 굉장히 편리한 '이커머스'처럼 보인다. 고객의 머릿속에서 이커머스는 '상품 검색/비교 → 상품 상세 → 주문 결제'로 이어지는데 메타 쇼핑몰도 이 흐름을 타기 때문이다. 단, 상품 상세부터 주문 결제까지는 메타 데이터를 생성하기 위해 끌고 온 원래 쇼핑몰 사이트로 이동해서 처리한다. 고객 입장에서는 주문할 때는 각 사이트로 이동해야 하니 '상품을 고를 때는 편하고 주문할 때는 약간 불편한 이커머스' 정도로 인식된다. 할인 경쟁을 하는 이커머스 세계에서 상품 비교를 해주는 것은 매우 유용한 장점이다. 이게 바로 '네이버 가격 비교'가 지금까지 쇼핑 헤게모니를 가질 수 있던 주요한 이유다. 하지만 엄밀히 보면 '주문-결제-클레임-정산'의 구조가 없기 때문에 이커머스 시스템을 갖추지 않은 서비스라고 할 수 있다.

수익 구조도 다르다. 직접 결제나 거래를 하지 않는 메타 쇼핑몰 서비스는 돈을 어떻게 벌까? 판매 대금에서 거래 수수료나 마진을 남기는 이커머스와 달리 메타 쇼핑몰의 수익은 기본적으로 '어필리에이트Affiliate 광고'에 해당한다. 어필리에이트 광고란 제휴 형태로 트래픽을 몰아주고 여기에서 발생한 트래픽이나 거래에 대한 수수료를 받는 것이다. 그래서 물건을 판매하는 이커머스와 달리 메타 쇼핑몰은 '광고 도메인' 시스템에 훨씬 가깝다.

만약에 누군가가 메타 쇼핑몰을 보고 '적자가 넘치는 이커머스판에서 흑자를 보는 대단한 이커머스'라고 얘기한다면 이는 속사정에 대한 이해가 다소 부족한 평가다. 수익 구조가 다른 메타 쇼핑몰 서비스는 이커머스보다는 여타 광고 서비스와 그 효율성을 비교하는 것이 적절하기 때문이다.

여하튼 메타 쇼핑몰 서비스는 이런 방식으로 트래픽과 이익을 챙겨 크게 성장했다. 대표적인 곳은 역시 '네이버 가격 비교'다. 무한 경쟁을 하는 국내 이커머스의 특성상 많은 쇼핑몰이 네이버 가격 비교에 의지할 수밖에 없는 상황이다.

메타 쇼핑몰의 미래는 이커머스

메타 쇼핑몰 서비스도 한계는 있다. 고객 입장에서 본다면 상품 비교를 위해 메타 쇼핑몰을 찾긴 하지만 점점 더 편리한 서비스에 대한 니즈가 생기기 마련이다. 메타 쇼핑몰 서비스의 과제는 결국 '메타 결제 서비스'를 만드는 것인데 결제를 만든다는 것은 결코 간단한 일이 아니기 때문이다. 결제가 붙는다는 것은 결국 모아서 보여주던 메타 상품 정보를 가지고 '주문'을 만들어야 한다는 뜻이다. 주문 정보에는 판매자가 거래를 하기 위해 필요한 정보 모두가 포함된다. 이런 정보는 생각보다 많다. 한 번이라도 스마트스토어에서 물건을 팔아봤다면 상품을 등록할 때 기입해야 하는 엄청난 항목들을 기억할 것이다. 판매와 정산을 위해서는 그렇게 수많은 정보가 필요하다.

스마트스토어 상품 등록 과정 중 일부

게다가 기존 메타 쇼핑몰 운영사는 쇼핑몰들과 제휴하면 됐는데, 결제 중개를 하게 되면 각 판매자들과도 정산을 위한 계약도 해야 한다. 판매자와 거래가 생기고 정산을 하고 결제를 만들면 고객의 취소/교환/반품 클레임도 따라온다. 굉장히 익숙한 그림이다. '고작 결제' 하나 붙이려 했을 뿐인데 '메타 쇼핑몰 서비스'가 '이커머스 프레임 시스템'을 갖춘 이커머스로 비즈니스 모델로 전환하게 되는 것이다. 간단하게 필요한 것만 하는 방법 따윈 없다.

메타 쇼핑몰이 이커머스로 전환하려는 목적은 비단 결제의 편의성뿐만은 아니다. 이유가 더 있다.

첫째, 성장의 관점에서도 이커머스 모델로의 전환은 필요하다. 메타 쇼핑몰 서비스의 한계는 분명하다. 상품 장악력이 없기 때문에 아마존이 증명해온 이커머스의 세 가지 중요한 포인트인 상품Selection, 가격Lower Price, 고객 경험UX을 컨트롤할 수 없다. 결제를 붙이면 여타 플랫폼 기업처럼 무엇이든 거래할 수 있는 구조를 활용해 쉽게 영역을 확장해나갈 수 있다.

둘째, 미래의 원유라 불리는 '데이터' 관점에서도 필요하다. 메타 쇼핑몰 서비스가 확보할 수 있는 정보는 제한적이다. 고객의 주소지나 결제 정보, 주문할 때 선택한 옵션 등 세세한 정보는 알 수 없다. 이커머스로 전환하면 활용 가치가 높은 고객 정보를 모으는 방향으로 나아갈 수 있다.

하지만 메타 쇼핑몰 서비스의 이커머스 전환에는 난제가 많다. 이미 고도화된 고객의 니즈를 만족시킬 만큼 이커머스 성숙도를 높이는 것은 굉장히 어려운 일이다. 특히나 기업 입장에서는 비즈니스 작동 방식부터 시스템 구조까지 완전히 바꿔야 하기 때문이다.

그래서 정말 많은 메타 쇼핑몰 서비스가 이커머스 전환을 시도했으나, 성공한 곳이 많지 않다. 대표적인 성공 사례로 네이버 가격 비교와 지그재그가 있을 뿐이다. 이 둘의 공통점은 '트래픽 장악력'이 굉장히 높았다는 점이다. 네이버는 '스마트스토어'라는 자체 입점 플랫폼과 '스토어팜'이나 '오픈 로그인' 같은 연결 서비스를 통해 N페이를 중심으로 새 판을 짤 수 있었다. 이미 강력하게 '락인'된 고객이 있었기에 변화를 만들어낼 수 있었던 것이다. 지그재그도 메타 쇼핑몰 상태에서 강력한 트래픽을 확보한 뒤 자연스럽게 사용자 니즈에 따라 서비스를 만든 것이 2019년, 그 뒤로 자연스럽게 거래량을 늘려 2021년에는 연 1조 원 매출을 달성했다. 문제는 강력한 트래픽이 없는 상태에서 이커머스 전환을 시도할 때 발생한다. 앞서 설명했던 대로라면 해결해야 할 문제는 세 가지다.

1. 기존에 제휴한 플랫폼이나 상품 판매자들과 새로운 계약 맺기
2. 자사 내의 '광고' 시스템을 '이커머스' 형태로 전환하기
3. 이커머스 시스템을 구현하면서도 메타 쇼핑몰로서 강점을 유지하기

이 문제는 인적 자원과 비용, 전략적인 면에 있어서 최상의 난이도라 할 수 있다. 이커머스 시스템을 짧은 시간 안에 개발하기란 볼륨이 만만치 않기 때문이다. 힘들게 전환하더라도 이커머스를 오픈하는 순간부터 발생하는 '적자' 구조에 당황할 수밖에 없을 것이다.

2019년이 지나면서 네이버가 이커머스 분야에서 압도적으로 주목받을 수 있었던 데는 N페이라는 결제 수단과 스마트스토어가 큰 몫을 했다. 두 분야의 연결 고리를 통해 트래픽을 자연스럽게 이커머스의 주문 서비스로 전환시키는 비즈니스 모델 변신이 가능했다. 이는 다른 이커머스에서는 어려운 일이다. 네이버가 2019년 왜 갑자기 양강 구도에 올라섰는지 묻는다면, '이미 확보한 높은 셀렉션과 트래픽이 있었기에 가능했다'고 요약할 수 있다.

돋보기

식사 문화를 장악하는 플랫폼, 마윈의 허마셴셩이 준 교훈[156]

2018년 전후, 오프라인 마트를 중심으로 한 장보기몰 간의 전투는 국내 유통 시장을 떠들썩하게 했다. 특히 새벽 배송을 통해 프리미엄 온라인 마켓으로 자리매김한 마켓컬리와 쿠팡 프레시, 이마트 쓱배송 등을 중심으로 성장한 장보기 시장 때문에 오프라인 마트는 기회와 위기감을 동시에 느꼈다. 이런 상황에 불을 붙인 것이 2016년 마윈이 이야기한 '신유통新零售'의 대표 주자 '허마셴셩'이다.

허마셴셩을 알아보기 전에 마윈의 신유통을 알아야 한다. 신유통이란 마윈이 주창한 개념으로, 온·오프라인의 경계를 허무는 새로운 물류 유통 방식을 의미한다. 과거의 유통은 제품이 모두 만들어진 다음에 유통 경로 채널을 거쳐 고객을 만나는 형태였다. 그러다 보니 실제 고객과 제품 제조 과정은 별 상관없이 진행됐다. 반면 신유통은 선진적인 빅데이터, 인공지능 등의 기술을 통해 소비자의 수요를 중심으로 제품을 생산해 제공할 수 있도록 구조를 새롭게 바꾼 개념이다.

이를 실현시키려면 온라인 플랫폼을 이용한 빠른 결제는 물론이고, 물류와 배송이 하나의 파이프라인으로 끊임없이 연결되어야 한다. 정확한 데이터로 고객의 수요를 예측하여 재고를 관리하고, 고객이 결제하자마자 근거리 배송으로 이어질 수 있도록 하는 실시간 데이터 연결이 중요해진 것이다. 중국은 알리페이, 위챗페이가 신용카드 사용량보다 높을 정도였고 유통 채널은 이미 온·오프라인 경계가 무의미한 상태였다. 즉 오프라인 매장은 경험의 장소이고, 온라인은 결제의 도구로 온·오프라인이 공존했다. 온라인에서 상품의 생산과 구매, 배송까지를 동일한 단위로 맞춘 시스템이라 볼 수 있다. 2016년 알리원 개발자 대회에서 마윈은 이를 알리바바의 방향성을 담은 신유통으로 소개했고, 그 대표적인 케이스로 허마셴셩을 언급했다.

허마셴셩은 알리바바에서 만든 서비스는 아니다. 징동에서 오랜 시간 물류를 총괄했던 호우이가 2015년 세운 회사다. 마윈이 허마셴셩을 소개했던 해인 2016년, 알리바바가 허마셴셩의 가능성을 보고 경영진까지 모두 인수한 것이다.

허마셴셩에 대한 자료를 찾아보면, 눈이 휘둥그레지는 듣도 보도 못한 것들이 나온다. 천장에 놓인 컨베이어 벨트를 따라 날아다니는 바구니는 압권이다. 물론 핵심은 마윈이 설명한 것처럼 진정한 온·오프라인 융합 매장이자 물류가 연결된 매장이라는 거지만, 보이는 것마저 너무나 화려했다. 고객은 매장에서 물건을 보면서 온라인 앱으로 주문하고, 직원들은 천장에 매달린 바구니에 주문된 상품들을 넣고 대기 중인 수십 대의 오토바이로 넘긴다. 오토파이는 물건을 받자마자 30분 내 근거리 배송을 마친다. 매장 내부에는 계산대가 거의 없다. 대신 바코드를 찍어 상품을 바로바로 앱 속 온라인 장바구니에 넣을 수 있게 했다. 바코드를 찍으면 상품의 원산지나 농장 소개, 각종 검사 결과 등 상품 정보를 상세하게 볼 수 있다. 온라인과 오프라인에서 상품을 고를 때 누리는 각각의 장점을 합친 것이다. 허마셴셩에서 매장은 물류창고이면서 체험의 장이고 배달 센터까지 겸하고 있다.

물론 여기까지 들으면 그냥 '편리한 장보기'와 '퀵 배송'으로 보일 수 있다. 하지만 마트를 운영해본 입장에서 들여다보면 굉장히 섬세한 시스템이 설계되어

있음을 알 수 있다. 먼저, 우리나라 마트처럼 '100g당 얼마'와 같은 방식으로 물건을 담아봐야만 가격을 알게 되는 상품이 없다. 온라인으로 사용자가 쉽게 인지하고 구매할 수 있도록 신선식품은 모두 규격을 맞추어 소분화해서 '수량'으로 관리한다. 마트 운영 입장에서는 굉장히 많은 인원을 동원해야 하는 일이다.

재고 관리 거의 실시간이며, 폐기에 처한 매장 진열 상품의 할인 판매 정보 또한 실시간으로 반영된다. 애초에 온·오프라인의 경계 없이 만들어진 시스템이라 가능한 일이다. 국내 대부분의 마트 유통사는 오프라인 시스템이 만들어진 후에야 온라인 주문 시스템을 만들기 때문에 주문이나 재고를 실시간으로 통합해 관리하기 어렵다. 그러나 허마셴성은 주문 또한 실시간으로 처리된다. 주문이 생기자마자 상품 픽업이 일어날 수 있는 구조다. 하지만 이는 아무리 바구니가 날아다닌다고 해도 인원이 많이 필요한 일이다. 허마셴성은 과감히 많은 인원을 투자했다. 오토바이 근거리 배송도 마찬가지다. 항상 넉넉하게 대기 인원을 배치하여 서비스를 향상시키는 것을 목표로 삼았다.

중국 내에서 허마셴성의 인기는 높았다. 2016년 1호점을 낸 뒤로 150개 이상의 매장이 생겨났고 향후 중국 전역에 2,000개 매장을 설립할 계획이다. 중국 부동산 시장에 '허취팡盒區房'이라는 신조어가 나타날 정도였다. '몰세권'이나 '역세권'처럼 허마셴성이 가까운 곳이라는 뜻이다. SSG가 새벽 배송을 시작하면서 '쓱세권'이라는 단어를 밀고 있는데, 이와 비슷한 신조어라 할 수 있다.

또 하나의 특징은 마트에서 구매한 제품으로 바로 식사를 할 수 있는 커다란 식당, 즉 '그로서런트Groserant' 매장이 포함되어있다는 점이다. 이곳은 '로봇이 서빙을 하기도 한다. 우리나라 사람들은 마트에 밥을 먹으러 가지 않지만, 중국인들은 약속을 잡고 데이트를 하러 가는 곳이 마트다. 듣기만 해도 당시 국내 오프라인 유통업체가 굉장히 매력적인 대안으로 생각했을 법한 모습이다. 실제로 국내 오프라인 유통사 임원들이 하도 중국 출장을 많이 가는 바람에 아예 중국 허마셴셩 출장 프로그램을 운영하는 곳이 있을 정도였다고 한다. 그런데 허마셴셩 인기의 핵심을 국내에서는 대부분 '퀵 배송'과 '온라인 주문'으로 포커싱했다. 허마셴셩을 벤치마킹하려는 국내 기업들 모두가 그랬다. 특히 '장보기 주문의 오토바이 배송'이라는 것에 주목해서 '부릉'과 같은 이륜차 배송 스타트업과 지분 교류를 하려는 시도가 나타났고, 대형 마트들은 실험적으로 허마셴셩의 외형을 그대로 따라 하기 위해 노력하기도 했다.

또한 허마셴셩과 거의 비슷한 시기에 알리바바에서 성장하던 '콰이마러스'라는 편의점 스타일의 빠른 배송 중심의 매장과 2017년에 등장한 아마존 무인 매장 '아마존GO'의 이미지가 덧씌워지면서 오프라인 유통 체인을 가진 모든 회사가 IT팀에 미션을 내렸다. 명확하게는 이런 내용이었다.

'AI를 활용한 무인 매장'
'천장에 레일이 달렸으며 30분 내에 배송 가능한 퀵 커머스 장보기 매장'

나 역시 2018년 신사업기획팀에 있었기에 한 달 정도 집중적으로 허마셴셩을 분석하고 우리가 할 수 있는 형태를 고민했다. 서비스를 담당하던 나는 허마셴셩 운영 형태에서 나타나는 모습이 우리나라 마트의 이용 방법과 상당히 다르다는 사실에 주목했다. 국내의 경우 장보기는 1~2주에 한 번 정도 일어났고, 배송료 기준이 높아서 장바구니에 담는 상품 수도 평균 10개가 넘었다. 그 정도의 양은 더 긴 기간을 보고 주문하기 때문에 빠르면 좋기는 하지만 굳이 30분 내에 도착하지 않아도 되었다. 게다가 30분 안에 도착할 수 있는 거리에 그로서런트 매장에 갈 수 있다면 30분 내 배송이 정말 의미가 있을까? 아마도 고객의 이용 패턴 자체가 다르게 설계되어있는 게 아닐까 싶었다.

그래서 퀵 배송에만 집중한 국내 리포트 자료들을 믿지 않고 중국 내 자료로 재조사했다. 중국에 거주하는 실사용자에게 인터뷰하기도 하고, 중국 내 기사를 찾아보기도 했다. 우리가 내린 결론은 허마셴셩은 '빠른 배송'을 핵심으로 하는 퀵 커머스가 아니라 '전방위적인 식사 문화' 포트폴리오를 구성 중인 알리바바 전략 중 하나라는 것이었다. 이러한 가설은 마윈과 허마셴셩의 CEO 호우이가 했던 말들이 증명한다.

냉장고를 없애겠다는 마윈의 비전은 장보기가 아니라 '식사'를 대체하는 것, 즉 HMR●로 귀결된다. 실제로 허마셴셩을 실제 운영하는 호우이는 2017년과 2018년 컨퍼런스에 연속으로 참여해서 '新식사' 중심의 전략을 언급했다. 2017년에 참여한 중국 리테일 디지털 컨퍼런스에서 그는 '밥을 먹는다'는 행위에 대한 만족도를 높이는 것이 2017년 허마셴셩의 목표라고 했고, 2018년에는 뉴리테일×뉴푸드컬처 컨퍼런스에 참여해서는 요식업은 새로운 '식사 문화'의 쇼핑 영역이며, 이를 '新식사 문화'라고 이름 붙였다고 말했다. 30분 내 배송이 필요한 이유는 '장보기'가 아니라 '식사' 때문이었다. 허마셴셩은 식사를 여러 가지로 제공했는데, 식재료 단계부터 완제품까지 그 형태가 다양했다.

HMR 시장은 가정에서의 식사 6단계(재료 구매-재료 손질-조리(양념)-가열-섭취-정리)를 조금씩 상품으로 대체하면서 세분화된다.

● 가정 간편식(HMR, Home Meal Replacement) : 전자 레인지에 돌리거나 가볍게 끓여 먹을 수 있는 음식을 말한다.

HMR 단계별 세분화 항목

구분	내용	예시
장보기	식재료를 구매	기존 마트 장보기
RTP (Ready to Prepared)	식재료를 요리하게 편리하게 세정/소분 포장한 상품	
RTC (Ready to Cook)	식재료를 손질해 바로 조리가 가능한 상품	
RTH (Ready to Heat)	데우기만 하면 바로 먹을 수 있는 상품	
RTE (Ready to Eat)	바로 해 먹을 수 있는 상품	
그로서런트 (Groserant)	재료 구매 후 즉석에서 조리 및 섭취 공간 제공	스테이크 하우스(마트)

재료만 구매하는 장보기부터 아예 음식을 먹고 정리까지 해주는 그로서런트까지 다양하다. 허마셴셩은 이 HMR 단계 전체를 커버한다. 장보기와 그로서런트라는 양 끝의 항목에서 가장 두각을 나타내고 있지만, 나머지 단계도 상품으로 판매하며 모든 단계를 아우르고 있다. 눈으로 본 재료가 직접 음식이 되는 그로서런트가 활발해지면 자연히 장보기도 활발해지고, 매 끼니마다 식사를 위해 허마셴셩을 찾게 되는 선순환이 일어나는 것이다.

허마셴셩이 식사에 집중하고 있다는 증거는 매장 구성에서도 나타난다. 새로 생겨나는 매장의 식사 공간 비중이 점차 늘어나고 있다. 초창기 15~20% 정도였던 식사 공간이 최대 50%까지 늘어났다. 허마셴셩의 대항마로 텐센트와 용후이마트가 함께 개발한 '차우지우종超级物种'은 애초에 50% 이상의 장소를 식사가 가능한 그로서런트 영역으로 만들기도 했다.

이러한 '新식사'라는 새로운 식문화를 만드는 것을 알리바바의 비전으로 본다면 꽉 채워진 포트폴리오가 보인다. 알리바바는 2016년에 허마셴셩을 인수한 뒤 2018년 어러머饿了와 콰이마러스에 투자 및 인수를 했다. 어러머는 중국에서 가장 유명한 식품 배달 서비스이고, 콰이마러스는 허마셴셩의 편의점 버전에 가깝다. HMR 시장의 구분으로 치면 어러머는 섭취만 하면 되는 RTEReady to Eat 시장을 포괄하고, 콰이마러스는 RTHReady to Heat 시장을 포함한다. 2018년까지 알리바바의 HMR 포트폴리오는 다양해졌다. 여기에 허마셴셩은 2019년 다섯 가지 형태의 허마셴셩 시리즈 매장을 분화하여 더더욱 촘촘한 포트폴리오를 만들었다. 포트폴리오를 모두 엮으면 이런 그림이 나온다.

허마셴셩의 HMR 포트폴리오

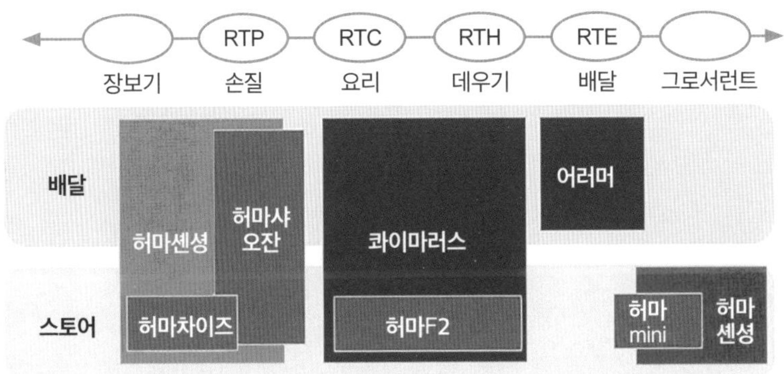

알리바바의 포트폴리오가 중국인의 식문화를 조금씩 지배해가고 있는 것이다. 그런데 이 포트폴리오를 보고 있자면 떠오르는 기업이 있다. 바로 우아한형제들이 운영하는 '배달의민족'이다. 배달의민족의 배달 서비스는 알리바바의 어러머와 비슷하고, 콰이마러스는 2019년 출시한 'B마트'와 같다. 오프라인 매장을 기반으로 하지는 않지만 포트폴리오를 구성해나가는 방식에서 유통이 아니라 '문화를 만들어나간다는 점'을 느낄 수 있다.

2018년의 허마셴셩은 2019년부터 시작된 국내 장보기몰과 음식 배달 O2O 시장이 어떤 양상으로 흘러갈지 예상해볼 수 있는 훌륭한 교재였다. 오히려 겉만 보고 적용하려 했던 오프라인 마트에서는 이러한 문화 형성 과정을 만들어내지 못하는 안타까운 모습만을 보여주었다. 국내 대기업 산하 몇몇 마트는 여전히 어설픈 무인 매장과 천장의 레일로 물건을 이동시키는 매장이 존재하고 있다. 이 시스템이 전체 매장으로 확장되지 못한다는 사실은 고민해볼 지점이다.

물류창고와 풀필먼트의 차이

풀필먼트란 원래 직무나 의무를 수행하거나 완수하는 것을 말한다. 그러나 1999년 아마존이 물류센터에 대한 정의를 내릴 때 '물류센터를 넘어 이커머스 고객의 주문 전 과정을 처리하는 센터'라는 의미로 '풀필먼트 센터'라는 단어를 사용하면서 새로운 의미가 생겨났다. 이후 2006년 아마존이 이 풀필먼트 센터를 자사에만 사용하지 않고 아마존에 입점한 이커머스 셀러들이 이용할 수 있도록 대행 서비스를 만들고 '아마존 풀필먼트 서비스FBA'라고 이름 붙이면서 이커머스 판매를 위해 재고를 적재하고 물류 배송을 대행해주는 새로운 비즈니스 형태를 지칭하게 되었다.

국내에서는 2015년 이후 쿠팡의 성장이 두드러지고, 해외에서는 아마존의 성장이 더 강력해지면서 풀필먼트에 대한 관심이 늘고 투자도 늘어났다. 그런데 이 과정에서 몇몇 사람이 의문을 표했다. 풀필먼트 전에도 이커머스를 운영하는 곳에서는 물류창고를 가지고 있었기 때문이다. 이커머스가 아니더라도 상품을 매입해 판매하는 유통 채널은 물류창고가 있었다. '선재고'라고 해서 미리 물류창고에 상품을 적재해두고 택배사와 거래하여 배송을 하기도 했다.

풀필먼트에 대해서 이야기를 하면 3PL(제3자 물류 위탁 서비스)과의 차이를 구분하지 못하는 경우도 있다. 3PL도 재고와 배송까지 대행해주는 서비스로, 국가에서 승인된 3PL 물류 업체가 맡아 운영했다. 기존에 있었고 유통사들의 물류창고도 이러한 3PL 업자를 통해서 이루어졌다.

그렇다면 풀필먼트 센터는 기존의 물류창고 또는 3PL과 무엇이 다를까?

핵심은 목적에 있다. 오프라인 유통과 이커머스 사업자 중 물류창고를 직접 운영하는 곳들은 물건을 매입하거나 매입을 위탁하는 형태의 '통신판매업자'인 곳들이었다. 이들은 판매하는 상품의 실질적 소유주이자 판매자로 제품 배송에 대한 책임도 직접 가지고 있다. 이 경우 물류창고란 직매입하는 재고를 적재할 곳이 필요해서 만든 곳이다. 대표적인 예로 홈쇼핑과 마트가 있다. 이들은 대부분의 상품을 직매입하기 때문에 물류가 필요하다. 하지만 마트처럼 매장이 많은 경우 이 목적만 해소할 수 있다면 별도의 물류창고를 건설할 필요가 없다. 물론 현실적으로는 대형마트의 새벽 배송 제한, 휴일 판매 제한 등 전혀 다른 사업적 이유로 물류센터를 구축할 수밖에 없긴 했지만 말이다.

직매입이 아닌 경우에는 대부분 '통신판매중개업자'나 '위탁 계약을 통한 통신판매자 대행'으로, 이 경우 이커머스 사업자는 상품 배송에 대한 책임이 없다. 입점사가 물건을 배송하는 것이 기본이다. 그들이 '통신판매업자'이자 상품의 주인인 판매자에 해당하기 때문이다.

그렇다면 풀필먼트 센터는 왜 의미가 있을까? 처음에는 이커머스 서비스에서 가장 컨트롤하기 어려운 '라스트 마일Last mile'의 품질을 높이기 위해 필요했다.

라스트 마일이란 여러 배송 단계 중 고객과 만나는 최종 단계를 의미한다. 생산지에서 물류창고로 오는 과정을 '퍼스트 마일First mile', 물류센터 내에서 발송되기 전까지를 '미들 마일Middle mile'이라고 부른다. 풀필먼트 서비스를 처음 도입한 아마존의 경우 재포스를 인수하면서 FBA의 근간을 더 닦을 수 있었다. 사실 재포스는 UPS라는 3PL 업체를 통한 물류창고 관리에 큰 불만을 느껴 물류창고 개선 작업을 시작했다. 다품종 소량 재고를 기반으로 피킹과 패킹을 하는 재포스의 사업 형태는 기존 3PL 업체와 어울리지 않아서 물류센터 재고가 정확하지 않거나 물류센터 내 속도를 높일 수 없었기 때문이다. 즉 아마존의 FBA의 시작은 미들 마일 때문이었다.

하지만 우리나라의 핵심 이커머스사는 오픈마켓이고 이들 대부분은 판매자 배송을 하는 터라 굳이 미들 마일에 신경 쓸 필요가 없었다. 반면 라스트 마일은 국내 이커머스 기업의 오랜 고민거리였다. 상품의 리뷰를 보면 '배송 속도'를 언급하거나 '배송 기사님이 던지고 갔다'는 식으로 별점 테러가 생기곤 했다. 앞서 살펴봤듯, 국내 다단계식 배송 구조로는 최종적인 배송 도착 시간을 예측하기 어렵고, 택배사조차도 배송 퀄리티를 컨트롤하기 어려웠다. 게다가 이커머스 CS센터의 가장 많은 상담 유형은 단연코 배송 시점에 대한 질문이었다. 쿠팡의 물류창고와 쿠팡맨 서비스는 '속도'와 '친절한 서비스' 덕분에 굉장히 빠르게 성장할 수 있었고, 이는 국내 이커머스 배송 서비스의 새로운 기준을 제시했다.

그런데 재밌는 점은 풀필먼트 서비스는 분명 새로운 사업이지만 이익보다는 손실이 훨씬 큰 사업이라는 점이다. 풀필먼트에 대한 이야기가 처음 나왔을 때 아무도 먼저 뛰어들지 않았던 이유는 3PL 업체를 사용하는 것이 효율이 높고, 이미 국내 택배는 2~3일 내 배송이 가능하므로 속도에서 해외의 상황과 다르다고 생각했기 때문이다. 심지어 쿠팡의 사례처럼 센터를 짓고 인력을 동원하는 것은 엄청난 비용이 들기 때문에 손실 또한 거대했다. 하지만 시간이 지날수록 풀필먼트의 인기는 점점 더 높아지고 있다.

단지 쿠팡의 방식을 따라가기 위해서라고 하기에는 비용 문제가 너무 크다. 풀필먼트를 사용하는 소호들에게 받는 수수료는 생각보다 높을 수 없고, 규모가 큰 판매자는 이미 자체 물류를 가지고 있기 마련이다. 소호들은 물동량이 적어 이커머스사의 풀필먼트를 이용하는 편이 택배사와 계약하는 것보다 저렴하겠지만, 이익이 되기에는 규모를 확보하기가 쉽지 않다.

그렇다면 대체 왜 이커머스는 풀필먼트를 하는가? 국내 이커머스가 가지고 있던 다른 문제들도 효과적으로 해결해줄 수 있기 때문이다. 이에 대해서는 여러 의견이 있는데, 정리해보자면 다음의 세 가지 문제에 대한 해결책을 제시해준다.

이커머스의 상품 재고와 저가 가격을 확보하는 문제

국내 이커머스의 입점 셀러들은 통합 쇼핑몰 솔루션을 통해 여러 플랫폼에 멀티 입점하고 있어 시장에서의 실제 재고를 추정하기 어렵다. 인기가 많은 상품은 주문 뒤 재고가 없다는 이유로 강제 취소당하곤 했다. 앞서 말했듯 2020년 코로나 발생 초기에 마스크 때문에 이런 문제가 심각하게 대두된 바 있다. 물류창고에 미리 재고를 확보해둔다면 이 문제에서 조금은 자유로워질 수 있다. 실제로 쿠팡은 2020년 마스크 대란 때도 안정적으로 재고를 확보했다.

또한 이와 같은 이유로 지금까지는 특정 이커머스에서만 가격을 다르게 운영하기가 쉽지 않았다. 시장 전체의 재고가 부족해지면 판매자가 가격을 올릴 텐데, 그러면 모든 이커머스 매장의 상품 가격이 동시에 상승한다. 하지만 풀필먼트 센터에 먼저 입고된 재고에 대해서는 이런 방식으로 운영하는 것을 방지할 수 있다. 마스크 대란 당시 쿠팡은 지나치게 가격을 상승시키는 것을 규제하여 기존에 판매하던 가격과 큰 차이 없이 마스크를 판매했다. 이는 풀필먼트까지는 아니더라도 외부 물류센터를 내부 시스템처럼 제공하는 '벤더 플랙스' 방식•으로 해결한 것이다.

• 벤더 플랙스(Vender Flex) 방식 : 입점 셀러가 기존 보유한 물류창고의 일부를 계약을 통해 마치 이커머스사의 풀필먼트센터처럼 사용하는 방식이다. 공간은 보유 셀러의 소유이나 시스템은 이커머스사의 풀필먼트사와 동일하게 사용하여 빠른 배송을 보장한다.

이커머스3.0을 위한 상품 정보 확보

이커머스3.0의 핵심은 상품에 대한 맞춤형 추천인데, 이를 위해서는 상품에 대한 메타 정보가 많이 필요하다. 대부분의 메타 정보는 입력받거나 확보할 수 있지만 실제 상품을 보고 직접 확인해야만 알 수 있는 정보도 있다. 퀄리티 높은 정보를 확보하려면 상품을 볼 수 있는 풀필먼트 센터의 확인이 대안이 될 수 있다. 2021년 네이버에서 인수한 '나이키 매니아'의 경우 나이키 제품의 가품을 가려낼 수 있는 인력을 보유하고 있었는데, 그 인원들의 몸값이 높았다고 한다. 상품의 품질 검수 기능에 대해 지금까지는 판매자의 말을 믿을 수밖에 없었다면, 풀필먼트 센터는 또 다른 가능성을 줄 수 있다.

아마존 방식의 스마트 소싱과 드롭시핑 서비스로 발전 가능

이커머스의 이익을 극대화하려면 중개 방식보다는 매입이 유리한데, 이는 어디까지나 잘 팔릴 상품을 파악하여 싸게 구매해올 때의 이야기다. 그렇지 않으면 처리 비용이 굉장히 많이 든다. 아마존은 풀필먼트 서비스를 통해 3P 입점 셀러들의 상품 재고 데이터를 확인하고 잘 팔리는 상품을 파악하여 직접 매입하는 것으로 악명이 높다. 악명이 높지만 이커머스 기업이라면 꿈꾸는 상황일 수밖에 없다. 또 지역별로 물류센터에 적절한 재고 배분을 할 수도 있고, 더 나아가면 드롭시핑 서비스•로도 확대할 수 있다.

• 드롭시핑(Dropshipping) 서비스 : 수수료 수익원이 되는 셀러를 지속적으로 확보할 수 있도록 셀러를 키우기 위해 상품의 매입, 관리, 배송까지 모두 관리해주는 서비스. 즉 매입부터 배송까지 아웃소싱 물류로 분류되는 풀필먼트 서비스와 제품 소싱을 함께 도와줘서 기존 쇼핑몰 운영 단계를 훨씬 단축화시켜주는 서비스다.

이렇게 미들 마일의 세 가지 문제점을 해결할 수 있다면, 이커머스의 경쟁력을 높일 수 있을 것이다. 그렇기에 지금 당장 비용이 많이 들어도 어떻게 해서든 풀필먼트 센터에 뛰어드는 것이다.

사업자별 물류센터의 기능을 하나의 표로 정리해보았다. 기업 형태별로 단순한 물류센터와 풀필먼트 센터가 필요한 곳들이 구분될 것이다.

사업자별 물류센터의 기능

대상 셀러	구분	매입 유형	배송 유형	비고
백화점 대기업 종합몰	통신판매 업자	위탁 판매 (판매자 판매 대행)	판매자 배송/ 픽업 물류(매장 픽업)/ 집송/위탁 선재고	위탁 선재고는 풀필먼트와 유사해 보이나 위탁 판매 이므로 다름
마트	통신판매 업자	직매입 위탁 판매 (온라인 일부)	직매입-자체 물류센터 매장 픽업 위탁 판매- 판매자 직송	대형 마트 새벽 배송, 휴일 판매 제한 때문에 별도 물류센터 구축 중
홈쇼핑	통신판매 업자	직매입	자체 물류센터	택배사와 거래로 직영 택배 직원들의 전용 택배 서비스 이용
소호	통신판매 업자	직매입(사입) 자체 제작 PB	자체 물류센터 배송/ 판매분 매입(선주문 후 사입)/드롭시핑 거래/ 풀필먼트 사용	물동량이 적어서 자체 택배사 계약 시 택배 단가가 높음
오픈마켓	통신판매중 개업자	중개 거래 일부 직매입	판매자 배송 / 풀필먼 트(재고 관리+3PL)/벤 더 플렉스(물류 주선업 +WMS 대여)	

돋보기

정부와 플랫폼 규제의 모빌리티 잔혹사, 타다

2018년 말~2019년 2월

시작은 카카오의 카풀로부터

모빌리티 잔혹사의 시작은 단연코 카카오의 카풀 서비스부터다. 당시에도 카카오택시가 있기는 했다. 그러나 법적인 문제 등으로 우버의 우리나라 버전을 만드는 것은 쉽지 않았다. 그래서 유일하게 허용된 출퇴근 시간대 개인 차량을 통한 카풀 규정을 이용해 카풀 서비스를 만든다고 발표했는데, 예상대로 택시 업계의 반발이 거셌다.

결국 사건이 터지고 말았다. 택시 기사들의 집단행동 중 분신 사고가 발생한 것이다. 2018년 말 첫 분신 사고가 발생한 후 카카오는 카풀 서비스 테스트 이용자 수를 늘리지 않고 무기한 중지했다. 2019년 1월에 2차 분신 사고가 발생하자 아예 시범 서비스를 중지했다. 그리고 공식적인 발표를 통해 서비스를 백지부터 다시 생각해보겠다는 말을 남기고 화해의 제스처를 취했다.[157]

하지만 상황은 쉽사리 호전되지 않았다. 대중이 카카오택시에 익숙해지면서 2018년 12월 기준 월간 이용자가 1,000만 명을 넘어섰기 때문이다. 택시 운전사 및 택시 운영 회사는 카카오를 앙숙처럼 여겼다. 당시 택시 기사들이 너도나도 '카카오 거부'와 같은 플래카드를 택시에 달고 다니면서 대체제로 'T맵 택시'를 깔아달라고 고객들에게 부탁하는 지경에 이르렀다. 하지만 닭의 목을 비틀어도 새벽이 오듯, 이미 세상은 온라인 플랫폼으로 움직이고 있었다. 갈등 상황은 더욱 악화되면서 3차 분신 시도까지 나왔다.

이렇게 택시 업계의 위기감과 공포감이 팽배할 때, 소소하게 성장하고 있던 '타다'에 불똥이 튀기 시작한다.

2019년 2~3월

택시조합의 정조준, 하지만 '타다는 참지 않긔'

택시조합은 2019년 2월 '타다'와 '풀러스'(카풀 서비스)도 카카오 카풀과 마찬가지로 불법적인 유사 택시 영업자로 규정하며 화살을 정조준했다. 이 두 사업은 위법이며 즉각 중단되어야 한다고 말이다.[158]

타다 서비스는 카카오 카풀처럼 모빌리티 관련 법의 사각지대를 이용해 만들어졌다. 여객운수법 34조 유상운송의 금지 조항에는 '운전자알선허용범위'로 11인승 이상 15인승 이하의 승합자동차를 임차하는 사람에 대해서는 알선할 수 있다는 조항이 있는데, 이를 이용해 '렌트 사업' 구조로 서비스를 운영한 것이다. 타다의 모회사인 '쏘카'에서 대여한 11인승 카니발 차량을 활용하되, 자사가 아닌 타다와 제휴한 업체에서 전문 운전기사를 파견해 합법적인 서비스로 운영했다. 이때 손님이 지불한 요금은 차량 대여비와 운전기사 고용비를 포함한 금액이다. 사실상 콜택시와 유사하지만 '기사 포함 렌터카'로 본다면 기존 대형 렌터카 업체에서 전세 버스 대절을 하는 방식과 동일하다.

이 이면에는 기존 택시 업계의 '개인택시 면허' 문제가 있다. 택시 면허를 유지하려면 많은 조건을 지켜야 한다. 그런데 택시 면허가 없어도 되는 유사한 서비스가 횡행하면서 금전적 손해가 발생한다는 것이 그들의 주장이었다. 예민해질 대로 예민해진 택시 업계의 항의는 계속되었다.

그런데 타다는 카카오처럼 한 발 물러서지 않았다. 타다의 이재웅 대표는 오히려 이들을 '업무 방해'와 '무고'로 고소하겠다고 나섰다. 물론 이렇게 자극적인 표현으로 이야기했던 것은 아니다. 택시 사업을 방해할 생각이 없고, 이것은 새로운 형태의 시장 형성이라며 사회적 차원의 필요에 대해서 이야기했다. 그러나 택시 업계가 받아들이는 이해도는 완전히 달랐다.

택시 업계는 2018년 말 '사회적 대타협 기구'를 통해 '플랫폼을 이용한 택시'라는 것만 합의를 보고, '티원 택시'라는 플랫폼 서비스를 공동으로 만들었다. 알다시피 온라인 서비스를 만드는 것은 굉장히 많은 인력과 노하우가 필요하기 때문에 이 서비스의 성공은 쉽지 않았다.

이재웅 대표는 플랫폼 택시와는 달리 합법적인데도 공격받는 것에 불쾌한 감정을 드러냈고, 언론은 너도나도 자극적인 보도를 하기 시작했다.[159]

2019년 3월

카카오의 타협 : 카풀 협의안과 플랫폼 택시, 그리고 타다의 쓴소리

앞서 타다보다 문제가 되었던 카카오 카풀 서비스는 사회적 대타협 기구를 통해 합의안을 발표했다. 이른바 '플랫폼 택시'를 통해 자가용이 아닌 택시에 적용함을 한 번 더 합의했고, 택시 노동자 처우를 위해 월급제를 시행하겠다는 내용을 담았다. 카카오모빌리티가 한 발 물러선 것이다. 카풀에 있어서도 합의점이 있었다. 하루 4시간만 운영하는 영업 제한을 두기로 한 것이다.[160]

그런데 이에 대해 타다의 이재웅 대표는 "나쁜 선례가 될 것"이라고 쓴소리를 했다. 문제는 이게 일파만파 퍼졌다는 점이다. 자신의 페이스북에 쓴 이 내용이 기사화되면서 택시를 둘러싼 보수 여론이 적으로 돌아섰다. IT 업계의 활약을 위해 정부의 규제 개혁이 필요하다고 목소리를 높인 그동안의 여론은 온데간데 없고 스타트업 업계의 일부 영향력 있는 인플루언서들은 과연 모빌리티 사업이 '사회적 혁신'인지 의문의 목소리를 내기 시작했다. 타다도 결국은 수익 사업인데 왜 자꾸 공익과 사회적 발전을 거론하느냐는 거였다. 비슷한 시기에 '타다 프리미엄'을 통한 준고급 택시 플랫폼 서비스가 나왔기에 이런 목소리는 일견 타당했다.

한편 고객들은 '승차 거부'나 '성희롱' 없는 타다의 친절한 서비스에 만족함을 표하면서 모든 모빌리티 업계의 화두가 '서비스의 개선'에 집중되었다. 물론 플랫폼 택시도 마찬가지였다. 고객에게는 회사가 중요하지 않았다. 고객이 기대하는 바는 '타다가 제공하던 서비스 품질'이었다.

카카오모빌리티는 2019년 3월 20일 택시 운송 기업 '타고솔루션즈'와 손을 잡고 '웨이고 블루'라는 서비스를 시범 개시한다고 발표했다. 자동 배차를 통해 호출하면 승차 거부 없이 배차되고, 자동 결제 서비스를 이용하여 택시 기사와의 소통을 최소화한 서비스다. 이용 요금은 택시 기사가 절반을 갖고 나머지는 택시 운송 기업과 카카오모빌리티가 나누어 가졌는데, 기사에게는 완전 월급제(260만 원)를 보장하고 실적에 따라 인센티브도 지급할 계획이라 했다.[161] '플랫폼 택시'가 무엇인지 이해하지 못할 때 그것을 보여준 것이다.

2019년 5~6월

입소문과 노이즈 마케팅으로 점점 더 성장하는 타다, 다시 올라온 합법 논란

서비스 오픈 후 6개월, 타다는 정말 놀라운 규모로 성장했다. 서비스 품질에 대한 입소문이 좋았던 데다 프로모션도 좋았고, 서비스 품질이 엉망인 택시와의 대립각을 이루는 것이 도리어 고객에게 좋은 인상을 준 것이다. 말 그대로 돌풍 같은 인기를 구가했다. 6개월 만에 회원 수 50만 명을 돌파하고, 론칭 시점 대비

호출 수가 1,300% 증가하는 등 엄청난 성장세였다.[162]

이런 분위기는 택시 업계의 화살을 모두 타다로 쏠리게 했다. 이번에는 타다 반대를 위해 택시 기사의 분신 사고가 일어났다. 택시조합은 과연 '타다 베이직'이 정말 합법이냐고 항의하기 시작했다. 국토부(국토교통부)가 타다 사례에 잘못된 법 해석을 해서 문제를 만들었다고 비판했다. 그런데 여기서 국토부와 서울시가 타다에 대해 공식적인 유권 해석을 한 적이 없다는 입장을 내놓으면서 상황에 더 불이 붙었다. 즉 타다가 불법일 수도 있다는 해석의 여지가 생긴 것이다.[163]

이번에는 타다의 프리미엄 택시가 대상이 되었다. 2019년 6월 11일, 타다는 서울시가 타다의 프리미엄 택시에 대해 택시 사업 인가를 해줬다고 발표했다.[164] 택시조합은 서울시에 강력 항의했고 다급해진 서울시는 타다 프리미엄의 택시 인가를 한 적이 없다고 부인하는 상황까지 벌어졌다. 타다에서 곧 표현의 문제가 있었다며 해명했지만, 감정적인 골은 더 깊어져만 갔다.[165]

2019년 6~8월

정부 : 싸우지 말고 방법을 찾아보자

갈등의 골이 좁혀지지 않자 정부에서도 여러 가지 대안을 모색했다. 국토부는 6월 26일 모빌리티 플랫폼 업체들과 회의를 열고 규제 개선의 기본 방향을 설명하는 자리를 통해 '운송 사업자 지위'를 플랫폼 업체에 주는 것에 대해 설명했다. 여기서 운송 사업자란 미국의 '운송 네트워크' 개념과 비슷한데, 플랫폼 사업자들이 '진입 비용' 차원에서 택시 사업자에게 이용료를 지급하고 면허를 빌려 사업을 하라는 뜻이다. 즉 택시 면허를 빌려서 쓰라는 것이었다. 기본 방향을 설명하는 자리였기에 뭔가 정해진 것은 없었지만 택시 업계의 면허권을 보장했

다는 점에서 정부의 기조를 읽을 수 있었다.[166]

이 기조는 7월 10일, 택시 업계와 플랫폼 간 상생 종합 대책을 통해 사실로 드러났다. 다만 국토부의 공식 발표는 아니었고 방향성에 대한 재언급이었다. 문제는 이런 방향성이 플랫폼 사업자의 비용 측면에서는 문제가 될 수 있다는 점이다. 하필 타다 측만 반대 의사를 나타냈다. 서비스가 '불법'이 아닌데 왜 비용을 지불해야 하냐는 주장이었다. 당시 수익이 나지 않는 상황이기도 했지만, 국토부의 공식 발표가 없는 상태에서 택시 면허 매입을 할 이유가 없다고 했다. 갈등 상황은 끝날 기미를 보이지 않았다.[167]

그리고 7월 17일, 국토부는 공식적인 개편 방안을 발표했다. 택시 면허를 유지한다는 전제하에 세 가지 유형을 시도할 수 있다는 내용이었다.

- **혁신형** : 플랫폼 사용자가 차량과 기사를 자유롭게 모집, 렌터카도 사용 가능
- **프랜차이즈형** : 법인택시, 개인택시가 가맹 형태로 플랫폼에 결합(카카오블루, 마카롱택시)
- **중개형** : 앱을 통해 중개만 해주는 방식(카카오T)

여기에는 택시 기사들이 말하는 택시 업계의 문제점 개선도 포함되었다.

- 법인택시 월급제 시행(사납금 철폐)
- 개인택시 양수도 조건 완화
- 택시 3부제 영업 자율화

택시 영업자들의 생계를 보장해주고, 새로운 산업의 성장도 일부 지원하려는 선택이었다. 이제 타다가 이를 수용하고, 면허에 대한 임차료를 지불하는 형태로 비즈니스 모델을 수정할 것인가에 시선이 쏠렸다. 모두가 타다가 '항복'할 것인가에 집중했다.[168] 이 와중에 카풀 서비스는 하루 4시간으로 완전히 제한되어 서비스의 확장이 어려워졌다. 이른바 '김현미 상생안'이라고 불린 이 발표로 택시 업계의 완승이라는 이야기마저 나왔다.[169] 사람들은 타다에 '졌지만 잘 싸웠다'는 평을 내렸다. 하지만 아쉬움은 남을 수밖에 없었다.

그 외에 8월에는 규제샌드박스 사업●으로 '반반 택시'가 등장했다. 밤 10시부터 새벽 4시까지 심야 승차난이 심한 시각에만 플랫폼을 통해 동승객 간에 택시비를 나누어내는 서비스를 허가한 것이다. 모빌리티 분야의 최초 규제샌드박스 사업이었고, 뭔가 변화의 서막처럼 보였다.[170]

2019년 8~10월

택시를 흡수한 카카오, 고발당한 타다(2019년 8~10월)

타다가 집중 포화를 받는 동안 '돈 있는 카카오모빌리티'는 이 상황을 현명하게 타개하고 있었다. 우선 택시 회사를 사들였다. 국토부 발표가 나온 지 한 달 만에 카카오모빌리티는 '진화택시'를 인수했다. 또한 이렇게 인수한 택시 회사들을 운영하고 관리할 '티제이파트너스'라는 법인을 설립해 택시운송업을 직접 운영했다. 택시가 필요하면 사버리는 이 방식은 국토부의 취지와는 결이 맞지만, 다른 중소 모빌리티 업체는 따라할 수 없는 방법이라는 점에서 비판의 대상이 되었다.[171]

● 규제샌드박스 사업 : 현행 규제에서는 법적 문제가 있을 수 있는 신사업 분야의 제품과 서비스를 일정 조건하에서 우선 출시해 시험, 검증할 수 있게 해주는 허가제.

조용히 지나가는 줄 알았는데, 타다는 또다시 서울개인택시평의회에 형사 고발을 당했다. '파파'라고 하는 타다 베이직과 동일한 서비스와 함께였다. 대립은 법적인 상황으로 번져 서울개인택시평의회는 서울동부지방법원에 타다를 운영하는 VCNC•에 대한 여객자동차가맹사업자 지위 확인 및 운송가맹점 지위 부존재 확인을 요청했다. 합법인지 확인해달라는 공식적인 요청이었다.[172]

상황은 이제 완전히 다른 국면에 접어들었다. 검찰이 택시 업계의 손을 들어주었기 때문이다. 검찰은 타다 베이직 사업을 법 위반으로 판단하고 재판에 넘겼다. 자료 검토와 관련자 조사를 마친 검찰은 택시 업계의 주장에 더 신빙성이 있다고 판단했다. 서울중앙지검 형사5부는 타다 측이 사실상 여객 운송 면허 없이 '유료 여객 운송' 영업, 즉 택시 영업을 한 것으로 판단하고 쏘카 이재웅 대표와 타다 운영업체 VCNC 박모 대표를 여객자동차 운수사업법 위반 혐의로 불구속 기소했다.[173]

2019년 12월~2020년 3월

1심은 무죄, 그러나 '타다 금지법'의 시작

국토부나 공정위, 법원과는 별개로 국회에서 방홍근 더불어민주당 의원이 '여객자동차 운수사업법 개정안'이라는 소위 '타다 금지법'을 발표했다. 이 법의 주요 골자는 타다의 존재 근거가 되는 부분에 추가적인 조건을 부여하는 것이다. 즉 '6시간 이상 대여 또는 항만/공항에서 탑승'이라는 조건을 넣어 타다의 시내 주행을 거의 불가능하게 만들었다.

이 법은 2019년 12월 국회 법안소위에 만장일치로 통과되었다. 공정위는

• VCNC : 커플 앱 '비트윈'과 타다를 운영하는 기업. 원래 비트윈을 출시해 인기를 끈 뒤 이재웅의 쏘카가 인수하여 이재웅의 주도로 유사 택시 형태의 렌터카 서비스 타다를 열었다.

이 개정에 문제가 있다고 주장했지만 타다 금지법은 점점 현실화되었다.[174]

이재웅 대표는 법안 철회를 호소하며 개인 페이스북에 연일 보도자료를 올렸다. 시대착오적인 규제라는 것이었다.[175] 이 게시글은 스타트업 종사자가 많이 모인 페이스북에서 여러 차례 공유되며 다음과 같은 논쟁으로 이어졌다.

타다는 혁신인가?

타다는 공유 경제 서비스인가?

이익집단 간 싸움이라는 관점에서 봐야 한다는 시선도 있었고, 산업을 키우는 과정에서 정책이 잘못되었다는 반응도 있었다.

2019년 10월 검차 기소에 따른 1심 재판의 결과가 2020년 2월 19일 발표되었다. '무죄' 판결이 나왔다. 법원은 타다의 주장대로 초단기 승합차 렌트 차량으로 보는 게 맞다며 합법을 인정했다.

하지만 공정위가 반대했는데도 2020년 3월 4일 타다 금지법은 국회 법사위를 통과하며 본회의만 통과되면 제정되는 상황에 처했다. 그리고 결국 2020년 3월 6일 타다 금지법이 본회의를 통과했다. 재석 의원 185명 중 찬성이 무려 168명에 해당했다. 타다는 국토부의 안대로 택시 면허를 매입하거나 기여금을 내야만 타다 베이직을 유지할 수 있게 되었다.

그 사이 언론의 집중 견제를 받던 이재웅 대표가 물러나고, 타다의 대표인 박재욱 대표가 쏘카와 타다 모두를 경영하게 되었다. 결국 타다 베이직은 본회의 통과 후 법이 시행되는 6개월 내에 문을 닫아야 했고, 1개월 후 서비스를 중단한다는 내용이 공지되었다. 마지막 호소로 타다의 박재욱 대표가 입장문을 내고 문재인 대통령에게 거부권 행사를 요청했지만 받아들여지지 않았다.[176] 여러 가지 해석이 많지만, 당시 지방선거도 있었고 코로나로 인해 택시 업계며 경제가 바닥을 치고 있어 단일 기업을 옹호하기에는 (정치적으로) 문제가 있었다는 해석이 많았다.

이후 2020년 5월 1일 타다 운영사인 VCNC는 타다 금지법에 대해 헌법 소원을 냈다.[177] 하지만 헌법재판소는 이를 기각했다. 헌법재판소는 기존 판결의 취지대로 기존 택시운송업과 중복되는 서비스를 제공하면서도 동등한 규제를 받지 않아 사회적 갈등을 증가시켰고 과도한 규제와 제한이라고 보기 어렵다고 판결했다.[178]

토스, 그리고 그 후의 이야기

2020년 4월부로 타다의 베이직 서비스가 종료되면서 타다의 서비스는 확 줄어들었다. 그리고 2020년 10월 20일부로 플랫폼 택시 형태의 '타다 라이트' 서비스가 시작되었다. 가맹 협약을 통해 개인택시나 법인택시와 계약을 한 카카오T 블루와 유사한 서비스였다. 그 뒤로 타다에 대한 언론 주목도가 많이 떨어졌다. 2021년 10월 8일, 타다와 쏘카의 운영사인 VCNC의 지분 60%가 토스 운영사인 비바리퍼블리카로 매입되면서 타다는 금융과 모빌리티라는 새로운 희망을 향해 나아가기 시작했다.

타다 잔혹사를 보고 있으면 한 가지 의문이 떠오른다. 스타트업의 성장을 위해 법 제도를 개편하지 않는 것은 분명 문제가 있다. 하지만 제도를 개편하려면 먼저 어떤 태도를 먼저 취해야 했을까?

유사한 상황에서 카카오모빌리티가 합의점을 찾아가며 실리주의를 추구했다면 타다는 정면 돌파를 선언했고 이 부분이 지속적 갈등을 일으켜 집중 포화 대상이 되어버렸다. 타다가 등장하면서 '카카오T 삭제'를 외치던 소리가 자연스레 사라졌다. 택시 업계에서도 카카오T에 대해서는 "사격을 정지하라! 아군이다!" 하고 외치는 느낌이었다.

스타트업 업계에서도 타다를 무조건 응원만 하지 않았다. 과연 플랫폼이 주도하는 '공유 경제'라는 것이 사회적 사업이냐에 대한 고민에서부터 혁신이라는 주장이 맞는지가 쟁점이었다. 여기서 다루지는 않았지만 타다 기사들의 임금 체불과 대우에 대한 문제가 불거지면서 이익을 추구하는 사기업에서 사회적 가치를 어떻게 추구할 수 있는지에 대한 부분도 논의되었다.

어떤 것이 더 옳으냐의 문제라기보다는, 스타트업이 법적인 규제를 바꾸려면 어떻게 하는 것이 더 효율적인지를 고민하게 되는 사례라고 생각한다. 어느 한쪽도 손해 보지 않는 제3의 길이 과연 있을까. 이 문제를 별도로 정리한 이유는 이 사건이 2020년부터 시작된 플랫폼, 정부 규제, 기존 이권 세력 간의 대립에 대한 예고편이기 때문이다.

13기

콘텍스트를 장악한 플랫폼이 살아남는다(2020~2022)

내가 살아가고 있는 시대를 평가하는 것은 역사학자에게 가장 어려운 일이다. 왜냐하면 아직 중요한 일과 중요하지 않은 일에 대해 결론이 내려지지 않았기 때문이다. 특히 2020년과 2021년을 떠올리는 것은 숨 막히게 많은 정보와의 싸움에 해당한다. 2020년에서 2021년은 코로나 팬데믹이라는 특수한 상황에서 온라인 사업이 급속도로 성장한 시기다. 환경이 완전히 변했고 사용자들의 성향과 행동 패턴도 변했다. 개인적으로도 2년 반이 넘는 시간 동안 길고 험했던 7개 사이트의 통합 서비스 오픈을 마치고 다른 회사로 이직해 일하는 방식을 바꾼 격변의 시기였다.

대부분의 일하는 시간을 회사가 아닌 집에서 보내고, 외부 강의나 미팅도 모두 집에서 하게 된 시대. 몸은 한 곳에 있는데 머리는 더더욱 글로벌하지 않으면 안 될 것 같은 시기였다. 온라인 갈라파고스에 갇혀 있던 우리는 코로나 팬데믹으로 물리적 왕래가 되지 않을 때 온라인 세상에서 더 많이 왕래했다. 그리고 우리의 목표는 이제 갈라파고스를 떠나 글로벌이 되는 것이었다.

양강 체제, 네이버와 쿠팡은 파도를 탄다

2020년이 되고 양강 구도가 명확해지면서 두 회사의 방향성에 대한 분석들이 나오기 시작했다. 2019년에는 단순히 거래액만 쿠팡을 넘은 것으로 언급될 뿐이었던 네이버의 본격적인 청사진이 그려지기 시작했다. 특히 2020년 1분기 네이버 결제액은 총 5조 8,000억 원이고 이 중 3조 5,000억 원이 스마트스토어에서 나온 것으로 확인되어 자체 플랫폼의 성장이 확실하게 확인되었다. 쿠팡 4조 8,000억 원, 이베이코리아 4조 2,000억 원으로 단일 플랫폼으로 3위에 안착했다.[179]

네이버는 코로나 특수를 타고 수많은 스마트스토어 셀러와 거래 고객이 양산되었고, 분기마다 역대 최대치의 결제 금액을 갱신하면서 성장했다. 또한 라이브 커머스, 네이버 멤버십인 '네이버 플러스', 소상공업자SME, Small and Medium-sized Enterprise의 선순환에 집중한 성장 포트폴리오 구축으로 금융적인 상생을 강조했다. 이런 흐름은 쿠팡 로켓배송과의 경쟁력에 대비한 네이버 버전의 풀필먼트 투자 방식으로도 연결됐다.

2021년 네이버는 글로벌 확장을 목표로 라인과 야후라는 일본의 인프라로 연동하기로 했고[180] 이에 바탕이 될 만한 많은 기업들과 '지분'

을 섞으면서 제휴 관계를 맺었다. 대표적으로 물류 인프라에서는 CJ 대한통운과 브랜디에 투자했고 더 많은 상품의 확보를 위해 Cafe24[181]와 신상마켓•에도 지분을 투자했다. SSG과도 지분 거래[182]를 통해 장보기 상품을 확보했다.

한편으로는 내부적으로 다시 한번 블로그 사용자들을 부흥시키며 '블로그 마켓'을 통한 소규모 상거래 기능을 확대하기도 했다. 정기 구독부터 콘텐츠 제작, 단순 상품 판매까지 결제 기능을 더하면서 단순히 SNS였던 블로그를 콘텐츠 커머스 플랫폼으로 바꿔가고 있다.[183] 또 한편으로는 네이버Z(구 스노우) 계열사를 통해 지속적으로 새로운 서비스를 만들어내기도 했다. 스니커즈 리셀•• 1위인 네이버의 '크림'으로 새로운 리셀 시장을 이끌기도 했는데, '나이키 매니아'를 인수하면서 1위 굳히기에 들어갔다.[184]

네이버의 소상공인 우대 전략이 극명하게 드러나는 사례가 있다. 네이버 플레이스의 별점 리뷰 중단과 지속적으로 운영 중인 구매 확정 캠페인이다. 네이버 플레이스는 오프라인 상가 방문 시 N페이로 결제한 기록을 남길 수도 있고 리뷰도 남길 수 있는 공간이다. 그런데 별점 리뷰에서 지속적으로 나타나는 문제들이 결국 소상공인 손실로 이어진다고 판단한 네이버가 별점 리뷰를 없애기로 한 것이다.[185] 또 소상공인에게 입금이 되는 시점인 '구매 확정'을 빨리 하자는 캠페인을 통해 소상공인이 상품을 빠르게 준비할 수 있게 지원하는 모습도 보여주었다. 특히 스마트스토어는 2020년 이후 전 국민의 부업으로 자리매김

• 신상마켓 : 동대문 사입 프로세스를 대행해주는 스타트업.

•• 스니커즈 리셀 : 희소 상품을 재판매하는 행위로 프리미엄 마진을 붙여서 이익을 남긴다.

하면서 드롭시핑을 이용해 소자본 창업을 한 개인 셀러를 계속해서 성장시키는 중이다. 장기적으로 봤을 때 소상공인을 키워두면 이베이나 쿠팡이 가격 비교에서 빠져나가더라도 큰 타격을 받지 않을 수 있다. 이미 확보해둔 셀러가 그 자리를 채워주기 때문이다. 네이버는 소상공인 육성이 플라이휠의 시작점이 될 거라 판단한 듯하다. 실제로 셀러와 상품만 충분히 확보되면 판매는 글로벌 시장에서 트래픽을 수급해와 얼마든지 해결할 수 있었다.

네이버 플랫폼 차원에서도 변화가 있었다. 2019년 베타로 오픈했던 네이버앱10.0을 정식 오픈하고 '실시간 검색어'를 없애며 다수가 동시에 보던 영역을 개인화된 채널로 변경하기 시작했다. 광고 영역도 로컬 광고 위주로 개편하고, 대부분의 콘텐츠를 개인화 콘텐츠로 바꾸었다. 이는 네이버가 주류의 생각과 정보를 지배한다는 인식을 바꾸고, 콘텐츠를 생산하는 인플루언서부터 소상공인에게까지 균등하게 기회를 나눠주기 위해서라고 해석된다.

네이버와는 달리 쿠팡은 아마존처럼 PB• 사업에 집중하며 각종 PB 제품을 쏟아냈다. 생필품부터 시작해 신선식품과 패션까지 카테고리를 확장했다. 롤모델인 아마존이 하고 있는 방식과 유사하다. 그러면서도 브랜드관을 만들어 상품 확대를 노렸다. 쿠팡이츠와 쿠팡플레이 등의 사업을 성장시키면서 로켓배송의 제휴 형태인 제트배송(로켓 제휴)도 확장시켰다. 기존 로켓배송에 들어가려면 직매입 계약을 통해 쿠팡이 먼저 매입을 해야 했는데, 제트배송의 경우 매입하지 않은 상태

• PB(Private Brand) : 유통업체에서 직접 만든 자체 브랜드 상품을 뜻하며 자사 상표, 유통업자 브랜드, 유통업자 주도형 상표라고도 불린다.(출처 : 시사경제용어사전)

로 먼저 풀필먼트 센터에 두고 주문이 들어오는 수량 단위로 매입한 것으로 처리하는 '특정 매입'의 형태•였다. 셀러와 쿠팡의 부담을 모두 낮추는 방식이다.

앞서도 말했지만, 쿠팡은 2020년 초 코로나 초기 마스크 품귀 현상이 일어났을 때 성공적인 대응을 하면서 이미지가 좋아졌다. 직매입을 통해 확보해놨던 마스크를 기존 가격 그대로 판매하도록 하고, 일부 과잉된 금액으로 판매된 마스크는 차액을 돌려주는 정책도 펼쳤다.[186] 당연히 사람들은 쿠팡에 열광했다. 2019년 조사부터 전 연령대에서 가장 많이 사용하는 쇼핑몰 1위로 쿠팡이 차지했다. 게다가 2020년에는 적자를 일부 개선한 모습을 보여주어[187] '계획된 적자'가 드디어 '규모의 경제'를 이루었을지 모른다는 희망을 주었고, 자연스럽게 2019년 말부터 불어온 IPO(주식 상장)에 대한 기대감에 부풀게 했다.

2021년에는 본격적으로 IPO를 위한 포트폴리오 구성에 들어갔는데 2019년 열심히 성장시킨 쿠팡이츠는 21조 7,000억 원의 매출로 41% 성장해[188] 오히려 배달의민족이 쿠팡이츠 서비스를 따라한다는 말을 들을 정도였다. 쿠팡 내부에 라이브 커머스를 만들고, 쿠팡 정기 멤버십 사용자를 대상으로 쿠팡 OTT 서비스를 론칭하기도 했다.[189] 그리고 로켓배송 리스크를 줄이기 위해 취소했던 3PL 택배 사업 허가권을 재획득했다. 이를 통해 제3자 물류를 소화하는 풀필먼트로도 포트폴리오 확장이 가능하게 되었다.[190] 이렇게 착착 준비된 포트폴리오를 바탕으로 쿠팡은 2020년 2분기에 나스닥 상장을 신청하고 2021년

• 이런 계약 형태를 판매된 것에 대해서 매입한다고 해서 '판매분 매입'이라고도 부른다.

3월 드디어 나스닥에 상장하면서 하루 만에 시총 100조 원을 이루는 화려한 데뷔를 했다.[191]

주목받은 만큼 부정적인 이슈 또한 끊이지 않았다. 언론사들의 집중적인 보도 대상이 되어 여러 기사가 나오기 시작했다. 중개 거래의 특징상 완벽하게 거르기 어려운 가품 문제도 사용자가 많다는 이유로 마치 쿠팡만의 특수한 문제인양 다루어지거나[192] 물류센터 현장에 잠입 취재한 경우도 있었다. 부정적 보도는 특히 물류창고에 대한 부분이 많았다. 코로나 확산 초기에 물류센터에서 확진자가 나오면서 집단 감염 문제가 제기됐고, 2021년 6월 물류센터에 화재가 났을 때 수뇌부 임원들이 책임지지 않으려고 직무 보직을 바꾼 것이 드러나 쿠팡 탈퇴 운동까지 확산되는 조짐을 보였다.[193] 아마존의 '바이 박스'에서 따온 '위너 시스템'도 도화선이 되었다. 위너 시스템은 동일 상품을 여러 셀러가 올릴 때 경쟁력 있는 상품 1개가 먼저 구매될 수 있도록 만들어진 시스템이다. 문제는 상품 정보나 구매 후기가 공유되기 때문에 A라는 업체가 장시간 위너를 차지하고 특정 상품에 좋은 구매 후기로 상품 랭킹을 성장시켜놓아도 동일 상품을 훨씬 싼값에 파는 업체가 들어와 위너 자리를 빼앗으면 그 이후의 거래는 새로 들어온 업체에 쏠리기 쉬운 환경이라는 점이다. 쿠팡의 플랫폼 파워가 높아질수록 셀러 경쟁이 심화되었기 때문에 이런 서비스 형태로 인한 셀러들의 억울함이 많이 보도되었다.[194]

부정적인 이슈는 어느 입장에서 보느냐에 따라 판단이 달라지는 양날의 검이다. 하지만 네이버와 쿠팡의 차이를 생각해보면 흥미로운 점이 있다. 네이버가 사용자가 직접 보는 화면에서 셀러 위주의 정책을 펼친다고 욕을 먹을 때, 쿠팡은 셀러들에게 욕을 먹고 인프라에 대해 더 많은 지적을 당했다. 두 회사의 지향점이 다르기 때문에 나오는 차이이다.

가장 핫했던 패션 이커머스, 그리고 '오늘의집'

2020년에서 2021년 사이에 가장 핫했던 카테고리는 '패션'이다. 혹자는 이커머스를 '1기-종합몰, 2기-신선식품, 3기-버티컬 커머스'로 나누어 각 기수마다 운영 방식이나 전략적인 형태가 동일하지 않고 이익을 만드는 방식에서도 차이가 난다고 설명한다. 버티컬 커머스는 실패 확률이 높은 고관여 상품인 패션, 뷰티, 인테리어/가구 카테고리를 중심으로 소개되었다. 코로나 탓에 패션과 뷰티 매출은 줄어들었지만 집에 있는 시간이 늘어나면서 인테리어와 가구의 소비는 급상승했다.

전반적인 위기 상황에서도 패션 커머스의 대표주자인 무신사, 지그재그, 에이블리, 브랜디, W컨셉, 29cm 등은 제각각의 특징으로 크게 성장했다. 사실 실제 서비스보다 관심을 모았던 것은 이들 업체에 몰린 투자였다. 향후 코로나 시국이 끝났을 때 기존 이커머스들이 만들지 못한 경쟁력을 확보할 만한 요소로 보였기 때문이다.

무신사는 규모가 커지면서 스타일쉐어와 29cm를 동시에 인수하며[195] 라이브 커머스와 여성 고객을 확장시키는 데 주력했다. 2021년도에는 무신사도 부정적 이슈가 굉장히 많았다. 여성 전용 편집숍인 우신사 홍보 과정에서 남성 차별 논란이 일었고, 한정판 스니커즈 판매 쇼핑몰 '솔드아웃' 서비스가 타사를 표절했다는 의혹과 타사 입점을 막았다는 갑질 논란이 일며 곤혹을 치렀다. 결국 CEO가 사퇴하는 사태[196]까지 이어졌다. 그럼에도 성장세가 뚜렷하고 팬층이 튼튼해 무신사 스탠다드와 같은 PB 상품을 꾸준히 판매하며 성장하고 있다.

여성 패션 커머스에서는 브랜드 의류 분야에서 인기 있던 W컨셉이 무신사와 인수 협의를 했지만 최종적으로 신세계그룹에 인수되었다. 앞으로 SSG와의 연결 고리를 어떻게 만들지 귀추가 주목된다.

동대문 의류 3인방인 지그재그, 에이블리, 브랜디는 패션 버티컬 시장 내에서 뜨거웠다. 매출과 트래픽 1위 경쟁과 외부 투자 유치 경쟁 모두 치열했다. 에이블리는 2020년부터 대규모 퍼포먼스 마케팅을 진행하여 MAU를 3사 중 1위로 만들면서 '1위 마케팅'을 해왔다. 그러나 MAU와 달리 매출과 체류 시간은 지그재그가 항상 높은 상태였다. 2021년 12월에는 지그재그에 MAU가 다시 뒤집히는 등 실제 MAU는 비슷한 걸로 보인다. 지그재그는 2021년 4월, 배우 윤여정을 기용한 파격적 마케팅으로 화제가 되었는데, 해당 시점에 프로모션과 기능 개발을 많이 하면서 매출 성장을 거듭해 연 거래액 1조 원을 넘겼다. 이 시기 브랜디는 연간 성장 매출이 가장 높은 곳으로 선정되었는데, 직매입을 많이 하는 식으로 거래 구조를 전환하면서 이익 금액이 상승했기 때문이다.

이렇게 세 개 회사가 여러 가지 면에서 과거 소셜 삼형제처럼 비슷한 시장에서 다소 다른 강점으로 경쟁했다. 이 중 2021년 7월 지그재그가 카카오 계열사로 편입되면서 '카카오스타일'로 변경되었고, 브랜디는 네이버로부터 투자를 받으며 네이버의 제휴 어벤저스에 합류했다. 에이블리도 추가적으로 투자를 잘 마감하면서 계속해서 성장하고 있다.

패션 카테고리에서 또 눈에 띄는 곳은 4050 패션 시장이다. 코로나로 인한 비대면 사회가 오면서 50대 이상의 활동적인 시니어 시장이 확산되었는데 가장 빠르게 성장한 회사가 '퀸잇'이다. 2020년 대비 1년 만에 거래액이 10배 증가했으며 이용 앱 순위권에도 빠르게 올라왔다.[197] 명품 쪽에서는 발란, 트렌비, 머스트잇과 같은 명품 거래 플랫폼이 성장했다. 여행을 위해 모아놓은 돈으로 여행 대신 명품을 사는 새로운 풍속도와 일상복에 가까워진 명품 디자인이 만든 결과였다. 그런데 이 시장의 후발 주자인 '캐치패션'이 나머지 3개 업체를 고발하는 사건이 벌어졌다. 병행 수입을 정식 제품인 것처럼 판매했으며 명품 판매 사이트를 무단으로 크롤링•하여 상품 정보를 가져갔다는 이유였다.[198]

패션 커머스는 아니지만 인테리어 분야에서 압도적으로 성장한 '오늘의집'에 대한 주목도도 높았다. 오늘의집 역시 커뮤니티 커머스로 개인이 집의 사진을 찍어서 올리는 형태로 시작했다. 오늘의집은 이커머스 분야를 많이 성장시키며 자체 물류센터와 가구 배송까지 파이프라인을 구축했으며 2021년 하반기에 유니콘에 등록됐다.[199]

유통 공룡들과 오픈마켓

2020~2021년은 유통 공룡들에게도 어려운 시기였다. 오프라인 매장 몇백 개를 문 닫고 온라인에서 경쟁력을 키워야 했기 때문이다.

• 크롤링 : 무수히 많은 컴퓨터에 분산 저장되어있는 문서를 수집하여 검색 대상의 색인으로 포함시키는 기술. 어느 부류의 기술을 얼마나 빨리 검색 대상에 포함시키는지가 우위를 결정한다. 웹 검색의 중요성에 따라 발전하고 있다.(출처 : IT용어사전)

2020년 상반기에는 3조 원의 투자를 받으며 '이커머스계의 넷플릭스'라는 엄청난 비전을 내세운 롯데ON이 오픈했다. 나는 아침, 점심도 거르고 초초하게 오픈을 기다렸던 사람 중 하나다. 그때의 피 마르는 심정과 오픈 과정에서 느껴진 서글픔은 이 글을 읽는 사람들은 이해하지 못할 것이다. 계열사 7개의 서비스에 오픈마켓까지 통합하는 프로젝트였던 만큼 그 누구도 포기하지 않으려던 각자의 정책이 있었다. 나는 그것들을 모두 고려하여 주문 클레임을 설계했다.

정말 쉽지 않은 일이었다. 무엇보다 오픈 당일을 기대했던 사람들은 크게 실망할 수밖에 없었다. 인프라적 문제와 검색 데이터 부족으로 오픈하자마자 다시 몇 시간을 닫아두어야 했기 때문이다. 오픈 후 서비스를 안정적으로 만들기 위해 애쓰는 동안 하루에도 몇 번씩 내가 잘못한 게 없는지 고민해야 했고, 외부에서 들려오는 비웃음과 비아냥에 프로젝트를 진행한 2년 반의 시간이 고스란히 사라지는 기분도 느꼈다. 결국 서비스를 만드는 사람은 만들어진 프로덕트의 결과로만 평가받는다는 당연한 진리가 그때의 나를 참 속상하게 만들었다. 하지만 그렇게 욕을 먹고 깨달은 것이 있다. 온라인 서비스 기획은 결국 추구하는 사업 정책의 산물이라는 점이다. 정책을 정하는 방식이 좀 더 유연해져야 한다고 생각했고, 그 방법을 찾아 이직을 선택했다.

오랫동안 국내 1위를 지켜온 이베이코리아가 시장에 매물로 나오면서 한동안 유통 공룡들은 술렁거렸다. 2017년 11번가와의 인수전 때보다 이베이코리아는 훨씬 더 매력적인 매물이었기 때문이다. 하지만 당시 이베이의 점유율은 쿠팡과 네이버에 밀린 상태였고, 코로나 특수에서도 괄목할 만한 성장을 보여주지 못하고 있었다. 어느 기사에는

'독이 든 성배'라는 표현을 쓰며 과연 적절한 가치가 있는지에 대해 의문을 제기하기도 했다.[200] 여러 대기업이 거론되었지만 결국 이베이코리아는 신세계에 인수되었다. 이러한 신세계의 전략을 월마트가 이커머스 인재 확보를 위해 제트닷컴을 인수했던 사례와 유사하게 분석하는 경우도 있다.[201] 하지만 실제로 뜯어보면 월마트가 인수한 제트닷컴은 월마트의 온라인 산업 성장에는 크게 기여했으나 2021년 결국 서비스를 종료했다.

일단 이베이코리아를 인수한 것만으로도 각종 월간 TOP5 그래프에 신세계가 한 자리씩 차지했고, 언론사에서도 네이버, 쿠팡과 함께 3강 구도라는 말을 썼다. 하지만 추가적인 성장이 강력하게 작용할지는 이베이 인력들의 일하는 방식이 SSG에서 얼마나 받아들여지고 살아남느냐에 달려 있다고 생각한다.

11번가는 코로나 특수에도 오히려 적자로 전환되고 특별한 임팩트를 주지 못했다.[202] 2020년부터 떠들썩했던 아마존 지분 인수설이 낭설로 밝혀지면서 실망을 안겨주었으나 하반기에 아마존의 글로벌 스토어를 11번가 내에 구현하는 제휴 협업을 맺은 것이 알려지며 다시금 기대를 모았다. 11번가는 자체적인 멤버십 서비스를 SKT에서 만든 'T우주'라는 구독 멤버십에 포함시켜 무료 배송과 할인 쿠폰을 지급했다. 11번가 사용자는 아마존 글로벌 스토어가 오픈하면서 월 947만 명에서 15% 증가해 991만 명까지 늘었는데, 한 달 만에 다시 960만 명으로 떨어지며 아마존 이슈가 큰 영향을 미치지 못했음을 보여주었다.[203]

이외에 소셜 삼형제로 쿠팡과 함께 성장한 티몬과 위메프는 많은 부침과 노력을 반복하고 있으나 이미 쿠팡과는 격차가 많이 벌어진 상태다. 쿠팡의 매출이 2016년 1조 9,000억 원에서 2021년 22조 원으로 급증하는 사이 티몬은 2016년 2,860억 원에서 1,290억 원으로 줄었다.[204] 유일하게 남아 있던 1세대 쇼핑몰인 인터파크도 결국 매각되어 야놀자의 품에 안겼다.[205] 이로써 1세대 쇼핑몰인 인터파크, 롯데닷컴, G마켓은 아슬아슬하게 명맥이나 흔적만 남고 개별 기업으로는 존재하지 않게 되었다.

대기업이 된 카카오와 IPO

사실 이커머스에서 다루기에는 카카오의 입지가 넓은 편은 아니다. 카카오는 몇 년간 카카오커머스를 통해 체질 개선을 하려고 노력했으나 톡딜과 선물하기의 안착에도 불구하고 네이버처럼 더 큰 밸류의 커머스로 성장하지 못했다. 기존에 분사했던 회사를 다시 CIC•로 카카오에 포함시키고 카카오페이와 카카오스타일, 라이브 커머스를 운영하는 그립••과 협업하여 가치를 만들어가는 상황이다.

이 시기의 카카오는 사실 '주식'으로 더 기억된다. 2020년은 코로나로 인해 갈 곳 없어진 유동 자금이 주식과 코인 등으로 흘러들어온 때다. 마침 카카오 계열사들이 IPO를 하면서 카카오가 시가총액 1위를 차지하고, 공모주로 이득을 본 사람들이 카카오를 열성적으로 지지하

• 사내 독립 기업(Company-In-Company) : 혁신을 주도하고 사업 효율성을 높이기 위하여 기업 내부에 조직하는 스타트업.(출처 : ICT 시사상식)

•• 그립(Grip) : 누구나 입점하여 판매할 수 있는 라이브 커머스 쇼핑몰.

며 팬덤 같은 현상이 일기도 했다. 이들은 카카오의 핵심 계열사들이 상장할 때마다 공모주를 넣고, 내부 직원들이 소위 '따상'의 혜택을 받는 것을 많이 부러워했다.

그런데 카카오뱅크, 카카오페이, 카카오모빌리티와 같은 굵직한 계열사들이 상장을 앞두고 있을 무렵 금융소비자보호법, 이른바 '금소법'이 개정되었다. 핀테크 회사의 가장 큰 자산이었던 보험 광고를 '중개 거래'로 봐야 한다는 발표가 나면서 제재 조치에 들어갈 수 있게 된 것이다. 이럴 경우 핀테크 사업은 주요한 수익 구조를 잃어버려 어려움에 처한다.[206] 하지만 방법이 없던 카카오페이는 결국 유예 기간 동안 보험 판매를 바로 중단했다.[207] 그런데 공교롭게도 이때부터 카카오 주가가 계속 하락하기 시작했다. 처음에는 금소법의 영향이었으나 다른 이유도 있었다. 2022년 카카오 수장으로 임기 예정이었던 카카오페이 경영진이 카카오페이 주식을 매각하면서 소위 '먹튀 논란'에 휘말린 것이다. 주식 시장에 제동이 걸리고 카카오의 상장이 조심스러워지면서 카카오 경영진과 내정자가 교체되었다. 하지만 교체 후에도 여러 주식과 관련한 사건들로 카카오 내부는 많이 혼란스러웠다.

풀필먼트의 연결이나 콘텐츠의 증가, 커머스의 확대 등 전략적 방향은 제대로인데 앞으로 어떻게 이 연결 고리를 만들어나갈지 풀어야 할 숙제가 많아 보인다.

배민과 퀵 커머스, 그리고 커머스 기업

2019년 마지막을 해외 기업 M&A로 마친 배달의민족도 한동안 따가운 시선을 받아야 했다. 가장 큰 난제는 '독과점방지법'이었는데, 딜리버리히어로가 주요 음식 배달 앱 세 개를 모두 소유하는 것이 가능하냐는 것이었다. 이에 대해 공정위는 인수 조건으로 '요기요' 매각을 걸었고, 딜리버리히어로 측은 처음에는 동의하지 못하겠다고 했으나 결국 수긍했다.[208] 그렇게 요기요는 2021년 GS리테일로 매각되었다.

험난한 인수 과정을 겪고 만난 또 다른 난관은 광고 수수료 변경에 대한 거센 반발이었다. 기회 균등을 명분으로 기존의 울트라 광고 방식을 바꿔 '오픈 서비스'를 발표했는데 여기서 문제가 발생했다. 오픈 서비스의 핵심은 개인화 광고로 사용자의 광고 영역에 노출될 때만 수수료가 부담되는 식이다. 광고 영역의 콘텐츠가 순환되게끔 하려는 것이 목적이었는데[209] 문제는 셀러들이 광고를 이용하고 싶지 않아도 이용하게 만드는 방식이라며 강매라고 받아들인 것이다. 2019년 매출의 신장에도 불구하고 4년 만에 적자가 난 배달의민족이 이익을 개선하려고 일부러 광고 방식을 바꿨다는 추측도 있었다. 하필 이 상황이 공정위에서 딜리버리히어로의 매각에 대해 허용 여부를 고민하던 시점이었던 터라 분위기는 더 악화됐다. 일부 사람들은 이렇게 되면 배송료나 음식 가격에서 피해 보는 것은 결국 고객이라며 '배민 불매 운동'을 언급했고, 플랫폼이 강제로 부과하는 광고료가 독과점 문제의 핵심이라고 말하는 사람도 있었다. 반대 측 사람들은 수익 구조를 만들려는 스타트업에 대한 국가의 지나친 간섭이라는 주장을 펼쳤다.[210] 그러나 합병

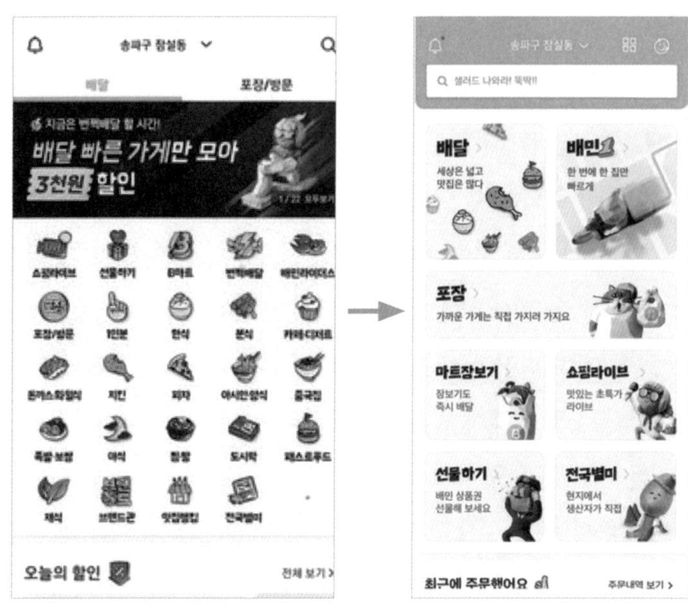

배달의민족 홈 화면 변경 전

배달의민족 홈 화면 변경 후

승인의 중요한 시점이었기에 배달의민족은 오픈 서비스를 한 달 만에 포기하고 기존의 구조로 돌아갔다.[211] 재미있는 점은 이 시기를 틈타 경기도에서 관영 배달 앱을 만들겠다고 선언하고 NHN에 수주하여 '배달특급'을 만들었다는 점이다. 이 서비스는 경기도 지역 페이를 쓸 수 있도록 하여 복지 정책의 일환으로 사용되고 있다. 사기업의 열정을 관영 사업이 따라할 수 있을까에 대한 물음에 이제 많은 결과들이 '아니오'라는 답을 주고 있다. 플랫폼의 독과점은 분명 문제가 있지만 그렇다고 국가가 플레이어로 뛰어도 되는지에 대해서는 고민해봐야 한다.

배달의민족은 그래도 꾸준히 앞으로 나아갔다. 쿠팡이츠가 빠르게 성장하면서 여러 부분에서 경쟁 구도가 생기긴 했지만, 11년 만에 홈

화면을 개편하고 좀 더 이커머스적인 구도를 잡아갔다. 배송 유형과 사업 영역을 명확히 하여 다양성을 강조한 것이다. 특히 '선물하기', 'B마트', '쇼핑라이브', '전국별미'와 같은 상품은 배민 범주에서 확장된 서비스들이다. '우아한테크콘서트2021'에서 김범준 대표는 배달의민족이 이커머스 플랫폼으로 진화할 것이라고 말하기도 했다.

B마트는 지역의 마이크로 풀필먼트 서비스에 대한 고민을 할 수 있는 거점이 되었고, 코로나 시대의 비대면 배송을 위해 개발한 드론도 매장 인력 감소를 위해 사용하는 곳이 많아졌다. 한 가지 고민은 팬데믹 시기를 지나면서 음식 배송량이 너무 많이 늘어 배달 기사의 인권과 위험성, 비용 등에 대한 이슈가 불거지고 있다는 점이다.

배달 비용과 인력에 대한 문제는 코로나 시기 모든 국가에서 일어나는 문제였지만 미국이나 영국에서는 인력이 수급되지 않는 것이 문제라면, 우리나라는 공급보다 수요가 너무 많아 배달 위험이 높아지고 있는데도 배송료가 제자리걸음이라는 것이 문제였다. 과잉된 택배량과 비정상적 수익 배분 방식에 지친 택배기사들은 특정 택배사를 중심으로 파업을 진행했다. 2021년 12월에 시작된 이 파업은 2022년 3월까지 64일간 이어지며 많은 불편을 야기했다. 택배 파업은 끝났지만 업무 환경 문제가 해소되지 않는다면 지속 가능한 이커머스는 없다고 생각한다.[212]

그 밖에 눈여겨볼 곳들

가장 선호하는 이커머스가 쿠팡이라면, 가장 체류 시간이 긴 앱은 당근마켓이다.[213] 당근마켓도 판매자와 구매자 간의 거래가 일어나지만 이커머스라고 부르지는 않는다. 그 이유는 상호 간에 거래에 결제 수단을 제공하는 결제 플랫폼이 아니기 때문이다. 그런데 당근마켓도 2020년의 가파른 성장 후 추가 투자를 받으면서 수익화를 위해 이커머스로 부분적인 변신을 하기 시작했다. 결제 수단을 제공하면 안정성도 높아지고, 여러 사업으로 확장하기도 쉬워지기 때문이다. 당근마켓은 유재석이 당근마켓을 통해 자전거 타는 것을 가르쳐주는 TV PPL처럼 '하이퍼 로컬 커뮤니티'로서 중고 거래 외에도 다양한 가치를 교환할 수 있는 서비스가 되기를 바라고 있다. 그런 의미에서 보면 지역에서 활발한 거래를 지원할 수 있는 결제 기능이 이제야 마련되었다고 봐야 할 것이다.[214]

마켓컬리는 쿠팡에 이어 나스닥에서 IPO를 준비하던 기업이다. 하지만 여러 이유로 지금은 일단 연기 중이다. 그 과정에서 마켓컬리는 최근 두 가지 행보를 보여주었는데, 첫째는 PG사를 인수한 것이고, 또 하나는 여성 강연 플랫폼인 '헤이조이스'를 인수한 것이다.[215] PG사 인수는 중개 거래를 확충해 상품의 다양성을 높이려는 의도가 크다. 헤이조이스 인수는 예상컨대 서로 겹치는 타깃 군을 바탕으로 해당 콘텐츠가 마켓컬리에 재방문하는 요소가 되도록 상호 공생 관계를 만들어낼 것이라 추측된다.

또 하나 눈여겨봐야 할 곳은 토스다. PG사를 인수한 토스는 2020년

증권사 인증을 신청해 2021년에는 증권 앱까지 오픈했다. 토스는 링크페이라는 결제 대행 서비스를 하고 있어 나름대로 커머스로의 연결 고리를 잘 만들어가고 있다. 또한 은행 간 마이데이터 기반의 오픈뱅킹 서비스가 연결되면서 이체 과정에서 드는 수수료도 많이 절감했다. 토스는 어차피 은행을 보유하고 있으니 포인트나 현금을 직접 사용자의 토스 은행 계좌에 넣어서 입출금 관리를 하면 포인트 개념의 토스머니를 대체할 수 있다. 그런 이유로 2021년 토스는 충전식 포인트였던 토스머니와 토스머니 카드 서비스를 순차적으로 중단한다고 발표했다.[216]

문화적 맥락에서 중요한 두 가지 키워드

2020년과 2021년의 변화는 여기에 기록되지 않은 사건이 무수히 많다. 중요한 것은 사건들이 연결되어 만들어지는 문화적 맥락에 있다. 이 맥락에서 두 가지 키워드를 뽑아볼 수 있는데, 플랫폼이 성장하면서 어떤 특정한 영역을 깨고 사업의 경계 없이 바로 융화된다는 '빅블러'와 '글로벌'이 그것이다. 사업의 경계가 없고 국경도 없을 뿐 아니라 더 이상 내수형 고객만이 아닌 외국 시장을 누비며 성장하는 플랫폼이 필요하다는 의미이다. 판매자도 구매자도 외부에서 더 진입시킬 수 있다면 우리 시장은 더 성장할 수 있다. 그렇게 유입되는 고객들은 기존의 서비스를 더 편리하고 좋은 쪽으로 진화시켜나갈 것이다.

금융업의 경계를 허무는 선불식 전자결제 지급 수단

2019년도에 금융시장을 가장 핫하게 달군 이야기는 다름 아닌 “스타벅스가 은행의 라이벌이다.”라는 멘트였다. 이유는 바로 ‘스타벅스 카드’에 사용자들이 많은 돈을 충전해두었기 때문인데, 2021년 기준 무려 1,800억 원에 육박했다. 국내에서는 금융업이 아닌 곳이 포인트 보유액을 투자해 포인트 소유자에게 이자를 주는 것이 불법이다. 하지만 해외에서는 스타벅스가 은행처럼 이 금액을 직접 운용하고 있다. 2016년 미국 스타벅스가 보유한 현금은 12억 달러(약 1조 4,000억 원)였고 이는 지방 은행의 현금 보유량보다도 큰 기록이라고 한다.[217] 스타벅스가 이 보유고를 은행에 예치하는 것만으로도 이익은 엄청나다. 중국도 현금을 위챗페이에 충전해두고 해결하는 경우가 훨씬 더 많다.

국내에서도 이러한 현금성 포인트 충전을 통한 선불식 전자결제 지급 수단이 사업적 핵심으로 떠올랐다. 해당 기능이 나온 지는 오래되었지만 사실 사람들이 미리 충전을 해놓을 동인이 부족했는데, 2016년에 론칭한 N페이에서 N포인트를 자동 충전 방식으로 사용할 수 있도록 마케팅하면서 훨씬 더 많은 사업 아이템이 떠올랐다.

간편결제가 쉬워진 이 시점에 충전 적립 방식이 유행하는 이유는 이자 수익 때문만은 아니다. 더 큰 이유는 충전금을 통한 사용자 ‘락인’이 가능하기 때문이다. 국내 이커머스는 PC 시절부터 가격 경쟁이 심했고, 네이버 가격 비교는 이를 부추겼다. 그런데 메타 쇼핑의 한계를 이겨내야 하는 상황에서 네이버도 전부 입점시켜 판매하는 내부 상품으로 변경할 수는 없었다. 여기서 네이버는 페이먼트 사업의 특장점을 활용해 '페이를 쓰기만 해도 타사의 이커머스가 자사의 이커머스가 되는' 형태를 만들어냈다. 충전금이 남아 있을 경우 해당 금액을 소진하기 위해 다시 돌아올 가능성도 높고, 더욱이 보유고가 높아서 이자 수익을 낼 경우 이에 대해 포인트로 리워드를 해줄 수도 있다(단, 이럴 경우 앞서 말한 이자 수익 제공이라는 유사 수신 논쟁이 있을 수 있으므로 별도의 환금이 되지 않는 마케팅 비용성 포인트로 제공해야 한다). 게다가 선불식 전자결제 지급 수단은 포인트뿐 아니라 '금융 상품권' 거래도 포함하고 있다. 즉 '○○이용권' 같은 자사 이용권을 판매하거나 '배민 선물하기'처럼 포인트를 선물할 수도 있다. 본인뿐 아니라 네트워크 효과를 통해 이용자를 넓힐 수 있는 방식이다.

그렇다면 모든 기업이 선불식 전자결제 지급 수단을 차용한 충전식 포인트를 만들면 되지 않을까? 여기에는 제약이 있다. 국내의 PG(전자결제업)와 선불식 전자결제지급수단업은 동일한 기준액에 보유고만 다르게 한 허가제로 운영된다. 그래서 모든 기업이 운영할 수는 없다. 일부 작은 소호몰이나 기업이 충전 포인트를 운영하는 경우 대부분 직매입을 통한 자사 판매자로서 선급금 형태로 운영하는 것이다. 10개 이상의 거래처를 중개하는 경우 선불식 전자결제지급수단업이 필수적이다. 최소 외부의 전자결제 회사의 도움을 얻어서라도 충전식 포인트를 만들어야 한다. 왜 이렇게 까다롭게 허가권을 주는지는 2021년의 머지포인트 사태를 보면 알 수 있다. 머지포인트 사태는 전형적인 '폰지사기' 형태로, 포인트 사용 시 높은 할인 혜택을 주는데 이 할인액을 새로 충전되는 현금으로 충당하는 방식이다. 이런 식으로 돌려막기를 하다 보면 언젠가는 보유고가 바닥나는 상황에 이른다. 안전망이나 보유고가 없는 기업이 포인트를 운영할 경우

무한 발행되거나 충전되어 '폰지사기' 형태로 전락하기 쉬우므로 안전망을 두려는 것이다. 머지포인트 사태 이후 내부에서 운영하는 충전식 포인트에도 더 강한 규제를 두어 부분적인 외부 신탁을 통해 보유고의 안전성을 보존하자는 목소리가 높아지고 있다.[218]

충전식 포인트에 성공 사례만 있는 것처럼 보일 수 있지만, 아닌 경우도 있다. 토스는 충전식 포인트 사업이던 토스머니를 철수하기로 했다. 토스가 인터넷 전문 은행과 증권사를 모두 보유하게 되고, LG유플러스에서 PG사업을 인수해오면서 더 좋은 핀테크 환경을 갖추었기 때문이다. 하지만 토스에도 부족한 조각이 있다. 바로 '이커머스'다. 결제 수단으로 쓸 현금이 많아도 이커머스가 있어야 의미 있는 고객 정보 데이터 확보가 가능하다. 그래서 토스는 2021년 충전식 포인트를 없애고 '링크페이'라고 부르는 단일 상품 단위 이커머스 솔루션을 오픈했다. 인스타그램이나 블로그에서 판매하는 사람이 쉽게 사용할 수 있는 솔루션이다.[219] 또한 이커머스 호스팅사인 '식스샵'에도 투자했다. 2019년부터 계속해서 원하던 '티몬'을 매각하는 것도 검토하고 있다. 어떤 방식으로든 이커머스에 진입해올 것이라고 생각한다.

계속해서 사용되지만 욕을 먹는 사례도 있다. 바로 카카오페이다. 카카오페이는 간편결제 카드 등록 방식의 카카오페이와 충전식 포인트로 운영되던 카카오머니를 합쳐 카카오머니를 중심으로 재편했다. 등록된 결제 수단에 자동 충전 후 포인트로 결제되는 구조를 가지는데, 편의성에 비해 리워드가 너무 적어 욕을 먹고 있다. 네이버는 N포인트 사용 시 멤버십과 결합하면 최대 6%까지 통큰 포인트 적립이 일어나는 반면, 카카오는 보너스 게임처럼 룰렛 형태의 '알'을 깨면 고작 10원, 20원의 리워드가 적립되는 등[220] 도리어 반감을 샀던 것이다. 결국 2022년 1월을 끝으로 카카오페이는 '알 리워드' 프로모션을 종료했다.

디지털 트랜스포메이션을 앞당긴 코로나19와 뉴노멀

2020년은 새해 벽두부터 새로운 전염병 소식이 들려왔다. 처음에는 다른 나라 일인가 보다 하고 '사스'나 '메르스' 때를 기억하며 몇 달 안에 지나가겠지 생각했다. 하지만 상황은 점점 더 나빠졌다. 이커머스 업계에서 코로나의 영향이 커졌다고 느낀 것은 '마스크 대란'이 일어나면서부터다. 확진자가 증가하고 마스크 착용이 필수가 되면서 사람들은 KF94 마스크를 구하기 위해 이커머스를 뒤졌고, 재고 관리가 제대로 되지 않던 이커머스들은 취소에 의한 클레임 문제와 재고 확보 문제로 골머리를 앓았다. 2020년 상반기는 내가 롯데ON을 오픈시키기 위해 막판 테스트를 진행했던 시기이다. 당시 오픈 이벤트로 KF94 판매 행사를 했는데, 과주문이 발생하여 꽤나 고생했다.

코로나19는 '비대면'이라는 키워드를 내세우며 이커머스를 비롯한 모든 온라인 서비스를 성장시켰다. 대표적인 수혜 업종에는 이커머스, 화상채팅, 팀 생산성, 홈스쿨링, 중고 거래, OTT, 온라인 장보기가 있었고, 음식 배달 시장의 성장세도 굉장했다. 피해 업종에는 여행, 숙박, 광고(광고주가 없어짐으로 인해), 공유경제(우버, 에어비앤비, 위워크)가 있었다. 오프라인을 통해 이루어지는 모든 업종의 피해가 상당했다. 특히 공유 경제는 우버를 시작으로 오랜 기간 수익화를 위해 노력하던 업체들이 타격을 받으며 다른 상품으로 피보팅•하거나 주가가 떨

● 피보팅 : 환경 변화에 따라 기존 시스템은 유지하고 일부 사업 방향성을 새롭게 전환하는 전략.

어지는 위기를 겪었다.

반대로 코로나 팬데믹 환경에서 성장할 것으로 기대되어 투자와 서비스가 이루어진 곳도 여럿 있었다. 라이브 커머스, 자율 주행 드론, 정신 건강에 관련된 서비스였다. 오프라인에서는 비대면 키오스크가 활성화되면서 생각지도 않던 '디지털 트랜스포메이션'이 강화되었다.[221] 한때 아마존의 오프라인 매장 진출을 보면서 늘어났던 플래그 스토어들은 특별한 성과 없이 자취를 감췄다.

세상은 빠르게 바뀌었다. 이른바 '뉴노멀New Normal'이 디지털 세상의 표준이 되면서 원래 속도의 10배가 넘는 빠르기로 이동했다. 마이크로소프트 CEO인 사티아 나델라는 자체 행사인 'Build 2020'에서 코로나 이후 2년의 변화가 두 달 만에 일어났다고 발표했다. 이 시기를 겪으면서 지금까지 미뤄왔던 50대 이상 시니어들의 온라인 서비스 활용도가 높아지고, 50대 이상 의류 쇼핑몰인 퀸잇의 성장세가 두드러졌으며, 마켓컬리에도 50대 이상 사용자가 166% 증가했다. 배달의민족은 50대 이상 결제자가 2019년도 8월 88만 명이었는데 2021년도 8월 234만 명으로 급격히 상승했다. 비대면이 익숙해지는 것을 넘어 새로운 세상을 만들어갈 것이라는 '메타버스'도 2021년 가장 핫한 트렌드였다.

2020년과 2021년은 코로나에 의한 영향력을 무시하지 못한다. 그중 여기서 더 다루고 싶은 것은 이커머스 업계에 종사하는 사람으로서 느꼈던 이 시기의 영향에 대한 점이다.

먼저 '코로나 특수'로 이커머스 업계는 크게 성장했는데, 이 와중에도 성장하는 플랫폼과 패색이 짙은 플랫폼의 차이가 굉장히 컸다는 점이다. 업계에서는 이에 대한 스트레스가 심했다. 이 시기를 제대로 활용해야 한다는 위기의식과 비대면으로 콘텐츠와 트래픽을 모아야 한다는 조바심은 라이브 커머스나 콘텐츠 서비스를 개발하려는 움직임으로 나타났다.

무엇보다도 가장 크게 체감한 문제는 온라인 서비스 인력의 이탈과 수급 문제였다. 이 시기에 성장한 이른바 '네카라쿠배당토'●는 더 성장하기 위해 인원 확보를 공격적으로 했고, 온라인 사업이 주력이 아니던 곳들도 온라인 사업을 주력화하기 위해 IT 인력 채용에 열을 올렸다. 그러자 개발자들의 몸값이 상승하고 온라인 서비스 기획자 및 운영 인력들의 이직도 많이 일어났다. 이 시류에 편승해 IT 관련 직무로 전직하려는 사람도 생겨났다. 이를 바탕으로 온라인 교육 시장은 IT 관련 코딩, 디자인을 넘어서 기획, 마케팅 교육 프로그램과 커리어 커뮤니티가 활성화되었다. 퍼블리, 폴인, 아웃스탠딩, 브런치, 미디엄 같은 인사이트와 업계 실무에 대한 글을 볼 수 있는 곳 또한 성장했다.

제조업 기반이었던 대기업에서는 코로나로 인한 위기가 커지자 공채 채용 방식을 중지하고 상시 채용과 경력직 채용으로 전환했다. 2022년 초까지 남아 있는 대형 공채는 삼성그룹뿐이다. 대학생들은 조금이라도 취업 가능성이 있는 직군을 찾아 교육을 받고 공부하고 있다. 온라인 업계에서 일하는 내 입장에서는 지금처럼 이 업종 인력에 대한 선호도가 높은 호황기를 처음 겪었다.

그런데 문제는 호황기를 맞아 엄청난 인재 교육이 이루어지고 있는데도 당장 성과를 창출할 인력이 부족하다는 사실이다. 외주 방식으로 자체 업력을 키우지 못하고 제네럴리스트 형태로 성장한 대기업 직원이나 갓 아카데미를 졸업한 구직 지원자들은 갈 곳을 찾지 못해 고민에 빠졌다. 이는 국내 IT산업을 구성하던 기존 방식의 한계가 이 시점에 극명하게 드러나며 발목을 잡은 상황이라 할 수 있다.

진정한 변화는 IT와 온라인 산업의 틀 밖에 있는 사람들에게서 일어났다. 여

● '네이버, 카카오, 라인, 쿠팡, 배달의민족, 당근마켓, 토스'의 줄임말.

행 금지로 여행사들이 망하고, 비대면 강화로 백여 개의 마트와 수백 개의 은행 지점이 문을 닫으면서 수많은 사람이 일자리를 잃거나 강제 휴직을 당했다. 그러자 플랫폼 노동자로서 N잡을 하는 사람들이 생겨났다. 스마트스토어나 배달 대행 등 할 수 있는 일들은 많았다. 이는 셀러를 계속해서 늘려야 하는 온라인 플랫폼들의 니즈와도 딱 맞는 조합이었다. 이와 더불어 주식과 코인, 부동산 등의 등락 폭이 심해지면서 사람들은 직장에 대한 불만이 더 커졌고, 이제 세상은 자의 반 타의 반 프리워커의 시대로 향하게 되었다.

개인의 이익을 중요시할 수밖에 없는 환경과 '플랫폼 노동'에 익숙해진 N잡 세대 사람들의 관심은 'NFT'와 '웹3.0'으로 이어졌다. 일단 NFT의 경우 부동산이나 주식으로 큰 돈을 번 사람들이 그림 투자를 즐기다가 다음 투자처로 떠오른 것이다. 플랫폼 노동을 통해 온라인 플랫폼에서의 활동이 이익으로 치환되는 것을 겪은 세대들은 커뮤니티 활동을 포함한 모든 활동이 가상화폐 등의 이익으로 실현되길 바라며 NFT와 웹3.0을 선호했다. 메타버스, NFT, 웹3.0으로 이어지는 일련의 변화에서 사람들의 욕망의 바탕에는 결국 코로나 팬데믹 사회로 촉발된 급격한 디지털 사회로의 전환이 깔려 있었다.

그런데 중요한 것은 어떤 형태로든 거래가 일어난다면 그것이 블록체인 기반의 '콘트랙트'•이든 현금 거래이든 넓은 범주에서 이커머스에 속한다는 점이다. 플랫폼 문법이 '분산화된 서비스'로 바뀔 수는 있어도 온라인에서 거래가 일어나고 이에 대한 지불이 일어난다는 점에서 이커머스의 문법을 벗어나지 않는다. 이 부분을 어떻게 풀어 이 시장에서 살아남을 것인가는 지금의 나를 포함한 이 시대 모든 사람의 숙제일 것이다.

• 콘트랙트 : 블록체인에서 블록이라는 기록을 남기는 기준으로 웹의 '트랜잭션'과 유사하다.

메타버스, NFT, 웹3.0

메타버스 실제 세상을 초월한다는 의미의 '메타Meta'와 세계, 우주를 의미하는 '유니버스Universe'를 합성한 신조어. 실제 세상과 다른 온라인 속 가상 세계로서 디지털 세상의 속성을 의미한다. 메타버스 내에서는 인격이나 사회의 규칙이 현실과 달라질 수 있다. AR(증강 현실)이나 블로그와 같은 개념을 포괄하고 있으나 대체로 3D 형태의 가상 공간을 기반으로 한 커뮤니티가 대표적인 형태로 인식되고 있다. 2020년 코로나 시대에 비대면으로 사회를 이루는 메타버스에 대한 관심이 높아지면서 3D 가상 세계 게임들이 메타버스의 주요한 형태로 각광받았다. 대표적인 서비스로 로블록스, 제페토, 포트나이트 등이 있다.

NFT 대체 불가능한 토큰Non-Fungible Token은 블록체인에 저장된 데이터 단위이자 고유하면서 상호 교환할 수 없는 토큰을 뜻한다. 대체 불가능하기 때문에 각기 고유성을 가지고 소유할 수 있다. 기존에 쉽게 복제 가능한 디지털 파일도 고유성과 소유에 대한 기록을 가질 수 있어서 온라인상에서의 소유권 개념으로 2021년부터 크게 각광받고 있다.
단, NFT 소유권은 저작권과 다르며 거래 가치도 고정되지 않기 때문에 여전히 사용처에 대해서는 명확하지 않다. 다만 웹3.0 형태가 정착된다면 오프라인에서 제품들이 가지는 희소성을 디지털에서도 구현할 수 있는 방법으로써의 가능성이 있다.

웹3.0 다음 세대 웹 서비스를 말한다. 콘텐츠 생산자와 소비자가 자유롭게 소통할 수는 있으나 모든 데이터가 플랫폼 서비스로 대표되는 것이 웹2.0이라면, 웹.0은 블록체인 기반으로 중앙 서버가 아닌 탈중앙화된 데이터 소유 개념을 가진다. 콘텐츠 생산자는 자신이 생성한 콘텐츠의 소유권을 가지며, 콘텐츠가 사용될 때 이에 대한 블록체인 기반의 정당할 보상을 받을 수 있다. 다수의 사용자가 있어야 가능하기에 커뮤니티 성격이 메타버스와 함께 거론되며 저작물의 소유권과 보상의 개념이 NFT와도 일맥상통한다. 더 자세한 내용은 윤준탁 작가의 《웹3.0 레볼루션》을 추천한다.

엔데믹, 전쟁, 인플레이션, 제2의 닷컴버블

2022년 현재, 상황은 또 빠르게 변화했다. 2022년 초부터 코로나 팬데믹이 끝나는 이른바 '엔데믹'이 선언되면서 사람들의 생활이 급격히 달라졌기 때문이다. 2022년 2월부터 시작된 코로나 확산은 3월에 절정을 이루었고, 걸릴 사람들은 다 걸렸다는 생각에 사람들은 집 밖으로 나오기 시작했다. 배달 음식은 외식으로 바뀌었고 쇼핑몰에는 사람들이 넘쳐났다. 해외여행도 나가기 시작했다.

가장 큰 타격은 이륜자동차 배송 업계에서 일어났다. 배달의민족 트래픽은 엔데믹 이후 급격히 떨어졌다. 2022년 5월 배달의민족 MAU는 약 1,993만 명으로 집계되었는데 2,000만 명 이하로 집계된 것은 2021년 5월 이후 딱 1년만의 일이다. 2021년 12월 905만 명까지 MAU를 확보했던 요기요도 2022년 5월 765만 명까지 내려갔다. 쿠팡이츠 역시 506만 명에서 450만 명으로 100만 명이 사라졌다.[222] 사용자가 사라졌다는 것은 그만큼 이륜 배달에 참여했던 라이더의 이탈도 있었다는 뜻이다. 사용자들이 떠난 이유에는 엔데믹과 더불어 높아진 배달료도 있었다. 그리고 그 배달료 이면에는 전 세계적으로 늘어난 유가 문제와 인력난, 인플레이션이 있다.

팬데믹 시절부터 쌓인 국제적인 변화가 역으로 움직였다. 2021년 말부터 전 세계적으로 유통 공급망과 물자 이동 관련한 인력난이 나타났다. 팬데믹으로 인해 그만둔 사람들이 돌아오지 않은 경우가 많았기 때문이다. 그러자 수입에 의

월별 코로나 누적 확진자 수

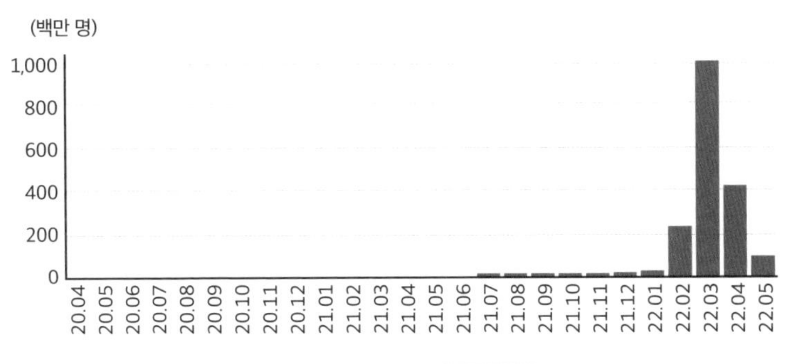

누적 확진자(월) : 11,495명

출처 : https://kosis.kr/covid/covid_index.do

존하는 물자들에 문제가 발생했다.[223] 국내에서는 요소수 부족 문제부터 맥도날드에 감자튀김이 없어지는 상황까지 생겨났다. 유가도 급등했다. 최대 산유국 중 하나인 미국 원유의 재고 감소로 서서히 올라간 유가는 러시아의 우크라이나 침공으로 내려오지 않고 있다.[224] 또한 역대급 가뭄으로 전 세계 식품 생산량이 감소할 것으로 예상되고 우크라이나 역시 대형 밀 생산국 중 하나였기 때문에 식품 인플레이션이 예고되고 있다.

하지만 가장 큰 타격은 2021년 고공 행진을 하던 주가의 폭락이다. 코인 시장 역시 무너졌다. 그 와중에 스테이블 코인을 표방한 '테라'를 기반으로 한 '루나'의 가치가 거의 휴지 조각으로 무너져내리면서 전 세계 수많은 투자자가 큰 돈을 잃었다. 이 문제는 사법 처리를 위한 조사로 이어지고 있다.

미국 연준에서는 금리를 높여서 인플레이션을 잡는다는 이야기가 나오고 있고, 부동산 시장 역시 영향을 받을 것으로 예상된다. 2022년 다각도로 몰아친

금융 시장 문제의 여파는 이제 스타트업 업계로 쏠리고 있다.

2020년부터 2021년까지 엄청난 IPO와 M&A들이 이어지며 스타트업 시장에서는 몇백억 투자가 대수롭지 않았다. 개미 투자자들 역시 주식을 바탕으로 '파이어족'을 꿈꿨다. 스타트업의 스톡옵션이 의미가 없다는 이야기가 나오고, 수많은 언론에서 '제2의 닷컴 버블'이라는 뉴스가 흘러나오며 이른바 '스타트업 옥석 가리기'의 시기가 되었다고도 한다. 실리콘밸리의 스타트업 분위기는 2022년 1월부터 냉각되었다. 피치북에 따르면 2022년 1월부터 3월까지 VC 투자 규모가 무료 26%나 감소했다고 한다.[225] 투자 축소는 인원 감축으로 이어졌다. 실제로 메타(구 페이스북)와 아마존 등 주요 테크 업체에서도 인원 감축 이야기가 나오기 시작했다.[226] 국내 기업들도 IT 직종 채용에 대해 보수적으로 돌아서는 추세다. 특히 2021년 과열됐던 개발자 채용 분위기가 달라졌다.[227] 투자로 유지했던 유동 자금이 줄어들었기 때문이다. 2000년대 초 닷컴버블 직후의 모습이 오버랩되고 있다.

결국 각 기업은 비용 절감과 수익 개선, 투자 없이 살아남는 법을 또 알아내야 한다. 단, 닷컴버블 직후와는 다른 점이 하나 있다. 온라인 서비스 이용 경험과 프로모션에 길들여진 수많은 사용자를 대상으로 서비스를 만들어야 한다는 것이다. 물론 무기는 조금 더 많이 생겼다. 일하는 방식과 사고 방식이 변하는 과정에서 데이터를 볼 줄 아는 눈과, 시스템이 아닌 '프로덕트'로서 가치 있는 서비스를 만드는 법에 대해 익혔기 때문이다. 실리콘밸리보다 조금 늦은 변화이지만 앞으로의 위기 상황은 기업의 진짜 실력이 드러나는 귀한 시기가 될이다. 물론 더 이상 운빨이 통하지 않고 오로지 실력으로 승부하는 가혹한 시기가 되겠지만 말이다.

이커머스를 보는 현직자의 인사이트

고객의 구매 여정과 이커머스 선택 가치 체계의 변화

이커머스 구매 여정은 어떻게 변해왔을까

UX 이론에서는 사용자가 프로덕트를 통해 어떤 욕구를 해소하려 할 때 머릿속에 이미 학습된 패턴이 있다고 한다. 예를 들어 은행에서 송금을 한다면, 사용자의 머릿속에는 다음의 순서가 자리하고 있다.

은행 앱을 켠다. → 로그인을 한다. → 송금 가능한 돈이 담긴 통장을 선택한다. → 송금할 대상 계좌를 입력한다. → 비밀번호 또는 다양한 방식의 인증을 처리한다. → 송금 완료 안내를 보고 계좌에서 해당 금액이 줄어든 것을 확인한다.

이렇게 머릿속에 익숙한 프로세스를 가지고 있기 때문에 여기서 벗어나면 불안하거나 불편하다고 느끼고, 동일한 프로세스 안에서 편의성이 높아지면 편하다고 느낀다. 머릿속에 있는 이러한 그림을 '멘탈 모델'이라고 한다.

이커머스의 역사를 전체적으로 조망한 결과, 나는 대한민국 이커머스 사용자들이 다양한 멘탈 모델을 만들어왔다고 확신하게 되었다. 흔히 '혁신'은 이전의 방법을 송두리째 갈아엎는 것이라 여긴다. 그러나 이커머스 역사를 살펴보면 혁신이 꼭 모든 것을 바꾸지는 않았다는 사실을 깨닫는다. 계속해서 새로운 형태가 나타나더라도 사용자들의 구매 패턴은 기존의 멘탈 모델과 공존하는 듯했다.

간략하게 시대별로 사용자의 이용 방식을 정리해보겠다. 이 자료를 보면 나 역시 이커머스 사용자 중 한 사람으로서 내 머릿속에서 변화해온 멘탈 모델에 대해 생각하게 된다. 그 과정에서 누군가는 어떤 패턴에서 멈추고 누군가는 세대와 무관하게 계속 새롭게 변해온 것이 신기하게 느껴진다.

1996~2005

사이트별로 직접 접속하여 검색 혹은 탐색

초창기 이커머스들은 주소창에 직접 URL을 입력하여 이동하거나 포털 사이트에서 제공하는 사이트 디렉토리나 사이트명 검색 결과를 통해 접근했다. 일부 야생적인 커뮤니티나 공동 구매가 있었지만 대부분은 특정 사이트를 먼저 찾은 뒤 그 속에서 구매할 대상을 찾았다. 정액제 방식의 무제한 인터넷이 확대되면서 여러 사이트를 돌아보는 것이 어렵지는 않았으나, 아직까지는 인터넷 속도가 느린 편이라 여러 사이트를 찾아다니는 것은 부담스러웠다.

2006~2010

정보 수집 후 가격 비교 사이트를 통해 구매(트레저 헌터)

이른바 트레저 헌터의 시기로 뽐뿌나 DC인사이드 같은 전문 커뮤니티에 다양한 정보가 공유되기 시작하면서 좋은 구매 정보를 찾아다니는 사람들이 늘어났다. 너무 많은 쇼핑몰이 나타나면서 이런 고급 정보를 알려주려 노력하는 사람도 나타났다. 바로 블로거들이다.

이 시기에 RSS와 같은 블로그 구독 서비스가 나타났고, '네이버 파워블로거'와 같은 초기 인플루언서가 나타나면서 '바이럴 홍보'의 시대에 접어들었다. 사람들은 블로거들이 소개하는 제품과 경로에 열광하며 구매했다. 개인의 상품 리뷰가 판매의 중요한 척도가 되었고, 수많은 기업에서 바이럴 마케팅을 위해 리뷰를 양산하는 대행업체를 고용하곤 했다.

개인이 아닌 기업 차원에서 구매 상품을 쉽게 찾을 수 있게 해주는 서비스도 나타났다. 메타 쇼핑 서비스인 가격 비교다. 같은 제품이 다양한 이커머스에 멀티 입점되는 경우가 많아지면서 동질의 제품을 오로지 가격 혜택만으로 찾아볼 수 있게 모아놓은 메타 정보 서비스가 나타났다. 특히 국내는 '네이버 검색→네이버 블로그→네이버 가격 비교'로 이어지는 고객 멘탈 모델이 헤게모니를 장악했다. 사람들은 필요한 것이 있으면 일단 네이버 메인에 제품명을 검색부터 시작했다. 이러한 콘텍스트가 이커머스 사용자들의 이용 패턴으로 정착되면서 이커머스사들은 가격 비교 사이트에서 선택받기 위해 쿠폰을 발행하는 등 가격 경쟁에 뛰어들었다.

2011~2013

이메일 구독을 통해 핫딜 상품을 구독하고 타임 세일로 '쟁여두기'

모바일 초창기로 여겨지는 이 시기에는 소셜 삼형제의 조용한 성장이 두드러지게 나타났다. 당시 소셜 삼형제인 쿠팡, 위메프, 티몬은 미국의 그루폰과 마찬가지로 로컬 기반 딜 교환권 상품을 판매하거나 평소보다 수량이나 사이즈가 큰 '벌크Bulk' 상품을 단기간에 판매하는 등 기존에 없던 상품을 공동 구매 형태로 판매했다. 딜 상품들은 구매 기간이 제한적이었기에 이메일로 상품 스케줄을 사전에 안내하는 방식이 유행했다. 사람들은 필요한 물건을 미리 체크해두었다가 '쟁여두는' 방식으로 구매하기 시작했다.

소셜 삼형제는 말 그대로 소셜 커머스였기 때문에 페이스북이나 트위터 같은 뉴스 피드형 SNS를 바탕으로 구매자를 모았다. 덕분에 오프라인이나 광고에서는 볼 수 없던 제품이 새로운 세대에게 주목받으며 성장했다. 유명하지 않은 브랜드의 상품도 상세 페이지에서 충분히 설명하고 프로모션을 잘하면 높은 판매고를 기록했다. 한 개의 상품만 가지고도 성공하는 온라인 셀러가 등장할 수 있는 배경이 만들어진 것이다.

2014~2015

온·오프라인에서 상품을 발견하면 검색하여 정보를 얻은 뒤 구매 방식 결정

앞서 구글의 ZMOT 이론을 설명하며 언급한 것처럼, 사람들은 이제 새로운 상품을 인지하면 타인의 리뷰를 조회하는 등 상품에 대해 충분히 알아보는 시간을 가졌다. 카카오톡이나 SNS를 통한 공유가 활발해지고, '카톡의 1이 없어지지 않아도 서로 대화를 하는' 비실시간적 커뮤니케이션이 활성화되면서 이커머스 사용 시간도 달라졌다. PC 시절처럼 점심시간이나 퇴근 후 집에서 이커머스를 이용하는 게 아니라 각자의 시간에 맞게 접속하기 시작했다. 이커머스 주요 이용 시간대가 개인의 여유 시간으로 이동한 것이다. 출퇴근 시간, 화장실 이용 시간 등 남는 시간을 짬짬이 활용하거나, 잠들기 전 침대에서 물건을 구매하는 식이다. 이때 이후로 현재까지 대부분의 공산품 중심 이커머스에서 가장 매출이 높은 시간은 일요일에서 월요일로 넘어가는 밤 시간대다.

2016~2017

단골 쇼핑몰 또는 포털에서 개인화된 콘텐츠를 보다가 링크 페이지에서 구매

인스타그램과 페이스북에서 개인화 광고가 핫하던 시절이 있었다. 국내 광고법에서는 허용하기 어려운 과장 광고와 영상 광고를 개인 브라우저 내의 쿠키 정보를 활용하여 보여주는 퍼포먼스 광고가 강력하던 시절, 개인화 광고가 구매까지 이어지는 흐름이 만들어졌다. 특히 인스타그램의 해시태그로 찾아낸 광고 콘텐츠는 구매 전환율이 높았다.

이 광고들은 모바일에 적합한 1분 미만의 짧은 콘텐츠로, 흥미 위주의 정보를 담은 동영상이거나 좌우로 넘기는 콘텐츠로 구성되었다. 그리고 이러한 자극적인 콘텐츠는 퍼포먼스 마케팅•의 단골 소재가 되어

• 퍼포먼스 마케팅 : 개인의 여러 행동 데이터를 취합해 프로필을 만든 뒤 적절한 키워드로 광고들을 개인화해서 보여주는 마케팅 기법.

높은 구매 전환율을 가져오는 치트키가 되었다.

개인화 광고가 인기 있던 이유는 개인의 관심사를 잘 연결해주기 때문이다. 같은 이유로 특정 영역에서 상품에 대한 전문성을 가진 버티컬 커머스들이 이 시기에 성장하기 시작했다. 자신의 관심사에 해당하는 버티컬 커머스의 다양한 커뮤니티성 콘텐츠들을 살펴보다가 구매로 이어지는 흐름이 나타난 것이다.

2018~2019

인플루언서를 따라 구매하는 형태, 소통에 중점을 둔 이성적이지 않은 구매 등장

인플루언서를 따라 구매하는 형태가 명확하게 생긴 시기로 특정 유튜버나 인스타그램 셀럽이 추천하는 광고 상품이 인기를 끌었다. 뒷광고 논란이 일어날 정도로 개인 인플루언서들의 광고 효과는 엄청났다. 각종 라이브 스트리머나 아이돌 시장에서는 도네이션• 형태나 애정을 보여주는 방식의 구매가 시작되었다. 특히 2019년부터 돌풍을 일으킨 트롯 열풍은 장년층 팬덤을 만들어내며 강한 구매력을 보여주었다.

2020~2021

보상이 큰 서비스에 대한 학습이 높아져 혜택이 명확한 곳에서 구매

가격 경쟁이 치열한 와중에 간편결제로 충전식 포인트와 리워드가 다양해지면서 실제 결제에 따른 리워드가 강력한 곳을 선호하기 시작했다. 이는 2016년부터 N페이를 통해 충전식 포인트와 구매 리워드를

• 도네이션(Donation) : 기부 활동이나 거리 공연에서 자발적으로 이루어지는 후원금을 의미하는 단어이다. 현재는 인터넷 방송에서 이루어지는 금전적 후원을 말한다.(출처 : 나무위키)

학습해온 영향이 크다. 한편으로는 구매와 더불어 자신의 활동에 대해 명예를 얻을 수 있는 플랫폼이 선택받기도 했다. 커뮤니티형 커머스의 경우 활동량에 따라 등급을 높여주거나 팔로십이 많아지면 명예가 높아지는 등의 방식이다. 이는 이커머스뿐 아니라 모든 온라인 서비스를 사용하는 기준이 되었다. 특별한 보상이 없는 서비스의 경우 개인 수익 분배나 수익 창출 방법을 요구하기 시작했다. 쿠팡파트너스와 같은 어필리에이트 프로그램이 유행하기 시작했고, 구매자로만 이용하던 사람들이 이커머스 플랫폼 판매자로 전환되기도 했다.

활동에 대한 보상을 받고 움직이는 서비스 이용 형태는 이후 블록체인 기반의 가상화폐를 활동 보상으로 제공해주는 웹3.0 개념과 이어진다. 웹3.0은 사용자 활동에 대한 보상이 중요한 키워드로 2022년으로 넘어가며 관심이 높아지고 있다.

이커머스 선택의 이유 변화

크게 3단계의 변화로 설명할 수 있다. 물론 해석에 따라 1단계의 형태적 변주라고 이해할 수도 있다.

1단계 : 이커머스 기본기의 시대

[돋보기 : 이커머스1.0의 수익 공식]에서 김현수 작가의 '이커머스 가치 체계도'를 소개했다. 이 이론에 따르면 국내 이커머스 선택의 가장 큰 기준은 '신뢰', '가격', '상품'이며 이 부분이 만족될 때 '배

송', 'CS'가 중요하고, 이 역시도 만족되면 재방문 요소(포인트, 마일리지), 편의성(UI, 디자인), 차별적 흥미 요소, 호감도 순으로 선택의 이유가 변화한다.

2단계 : 모바일 UX의 시대

모바일을 중심으로 수많은 스타트업이 이커머스 서비스를 만들어내면서 '간편결제'가 핵심적인 선택 요소로 작용하게 됐다. 과거에는 처음 보는 소호몰은 불안해서 쓰지 못했지만, N페이가 생기면서 소호몰들의 거래가 활발해졌다. 더불어 삼성페이와 같은 간편결제 서비스가 가세하며 '돈 떼먹힐까 고민하지 않아도 된다'는 신뢰감을 끌어냈다. PB 상품처럼 자체 플랫폼에 귀속되는 경우가 아니고서야 가격과 상품을 차별화하기 어려운 상황에서 배송 및 편의성 등의 중요도가 높아지기 시작했다. 이커머스는 아니지만 사용성이 편리한 카카오뱅크나 토스에 고객은 높은 선호도를 보였다.

3단계 : 참여자 간 관계성과 이용에 대한 보상 또는 이익

팔로십이나 팬덤처럼 인플루언서와의 관계 때문에 기존에 중요시하던 가치가 무너지는 경우가 생겼다. 상품의 질이 낮고 특별하지 않더라도 팬덤이라는 이유로 제품을 사주거나 제품보다 인플루언서를 신뢰하고 선택하는 경우가 이에 해당한다. 동질의 제품이라면 리워드가 크거나 명예를 높일 수 있는 곳에서 구매하기도 했다. OTT 서비스나 추가적인 서비스를 제공해 멤버십 가입을 유도하고 구매를 유지하게 하는 락인 전략도 이러한 보상적 이익에 따른 선택이라고 볼 수 있다.

SPC로 보는 이커머스 전략과 한 끗 차이를 만드는 IT 기업의 생각법

이커머스의 성장을 논할 때 언제나 가장 유용한 설명은 아마존의 플라이휠이다.

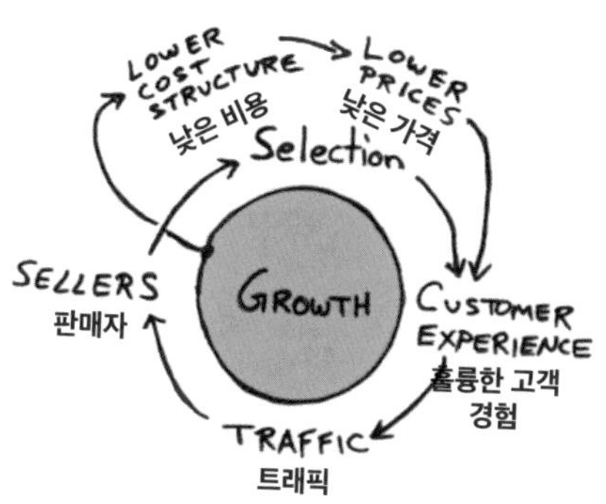

플라이휠은 이커머스 플랫폼이 판매자와 구매자를 효과적으로 늘리면서 어떻게 플랫폼의 성장을 가져오는지를 잘 보여준다. 많은 셀러가 많은 상품 수를 불러오고, 많은 상품 수는 고객의 만족도와 재방문을 끌어내고, 이러한 트래픽에 의해 더 많은 판매자가 들어오게 된다는 논리다. 셀러가 많이 들어오면 상호 경쟁으로 인해 가격이 떨어진다. 더불어 이들을 내부 물류창고에 입점시키면 물류창고에

서 '규모의 경제'가 일어나 더 낮은 가격으로 상품을 제공할 수 있는데, 이 또한 고객의 경험을 더 긍정적으로 만들 수 있다.

이커머스가 생각할 수 있는 대부분의 전략은 플라이휠에 연결하여 생각해볼 수 있다. 플라이휠의 핵심을 보면 이커머스의 성장 축을 돌리는 요소는 세 가지다. 상품의 구색 수Selection, 상품의 가격Price, 고객 편의성Customer Experience,이를 줄여서 'SPC'라고 부른다. 아래 표는 이커머스들이 시도하는 주요한 사업 전략을 SPC 아래 정리한 것이다.

이커머스들이 시도하는 주요 사업 전략

성장을 위한 전략	목적	키워드
마켓 플레이스(오픈마켓) 전환 입점 간소화 및 자동 승인	상품 수 확보	Selection
판매 카테고리 확장	상품 수 확보	Selection
직매입(리테일) / PB 상품	상품 수 확보	Selection
	저가 판매	Price
다양한 쿠폰 및 할인 시스템	할인 혜택 제공	Price
다이내믹 프라이싱	최저가 제공	Price
카탈로그 상품 운영 (ex. 쿠팡 위너 시스템, 아마존 바이 박스)	최저가 경쟁을 통한 최저가 제공	Price
풀필먼트 확장 : 당일 배송, 픽업 배송 등 다양한 배송 수단 제공	빠른 배송, 재고 확보, 실측 정보 확보	Customer experience
간편결제 서비스(페이 사업)	빠른 결제	Customer experience
선불식 충전 포인트	고객 락인	Customer experience
멤버십 서비스 다양화	고객 락인, 다양한 콘텐츠 데이터 확보	Customer experience

'상품 수는 늘리고, 가격은 할인하고, 고객 편의성을 높여 재방문을 늘리려는' 이런 서비스를 각사의 사정에 맞게 적용하고 시스템적으로 반영하기란 쉬운 일이 아니다.

SPC는 고객에게 매력적인 이커머스의 근본 속성에 해당하기 때문에 이커머스 플랫폼의 성장을 가져올 수 있으나, 그럼에도 궁극적인 이익 개선을 위해서는 또 다른 수익화 방법이 필요하다. 가격 경쟁이 심한 상태에서 트래픽을 높이고 성장하기 위해, 이번에는 앞서 설명한 이커머스 운영 공식을 확인할 필요가 있다.

이익 = 방문 수×구매 전환율×객단가-서비스 비용-제휴 비용
+내부 광고 수익±신사업 매출

여기에서 가장 집중적으로 이익이 창출되는 곳은 '방문 수×구매 전환율×객단가'에 해당한다. 그래서 이를 위해 다양한 전략이 활용되고 있다(표. 이커머스들이 시도하는 이익화를 위한 전략). 그리고 비용을 절감하는 방법을 찾기도 한다(표. 이커머스들이 시도하는 비용 절감 주요 사업 전략).

마지막으로 자사 내에 현금 흐름을 잡아두어 이자를 발생시키거나 수수료를 높이는 방식이나 정산의 관점에서 이익화를 만들어낼 수도 있다(이커머스들이 시도하는 현금 흐름을 위한 전략).

이커머스들이 시도하는 이익화를 위한 전략

이익화를 위한 전략	목적	키워드
상품의 가격 비교 입점 (ex. 네이버 가격 비교)	채널 확보를 통해서 방문 수 확보	방문 수(제휴 비용 감안)
AARRR●의 퍼널 연구	전환 구간별 전환율을 높여 거래량 증가	구매 전환율
퍼포먼스 마케팅	트래픽 확보	방문 수
장바구니 또는 상품별 최소 주문 금액 설정	장바구니 주문당 객단가(AOV) 증가	객단가
최소 주문 수량 확보를 위한 딜 판매	상품당 거래량 증가	구매 전환율
이커머스 내 광고 기능 강화	기타 부수입	내부 광고 수익
이커머스 내 부가 서비스 기능 강화	기타 부수입	내부 서비스 수익
구독형 정기 결제	지속적인 수익원 선확보	구매 전환율

이커머스들이 시도하는 비용 절감 주요 사업 전략

비용 절감을 위한전략	목적	키워드
CS 정책 강화	반품 비율 감소	서비스 비용 절감
상담 챗봇 도입	CS 응대율 강화	서비스 비용 절감 (인건비 및 동시 처리 건수)
쿠폰 금액에 대한 셀러 분담 기능	자사 비용 감소	서비스 비용 분담

● AARRR : 미국의 스타트업 엑셀러레이터인 500 Startups의 설립자 데이브 매클루어가 개발한 분석 프레임워크다. 그는 서비스가 성장하려면 사용자가 5개의 단계를 밟아 잘 이동하게끔 만들어야 한다고 주장한다. 5단계는 Acquisition(획득), Activation(활성화), Retention(재방문), Referral(바이럴) , Revenue(매출)로 이루어진다.

이커머스들이 시도하는 현금흐름을 위한 전략

현금 흐름을 통한 전략	목적	키워드
중개 거래 플랫폼의 PG 사업자 획득	고객 결제 후 셀러 정산 전까지 최대한 보유하고 있으면서 이자 수익 발생	이자 수익
셀러 지급 방식을 포인트 충전 방식으로 변경(PG 사업자와 선불식 전자결제 지급업 필요)	셀러가 정산 대금을 인출하기 전까지 최대한 보유하면서 이자 수익 발생	이자 수익
정산 기간 증가 및 정산 유보금 확보 (월 단위 정산, 주 단위 정산)	정산 기간이 길수록 이자 수익 발생	이자 수익, 현금 확보
거래 수수료 고비율 계약	직접적인 정산 수익 확보	수익 확보
보험판매중개업을 획득하여 보험 판매 거래	보험 개설 후 지속적인 수익 창출	보험설계자의 커미션 수익 창출

위 표에서 마지막에 있는 항목은 조금 경우가 다른데, 대부분의 이커머스 회사는 이미 콜센터를 운영하고 있으므로 이를 활용하여 아웃바운드로 보험 판매 영업을 하여 이익을 내는 경우에 해당한다. 보험 판매의 경우 거래가 성사된 후 보험 건이 종결될 때까지 중개 거래를 체결한 '보험 설계사'에 수수료를 지급하기 때문에 지속적인 이익처가 된다. 콜센터 유지에는 비용이 많이 들어 별도로 이런 업무를 운영하기도 한다.

미래의 사업적 가치를 얻기 위한 고객 행동 데이터를 얻으려는 다양한 전략도 있다. 이 부분은 다른 전략을 수행하는 과정에서 부가적으로 진행할 수도 있다.

이커머스들이 시도하는 데이터 확보 전략

각종 데이터 확보를 위한 전략	목적	키워드
PLCC 카드● 발행을 통한 할인	가격 할인 제공 또는 포인트 적립을 한 고객 결제 데이터 확보	Price, Data
풀필먼트 센터 및 촬영 센터 운영	정확한 상품 정보 공유, 목적을 가진 실측 상품 데이터 확보	Selection (동일 상품도 정보가 다를 경우 새로운 상품처럼 인식된다), (상품) Data
구독형 멤버십 서비스	멤버십 할인 제공으로 락인, 콘텐츠 이용을 통한 다면적 데이터 확보	Price, Customer experience

당장 IPO나 M&A 매각을 위해 기업 가치를 키워야 한다면 GMV(총 거래 매출액)를 높이는 것이 훨씬 더 중요하다. 이럴 때 많이 사용하는 치트키는 따로 있다.

이커머스들이 총 거래 매출액을 높이기 위한 전략

GMV를 일시적으로 키우기 위한 노력	목적	키워드
높은 가격 저마진 상품 판매 (예. 가전제품, 여행 패키지 상품 등)	GMV 높이기 위함	기업 가치
포트폴리오 확보를 위한 이커머스 외 사업군의 인수, 기존과 완전히 다른 분야의 서비스 오픈 (예. 쿠팡플레이, 배달의민족의 웹툰 등)	회사 가치 평가 시 회사 포트폴리오 다양성을 평가받기 위함	기업 가치

● PLCC 카드(Private Label Credit Card) : 상업자 표시 신용카드. 카드사와 기업이 1:1 파트너십을 맺고 제휴 기업에 특화된 혜택과 서비스를 제공한다. 신용카드 상품을 공동으로 기획하고 마케팅, 운용 비용과 수익을 분담하는 형태로 운영된다.

그런데 이렇게 정리를 하긴 했지만, 모든 상황에 공식처럼 이 대안을 적용할 수는 없다. 이 모든 것을 한꺼번에 만든다고 해서 성공하는 것도 아니다. 그렇다면 성공적인 이커머스 전략은 어떻게 세워야 할까?

이에 대한 해답은 IT적 사고방식이다. 문제를 정의하고 해결하기 위한 방법적 선택을 해야 한다는 것이다. 각 회사별로 소구 포인트와 고객의 니즈, 판매 상품, 시스템 상황 등 차이 나는 것은 정말 많다. 그 차이 속에서 정말 해결해야 할 문제가 무엇인지 정의하고 거기에 맞는 전략을 선택하려면, 이커머스 기업으로서 고객에게 주고자 하는 가치가 명확해야 한다. 무조건 남들만큼 만들려고 하면 프랑켄슈타인 박사가 만든 괴물처럼 되기 쉽다.

이커머스에서 잔재주는 통하지 않는다. 예를 들어 주문 완료 페이지에 상품을 넣어 일시적으로 매출을 높일 수는 있지만 이 서비스에서 판매하는 상품의 가격이나 이용이 불편하다면 더 이상의 거래는 일어나지 않는다. 실수로 터치하게 만들어서 진입시키는 다크 패턴 디자인이나 '업셀링'이라는 이름으로 자행되는 고객을 힐난하는 문구("혜택을 놓치고 비싸게 살 건가요?")로 유도한 클릭은 재방문을 불러오지 못한다. UI도, 서비스도, 문구도, 그리고 비즈니스도 구체적이고 섬세하게 설계해야 한다. 물론 성과에 대한 목표와 측정도 명확해야 한다.

무엇부터 시작해야 할지 모를 때 도움이 될 수 있도록 지금까지 역사 속에 존재했던 모든 플레이어의 노력과 성공, 실패를 맥락 있게 담아보려고 노력했다. 온고이지신이라 했듯 이 책이 앞으로 만들어갈 이커머스 생태계에 도움이 되면 좋겠다.

에필로그

파도에 밀려 또 파도를 타온 지난날

이 책은 중립적인 역사책이라기보다 반은 사용자로서 그 시절을 보고, 또 반은 실무자로서 직접 겪은 대한민국 이커머스 시장의 26년 세월을 담고 있다. 이 책을 통해 어떤 때는 냉정하고 또 어떤 때는 잘 이해되지 않던 우리나라 고객들의 행동을 이해했으면 좋겠다. 반대로 사용자들 또한 플랫폼의 사고방식과 히스토리를 이해할 수 있으면 좋겠다.

처음 '대한민국 이커머스의 역사'를 조사하고 워크숍을 진행한 지 무려 5년이 흘렀다. 매년 이 강의를 갱신할 때마다 날짜별로 스크랩해가며 엄청나게 많은 양의 뉴스를 읽고 이후의 변화에 대해 고민했다. 나는 이 과정이 정말 재밌었다. 매번 느끼지만 이것을 정리하고 연결 고리와 논지 전개 과정을 되새기면서 가장 많이 성장하는 사람은 항상 나였다.

온라인 사업을 진행하는 형태는 여러 가지가 있다. 그리고 모든 서비스 상황이 일치하지 않기 때문에 하나의 현상이 모두에게 동일하게 적용될 거라고 어설프게 일반화해서는 안 된다. 그럼에도 역사를 보는 의미는 분명히 있다.

이 책을 써내려가면서 느낀 두 가지 큰 깨달음이 있다. 바로 '아이디어는 모두 비슷하다. 다른 것은 실행자의 디테일이다'라는 점과 '동일한 서비스라도 환경과 사용자들의 학습이 바뀌면 성공할 때가 있다'는 점이다. 나름 알고 있는 배경 지식을 엮어 독자에게 이커머스라는 큰 그림을 그릴 수 있게 돕고 싶었다. 나는 1등 하는 기업에서 성공적인 이커머스를 만들어낸 사람이 아니다. 그렇기에 더 보통의 기획자들이 느낄 수 있는 날것의 이야기가 전달되지 않았을까 기대한다.

이 시간에도 이커머스의 역사는 흐르고 있다. 그만큼 나에게도 공부할 것들이 늘어나고 있다.

Special Thanks to

이번 원고는 유난히 오래 걸렸습니다. 다시 원고를 쓰기 시작한 순간부터 1년 반 정도가 지났습니다. 이 책을 쓰느라 힘든 시간보다 다른 일들로 힘들어 이 원고가 밀린 순간이 많았기에 감사하고 죄송한 분들이 많습니다.

가장 먼저 이 책을 쓰느라 지식의 한계까지 가 있던 제 모습을 항상 예쁘다며 지켜봐준 남편 이건호 씨 감사합니다. 코로나 시국이라 자주 만나지 못한 가족들, 엄마, 언니, 형부, 조카 은지, 시부모님, 도련님께도 감사의 말씀을 전합니다. 그리고 유독 오랜 시간 동안 이 원고를 기다리신 초록비책공방 윤주용 대표님께도 죄송하고 감사합니다.

이 책의 반은 저를 성장시킨 롯데닷컴이 있었기에 가능했습니다. 이커머스의 역사를 처음 고민하고 다룰 수 있게 미션을 주시고 10년의 역사를 함께하며 성장시켜주신 이종봉 팀장님 감사드립니다. 국내에 이커머스를 처음 시도하신 한 분이며 신입 시절 아버지가 돌아가셨을 때 장례식장에 일부러 오셔서 큰 꿈을 가지라고 해주셨던 강현구 전 대표님, 덕분에 이커머스를 더 좋아할 수 있었습니다. 신사업팀에서 더 넓은 시야를 가질 수 있도록 기회를 주시고 브런치에 글을 쓰는 것을 알고 우리 직원 중에 이렇게 고민을 많이 하는 직원이 있어서 기쁘다고 문자까지 보내주셨던 김형준 전 대표님, 덕분에 회사 밖의 저도 마음껏 성장할 수 있었습니다. 그 시간을 함께해주신 모든 선후배님들께 항상 감사드립니다. 이 책은 2020년 사라진 롯데닷컴의 역사일 수도 있다고 생각합니다. 아쉬운 점도 많지만 그만큼 시도한 것이 많았다는 게 우리 모두의 자산이지 않았을까 생각합니다.

현재 카카오스타일에서 지그재그를 함께하고 있는 많은 크루에게도 감사의 말씀을 드립니다. 이전 회사와는 다른 사고방식과 일하는 방법들을 배우면서 스타트업과 IT 기업에 대한 이해를 더 넓힐 수 있었습니다. 이 책에서 깊게 다루지 못했지만 모바일 이후 쿠팡과 스타트업의 흐름을 이해하게 된 것은 카카오스타일에서 일한 시간들이 큰 바탕이 되었습니다. 크루들의 경험과 사고방식이 모두 저를 통해 이 책 안에 조금씩 스며들어 있다고 믿습니다.

마지막으로 아름다운 노래를 세상에 남겨주셔서 저의 집중적인 책 쓰기를 가능하게 해주신 저의 '업무의 뮤즈' 가수 태연 님께도 감사드립니다. 한 곡만 반복해 틀어놓고 노래를 따라 부르며 글 쓰는 것을 좋아하는 저에게 'Weekend'는 주말에 글을 쓰면서도 여행 온 듯한 즐거움을 주었습니다. 대학생 때도 과제하면서 소녀시대의 '힘내'를 들었는데, 휴식을 떠올릴 수 있는 어른이 된 지금까지 동년배 아이돌이 계속 1등을 하는 사람이라 좋습니다. 다음 책도 잘 부탁드립니다.

참고 문헌

1 한국경제 한국경제용어사전 https://dic.hankyung.com/economy/view/?seq=4583

2 변대호, 〈전자상거래의 최근 동향과 전자쇼핑몰 구축 가이드라인〉, 1998, 조사 내용 참고

3 이정내 기자, 연합뉴스, 〈인터넷경매사이트가 뜬다〉, 1999.11.30. http://news.naver.com/main/read.nhn?mode=LSD&mid=sec&sid1=105&oid=001&aid=0004558112

4 연합뉴스, 〈무료 E메일 서비스 '한메일넷' 가입자 1백만 명 돌파〉, 1998.12.10. http://news.naver.com/main/read.nhn?mode=LSD&mid=sec&sid1=105&oid=001&aid=0004343048

5 매일경제, 〈공동 구매 매출, 수익 급증〉, 2000.11.22. http://news.naver.com/main/read.nhn?mode=LSD&mid=sec&sid1=105&oid=009&aid=0000069442

6 한국일보, 〈[벤처파일] 솔루션 공급업체로 선정〉, 2003.04.28. (원문 삭제됨)

7 손성태 기자, 한국경제, 〈조영철 CJ39 쇼핑 대표이사〉, 2002.04.25. http://news.naver.com/main/read.nhn?mode=LSD&mid=sec&sid1=101&oid=015&aid=0000501076

8 김문성, CLO, 〈소호몰의 어벤저스 '쇼핑몰 솔루션'이 나쁜 놈이 된 이유〉, 2016.08.09. https://clomag.co.kr/article/1741

9 김수찬 기자, 한국경제, 〈인터넷쇼핑몰 업체들, 잇따라 B2B 시장 진출〉, 2000.04.04. http://news.naver.com/main/read.nhn?mode=LSD&mid=sec&sid1=101&oid=015&aid=0000203871

10 권민수 기자, 매일경제, 〈닷컴, 캐릭터꾸미기 '돈되네'〉, 2001.07.15. http://news.naver.com/main/read.nhn?mode=LSD&mid=sec&sid1=105&oid=009&aid=0000133997

11 김승진 기자, 동아일보, 〈[인터넷] 온라인 쇼핑몰 결제 70%가 카드결제〉, 2000.12.25. http://news.naver.com/main/read.nhn?mode=LSD&mid=sec&sid1=105&oid=020&aid=0000040582

12 김은령 기자, 머니투데이, 〈소비시장에 트레져헌터, 아티젠 뜬다〉, 2007.07.01. http://www.mt.co.kr/view/mtview.php?type=1&no=2007070112065006682&outlink=1

13 김선철 기자, 한겨레, 〈뽐뿌와 지르다〉, 2008.09.02. http://www.hani.co.kr/arti/opinion/column/308096.html

14 성호철 기자, 전자신문, 〈가격 비교사이트, 올해 장사 잘했다〉, 2006.12.11. http://www.etnews.com/200612110137

15 윤태석 기자, 아이뉴스24, 〈오픈마켓, 가격 비교 사이트와 거리두기 '딜레마'〉, 2007.01.26. http://news.inews24.com/php/news_view.php?g_serial=245326&g_menu=020100

16 몽상대장, '2007년 국내 블로그 시장 분석', 랭키닷컴 통계자료 재인용, 2008.11.21. http://blog.naver.com/kim_jae_woon/110037914008

17 김현수, 플래텀, 〈[eCommerce 제(멋)대로 헤집어 보기#1〉 이커머스 비즈니스의 핵심 가치와 계층 구조〉, 2014.09.24. http://platum.kr/archives/27007 시리즈로 구성된 원글은 저자의 브런치(https://brunch.co.kr/@hyunsoo-kim)에서 재배포되었는데, 꼭 원문을 읽어보기를 권한다.

18 ZDnet Korea, 〈구글, 「안드로이드」 휴대폰 소프트웨어 공개〉, 2007.11.05. http://www.zdnet.co.kr/news/news_view.asp?artice_id=00000039162947&type=det&re=

19 최호섭 칼럼니스트, 비즈한국, 〈[LG스마트폰 잔혹사]① "그건 아마 맥킨지의 잘못은 아닐거야"〉, 2021.04.06. http://www.bizhankook.com/bk/article/21706
20 정병묵 기자, 아이뉴스24 뉴스, 〈'네이버 ID 쇼핑'에 상거래 업계 '긴장'〉, 2009.09.16. http://news.inews24.com/php/news_view.php?g_serial=443253&g_menu=020800
21 조완제 기자, 주간경향, 〈[경제] 인터넷 쇼핑, 오픈마켓이 '대세'〉, 2006.07.28. http://news.naver.com/main/read.nhn?mode=LSD&mid=sec&sid1=101&oid=033&aid=0000009158
22 김규태 기자, 전자신문, 〈날개단 오픈마켓, 종합몰 넘는다〉, 2008.01.09. http://www.etnews.com/200801080132
23 백진엽 기자, 머니투데이, 〈G마켓, 1Q 매출·영업익 모두 옥션 따돌려〉, 2007.05.16. http://www.mt.co.kr/view/mtview.php?type=1&no=2007051609554074055&outlink=1
24 심화영 기자, 디지털 타임스, 〈11번가 '위조품 보상제' 효과 톡톡〉, 2008.10.16. http://www.dt.co.kr/contents.html?article_no=2008101702011132727002
25 고은경 기자, 파이낸셜뉴스, 〈오픈마켓은 짝퉁 천국〉, 2008.06.30. http://www.fnnews.com/news/200806301819560460?t=y
26 김규태 기자, 전자신문, 〈날개단 오픈마켓, 종합몰 넘는다〉, 2008.01.09. http://www.etnews.com/200801080132
27 이형수 기자, 전자신문, 〈11번가 오픈마켓이야, 종합몰이야?〉, 2009.04.13. http://www.etnews.com/200904100102
28 채윤정 기자, 디지털타임즈, 〈G마켓 매각 답보 향후 추이는〉, 2008.02.01. http://www.dt.co.kr/contents.html?article_no=2008020102011032691004
29 육덕수 기자, 노컷뉴스, 〈이베이 'G마켓' 인수, 국내 오픈마켓 '외국계 천하'〉, 2009.04.16. http://www.nocutnews.co.kr/news/576479
30 전자신문, 〈이제 아이폰의 환상을 버리자〉, 2009.05.04. https://n.news.naver.com/mnews/article/030/0002013216?sid=105
31 이순혁 기자, 한겨레, 〈20분 인터넷 했다고 2만 원? … 2G·피처폰 '데이터 요금 날벼락'〉, 2013.12.23. https://www.hani.co.kr/arti/economy/it/616717.html
32 이정환 기자, 전자신문, 〈안드로이드폰 열풍 '한국 상륙'〉, 2009.11.11. http://www.etnews.com/200911100108
33 이정환 기자, 전자신문, 〈올해 국내 스마트폰 시장 규모는?〉, 2010.07.05. http://www.etnews.com/201007040021
34 김현아 기자, 아이뉴스24, 〈모바일 그룹메신저 '카카오톡' 앱 스토어 1위〉, 2010.03.21. http://news.inews24.com/php/news_view.php?g_serial=481575&g_menu=020300
35 한국경제TV, 〈"문자 시대는 갔다" 카카오톡〉, 2010.10.13. http://www.wowtv.co.kr/newscenter/news/view.asp?bcode=T30001000&artid=A201010130209
36 유윤수, 윤상진, 《소셜 커머스, 무엇이고 어떻게 활용할 것인가》, 2011, 재인용
37 류한석, ZDnet Korea, 〈[칼럼] 한국 시장에도 소셜 커머스가 몰려온다〉, 2010.08.03. http://www.zdnet.co.kr/column/column_view.asp?artice_id=20100803081934&type=det&re=
38 허정윤 기자, 전자신문, 〈2010년 국내 오픈마켓 '1위 경쟁' 재점화〉, 2010.01.01. http://www.etnews.com/200912310036
39 이장혁 기자, ZDnet Korea, 〈2010 '전문쇼핑몰·모바일쇼핑' 확대된다〉, 2010.01.01. http://

www.zdnet.co.kr/news/news_view.asp?artice_id=20091231120039&type=det&re=

40 김현섭 기자, 쿠키뉴스, 〈신세계 등 2000만 정보유출, 알고보니 세계 'TOP10'〉, 2010.03.15. http://www.kukinews.com/newsView/kuk201003150007

41 전자신문, 〈[2012년 부문별 전망] 전자산업-유통〉, 2012.01.03, http://www.etnews.com/201201020003

42 코리안클릭, 〈국내 온라인 쇼핑몰 순위〉, http://arthurdent.tistory.com/34

43 유정현 기자, 디지털타임스, 〈잘나가던 쇼핑몰, 꼼수 썼다 날벼락〉, 2012.05.13. http://www.dt.co.kr/contents.html?article_no=2012051402011432614005

44 이규하 기자, 아주경제, 〈인터넷 쇼핑몰 상품정보 표시 의무화… "처벌 쎄진다"〉, 2012.05.20. http://www.ajunews.com/common/redirect.jsp?newsId=20120518000307

45 김국배 기자, 아이뉴스24 뉴스, 〈ISMS 의무화 두고 업계는 '기대 반 우려 반'〉, 2013.02.22. http://news.inews24.com/php/news_view.php?g_menu=020200&g_serial=725673

46 정책뉴스, 〈도로명주소 사용, 기업이 앞장선다!〉 2013.08.16. http://www.korea.kr/policy/pressReleaseView.do?newsId=155912094

47 최용식 기자, 뉴스토마토, 〈티켓몬스터, '한국의 아마존' 꿈꾼다!〉, 2013.05.29. http://www.newstomato.com/ReadNews.aspx?no=367974

48 홍효정 기자, IT 조선, 〈쿠팡·티몬·위메프 소셜 커머스 올해 목표는 '손님 모시기' 경쟁〉, 2014.01.28. http://it.chosun.com/news/article.html?no=2548675&sec_no=390

49 강청완·고우리·홍재혜 인턴기자, 시사저널, 〈'디지털 기기 천국'이 된 서울 지하철〉, 2012.02.01. http://www.sisajournal.com/news/articleView.html?idxno=133995

50 전하나 기자, ZDnet Korea, 〈국민게임 '애니팡' 하루 사용자 1천만 기염〉, 2012.10.01. https://zdnet.co.kr/view/?no=20121001160101

51 박명기 기자, 한경닷컴, 〈두 달만에 매일 1000만! '애니팡앓이'〉, 2012.10.01. https://www.hankyung.com/it/article/201210019643v

52 이정민 기자, 아시아경제, 〈티몬·쿠팡, 육아용품 배송 경쟁〉, 2014.04.23. http://view.asiae.co.kr/news/view.htm?idxno=2014042309513929859

53 이지성 기자, 서울경제, 〈싸고 빠르게 기저귀 클릭… '맘' 편해진다〉, 2014.07.31. http://news.naver.com/main/read.nhn?mode=LSD&mid=sec&sid1=101&oid=011&aid=0002554363

54 정일주 기자, 아이티투데이, 〈쿠팡, 월 거래액 2,000억 원 돌파〉, 2014.12.17. http://www.ittoday.co.kr/news/articleView.html?idxno=56029

55 김재훈 기자, 컨슈머타임즈, 〈[기자수첩] 온라인 유통산업 미래 '배송혁명'에 달렸다〉, 2014.12.15. http://www.cstimes.com/news/articleView.html?idxno=162917

56 김태희 기자, 서울파이낸스, 〈소셜 커머스 3사, 스타마케팅 효과 '톡톡'〉, 2014.12.09. http://www.seoulfn.com/news/articleView.html?idxno=211169

57 박진우 기자, 스포츠한국, 〈백화점 "온라인으로 대반전"〉, 2013.10.29. http://sports.hankooki.com/lpage/life/201310/sp20131029154935109540.htm

58 성선화 기자, 이데일리, 〈[성기자의 현장 토크] 120만원짜리 캐나다구스, 해외직구하면 70만원〉, 2014.01.01. https://www.edaily.co.kr/news/read?newsId=01249686605953456&mediaCodeNo=257&OutLnkChk=Y

59 임근호 기자, 한국경제, 〈장동현 SK플래닛 부사장 "터키에 '11번가' 성공 진출…글로

벌 플랫폼 도약"〉, 2014.01.10. http://www.hankyung.com/news/app/newsview.php?aid=2014010927771

60 안상희 기자, 조선비즈, 〈롯데닷컴, 역직구 사업 진출…"해외소비자 역(逆)직구길 열린다"〉, 2014.02.20. http://biz.chosun.com/site/data/html_dir/2014/02/20/2014022003007.html

61 송세라 기자, 현대 트럭&버스, 〈물류가 생활서비스로 자리잡기까지... '물류의 역사'〉, 2021.09.29. https://post.naver.com/viewer/postView.naver?volumeNo=32288281&memberNo=42666250&vType=VERTICAL

62 강예슬 기자, 매일노동뉴스, 〈[로젠택배 노동자의 눈물] 다단계 하도급에 수입은 반토막, 상하차 알바비까지 택배노동자 부담〉, 2019.10.15. http://www.labortoday.co.kr/news/articleView.html?idxno=160909

63 강현창 기자, 비즈니스워치, 〈결제시장 급변…'지는 밴-뜨는 PG'〉, 2019.09.30. http://news.bizwatch.co.kr/article/finance/2019/09/30/0020

64 양효걸 기자, MBC뉴스데스크, 〈수백억 원 불법 리베이트, VAN사 무더기 적발〉, 2016.11.28. https://imnews.imbc.com/replay/2016/nwdesk/article/4172560_30244.html

65 정진우 기자, 중앙일보, 〈수수료율 인하 압박에 재점화한 카드사-밴사 갈등… "누워서 떡먹기식 영업"vs"갑의 횡포"〉, 2017.06.11. https://www.joongang.co.kr/article/21654922#home

66 서동일 기자, 동아일보, 〈택배업계 vs '로켓배송' 쿠팡 충돌〉, 2015.05.19. http://news.donga.com/3/all/20150519/71339424/1

67 김보라 기자, 브릿지경제, 〈업종별 기상도로 되돌아본 2015 유통업계〉, 2015.12.29. http://www.viva100.com/main/view.php?key=20151229010006737

68 이학선 기자, 비즈니스워치,〈'무서운' 홈앤쇼핑, 모바일 폭풍성장〉, 2015.12.24. http://www.bizwatch.co.kr/pages/view.php?uid=20031

69 이선애·김하늬 기자, 이투데이, 〈모바일·오프라인으로…TV홈쇼핑의 외출〉, 2015.12.18. http://www.etoday.co.kr/news/section/newsview.php?idxno=1255296

70 조철희 기자, 머니투데이, 〈모바일도 '노답'?…홈쇼핑, '멜트다운' 직면〉, 2015.12.18. http://news.mt.co.kr/mtview.php?no=2015121715424770787

71 임현형 기자, 이데일리, 〈'할인쿠폰 줄였더니'..홈쇼핑 모바일앱 떠나는 소비자〉, 2016.04.22. https://edaily.co.kr/news/Read?newsId=01088966612618744&mediaCodeNo=257

72 정환용기자, PC사랑, 〈2014년, 뜨거웠던(혹은 너무나 차가웠던) IT 핫이슈〉, 2015.01.06. https://www.ilovepc.co.kr/news/articleView.html?idxno=9414

73 홍재의 기자, 머니투데이, 〈배달의민족, 수수료 '전면무료' 선언…"신사업으로 돈 번다"〉, 2015.07.28. http://news.mt.co.kr/mtview.php?no=2015072813132534488

74 안수영 기자, IT동아, 〈[2015 IT 총결산] 올해 IT 시장을 달군 애플리케이션은?〉, 2015.12.30. http://it.donga.com/23390/

75 전자신문, 〈[10대 뉴스]카카오택시발 O2O 돌풍〉, 2015.12.27. http://www.etnews.com/20151224000411

76 강인귀 기자, 머니S, 〈야놀자, 누적 다운로드 수 1000만 건 돌파…11월 사용자 300만 명〉, 2015.12.16. https://moneys.mt.co.kr/news/mwView.php?no=2015121608528060876

77 김정유 기자, 이투데이, 〈치열해지는 숙박앱 시장… 내년 1 · 2위 경쟁 '본격화'〉, 2015.12.28. http://www.etoday.co.kr/news/section/newsview.php?idxno=1260200

78 건축학도, 브런치, 〈비콘과 변화하는 광고 생태계〉, 2015.10.15. https://brunch.co.kr/@platina02/6
79 이초희 기자, 아시아경제, 〈문자·이메일 유통 '뚝'↓ 진화하는 '스팸' 대응방안 절실〉, 2014.12.23. http://view.asiae.co.kr/news/view.htm?idxno=2014122307114407964
80 최호섭 기자, 블로터, <쇼핑이 사물인터넷을 만나면… 아마존 '대시'>, 2015.04.02. http://www.bloter.net/archives/224433
81 백진규기자, 뉴스핌, 〈글로벌 IT 기업 알리바바 일궈낸 5인의 마윈幇〉, 2017.01.23. https://www.newspim.com/news/view/20170123000365
82 연합뉴스/허핑턴포스트코리아, 〈알리바바가 12시간 만에 10조 원을 팔았다〉, 2015.11.11. http://www.huffingtonpost.kr/2015/11/11/story_n_8531742.html
83 아마존 웹 서비스 한국 블로그, 〈Alexa Skills Kit, Alexa Voice Service 및 Alexa Fund 소개〉, 2015.06.29. https://aws.amazon.com/ko/blogs/korea/new-alexa-skills-kit-alexa-voice-service-alexa-fund/
84 윤필 기자, 테크니들, 〈아마존 '홈 서비스' 출시〉, 2015.03.31. http://techneedle.com/archives/20468
85 이종화 기자, 데일리한국, 〈[기획]이베이, 적자투성이 e커머스 업계서 '나홀로 흑자' 비결은〉, 2016.06.13. http://daily.hankooki.com/lpage/economy/201606/dh20160613114228138160.htm
86 전자신문, 〈[사설]`소셜 1위` 쿠팡의 오픈마켓 진출 의미는〉, 2016.06.12. http://www.etnews.com/20160612000066
87 이진솔 기자, 인더뉴스, 〈'쿠팡에 밀리면 끝장' 위기감 팽배한 이마트, 3차 할인 전쟁 나섰다〉, 2021.04.12. https://www.inthenews.co.kr/news/article.html?no=32877
88 뉴시스, 〈50조 온라인 시장 잡아라,이마트, 쿠팡 역마진 전쟁 승자는〉, 2016.03.03 https://www.newsis.com/view/?id=NISX20160303_0013933328
89 신호경 기자, 연합뉴스, 〈11번가, 지난해 모바일 쇼핑 이용자 수 1위…2년 연속〉, 2017.02.01. https://www.yna.co.kr/view/AKR20170201026000030?input=1195m
90 신동훈 기자, CCTV뉴스, 〈쿠팡 1위 티몬 2위 등 온라인 퍼스트 리테일앱 강세〉, 2016.10.18. http://www.cctvnews.co.kr/news/articleView.html?idxno=59170
91 박미영 기자, 디지털타임스, 〈모바일 확대·직매입 진출… 오픈마켓은 `실험중`〉, 2016.05.17. http://www.dt.co.kr/contents.html?article_no=2016051802101076798001
92 배윤경 기자, 매일경제, 〈쿠팡, 로켓배송 무료배송 기준가 '1만9800원' 기습인상〉, 2016.10.12. http://news.mk.co.kr/newsRead.php?no=713503&year=2016
93 김언한 기자, EBN, 〈소셜 커머스, 겹치는 이커머스 전략 "같은 듯 다른 듯"〉, 2016.11.16. http://www.ebn.co.kr/news/view/861998
94 이종화 기자, 데일리한국, 〈[기획]이베이, 적자투성이 e커머스 업계서 '나홀로 흑자' 비결은〉, 2016.06.13. http://daily.hankooki.com/lpage/economy/201606/dh20160613114228138160.htm
95 아주경제, 〈신동빈 롯데그룹 회장 "롯데홈쇼핑 사건 충격… 부정·비리 발본색원 기회"〉, 2014.06.24. http://www.ajunews.com/view/20140624151725990
96 김정우 기자, 미디어펜, 〈'옴니·슈퍼샵·VR'…온·온프라인 통합 나선 유통가, 어디까지 왔나〉,

2016.10.29. http://www.mediapen.com/news/view/200986
97 이한승 기자, SBS비즈, 〈신세계 SSG.com, 공유·공효진 앞세운 '쓱' 광고로 고객 몰이〉, 2016.01.05. https://biz.sbs.co.kr/article/10000777594
98 김정우 기자, 미디어펜, 〈'옴니·슈퍼샵·VR'…온·온프라인 통합 나선 유통가, 어디까지 왔나〉, 2016.10.29. http://www.mediapen.com/news/view/200986
99 김정우 기자, 미디어펜, 〈'옴니·슈퍼샵·VR'…온·온프라인 통합 나선 유통가, 어디까지 왔나〉, 2016.10.29. http://www.mediapen.com/news/view/200986
100 오승일 기자, 월간중앙, 〈[온라인 쇼핑몰의 오프라인 영토 확장] 역쇼루밍족 취향 저격 온라인 넘어 제도권 유통서 막강 파워〉, 2017.06.05. http://jmagazine.joins.com/economist/view/316824?dable=10.1.4
101 조철희 기자, 머니투데이, 〈이마트, 오프라인 점포 역신장 끝났다…불황 극복 비결은?〉, 2016.11.09. http://news.mt.co.kr/mtview.php?no=2016110815241678394&outlink=1
102 육성연 기자, 해럴드경제, 〈['레시피 딜리버리'가 뭐지?②] 소비자를 찾아간 푸드 바람〉, 2016.09.06. http://www.realfoods.co.kr/view.php?ud=20160906000189
103 배상희 기자, 뉴스핌, 〈중국판 '블프' 광군제 개막, 알리바바 매출 '200억 달러〉, 2016.11.11. http://www.newspim.com/news/view/20161111000195
104 장병창 객원기자, 어패럴뉴스, 〈中 광군제 하루 매출 20조 원…알리바바의 꿈 어디까지〉, 2016.11.17. http://www.apparelnews.co.kr/naver/view.php?iid=63623
105 조은진 기자, 비즈니스포스트, 〈아마존, 오프라인 서점 400곳으로 확대한다〉, 2016.03.09. http://www.businesspost.co.kr/news/articleView.html?idxno=24517
106 김선애 기자, 데이터넷, 〈KISA "앱 푸쉬 광고도 사전 수신동의 받아야"〉, 2015.12.22. http://www.datanet.co.kr/news/articleView.html?idxno=95501
107 김은형 기자, 한겨레, 〈해마다 두 자릿수 성장…가열되는 온라인쇼핑 출혈경쟁〉, 2017.02.14. https://www.hani.co.kr/arti/economy/economy_general/782596.html
108 임온유 기자, 아시아경제, 〈쿠팡, 네이버 쇼핑과 결별…플랫폼 독립 실험 나섰다〉, 2016.11.29. http://view.asiae.co.kr/news/view.htm?idxno=2016112908434567491
109 오찬종 기자, 매일경제, 〈전자상거래 '脫네이버'…쿠팡, 독립 성공?〉, 2017.03.06. https://www.mk.co.kr/news/it/view/2017/03/151570/
110 강신우 기자, 이데일리, 〈힘 빠진 로켓배송…쿠팡, 방문자수 뚝〉, 2017.02.06. https://www.edaily.co.kr/news/read?newsId=01128326615827896&mediaCodeNo=257
111 장도민 기자, 뉴스1, 〈쿠팡, 쿠팡맨 수당 미지급 인정…"75억 원 아닌 13억 원 확인"〉, 2017.06.21. https://www.news1.kr/articles/?3026911
112 이경은 기자, 투데이신문, 〈쿠팡 김범석 대표, 친동생·제수 채용…족벌경영 논란 휩싸여〉, 2017.06.16. http://www.ntoday.co.kr/news/articleView.html?idxno=53487
113 신진주 기자, 한스경제, 〈쿠팡·위메프·티몬 '각자도생'…꺼내든 생존카드는?〉, 2017.02.13. http://www.sporbiz.co.kr/news/articleView.html?idxno=77081
114 진상현 기자, 머니투데이, 〈유통업계, 중국 비중 따라 희비 "대안 시장 찾아라"〉, 2017.03.07. https://news.mt.co.kr/mtview.php?no=2017030614345619950&outlink=1&ref=https%3A%2F%2Fsearch.naver.com
115 안재만 기자, 조선비즈, 〈SK, 롯데·신세계에 11번가 투자 제안… 국내 최대 쇼핑몰로 키운다〉,

2017.06.20. https://biz.chosun.com/site/data/html_dir/2017/06/20/2017062003112.html
116 한우영 기자, 미래경제, 〈SK, 11번가 매각 안한다…롯데와 협상 사실상 결렬 선언〉, 2017.09.08. https://www.mirae-biz.com/news/articleView.html?idxno=33700
117 민재용 기자, 한국일보, 〈오픈마켓 업계 덮친 초록창 쇼크.. 네이버 '스토어팜' 강화 공세〉, 2017.06.18. http://www.hankookilbo.com/v/1813c1df14f04a52b8c18b5cfc5cf7ce
118 김나영 기자, 더벨, 〈네이버, 쇼핑도 '콘텐츠'…직접 진출 대신 광고만〉, 2017.07.10. http://www.thebell.co.kr/free/content/ArticleView.asp?key=201707070100011570000686&svccode=00&page=1&sort=thebell_check_time
119 안하늘 기자, 아시아경제, 〈"휴지 떨어졌어" 한 마디에 온라인 쇼핑 끝…음성 쇼핑 시대 온다〉, 2017.03.30. http://view.asiae.co.kr/news/view.htm?idxno=2017033009522207944
120 이소라 기자, 산업경제, 〈롯데닷컴, KT-롯데수퍼와 인공지능 음성장보기 서비스 선보여〉, 2017.11.28. http://www.ebn.co.kr/news/view/919336
121 장도민 기자, 뉴스1, 〈G마켓·옥션 "옵션 낚시 퇴출"… 'ESM 2.0' 新시스템 도입〉, 2017.12.28. http://news1.kr/articles/?3191568
122 조철희 기자, 머니투데이, 〈아마존, 한국 온라인쇼핑 시장 진출 '초읽기'〉, 2017.07.07. http://news.mt.co.kr/mtview.php?no=2017070615450441677&outlink=1&ref=https%3A%2F%2Fsearch.naver.com
123 성상우 기자, 뉴스핌, 〈이젠 투자, M&A...'돈' 들어오자 노 젓는 카카오〉, 2018.1.19. https://www.newspim.com/news/view/20180119000155
124 김종민 기자, 뉴시스, 〈한국, 생활용품·식품 온라인 구매 '세계 최고 수준'〉, 2017.02.08. http://www.newsis.com/view/?id=NISX20170208_0014690879&cID=10408&pID=13000
125 조철희 기자, 머니투데이, 〈2017년 유통가, '가격'에서 '식품'으로 전선 확대〉, 2017.01.03. http://news.mt.co.kr/mtview.php?no=2017010213530157074&outlink=1&ref=https%3A%2F%2Fsearch.naver.com
126 박철현 기자, IT조선, 〈1000만 반려동물 시장 잡아라…11번가·롯데닷컴 등 기부·특가전 경쟁 나서〉, 2017.08. 19. http://it.chosun.com/news/article.html?no=2838910
127 윤희훈 기자, 조선비즈, 〈"'이커머스3.0', 데이터 분석력 갖춘 네이버가 유통 시장 지배한다"〉, 2017.12.06. https://biz.chosun.com/site/data/html_dir/2017/12/06/2017120602460.html
128 이미준, 아웃스탠딩, 〈국내 이커머스에 절대강자가 없었던 이유 '메타 쇼핑몰' 이야기〉, 2021.11.09. https://outstanding.kr/metashoppingmall20211119, 아웃스탠딩에 기고했던 글을 재수정함.
129 이지연 기자, 소비자경제, 〈히든 유통업계, '메타서비스' 주목하라〉, 2016.01.21. http://www.dailycnc.com/news/articleView.html?idxno=52233
130 이고운 기자, 파퓰러사이언스, 〈카카오 뱅크, 출범 1년…성과와 향후 계획 발표〉, 2018.07.27. http://www.popsci.co.kr/news/articleView.html?idxno=2168
131 박창민 기자, 이코노믹 리뷰, 〈카카오뱅크, 고객 1700만 명 돌파…국민 셋 중 한명 이용〉, 2021.09.23. http://www.econovill.com/news/articleView.html?idxno=549735
132 카카오 히스토리, 〈은행코드 90, 모두의 스마트폰에 지점을 열다〉, https://www.kakaocorp.com/page/detail/9354
133 도그냥, 브런치, <오프라인 유통이 생각보다 데이터를 못 모으는 이유>, 2020.03.16. https://

brunch.co.kr/@windydog/299, 이 글은 현재 시점에 맞게 약간 수정되었다.
134 최승근 기자, 데일리안, 〈쿠팡, 연이은 고성과에 전 직원 피자파티 자축 '눈길'〉, 2018.01.22. https://www.dailian.co.kr/news/view/688423/?sc=naver
135 강종훈 기자, 연합뉴스, 〈신세계, 온라인사업 강화…1조 원 투자유치·이커머스 별도 법인〉, 2018.01.26. https://www.yna.co.kr/view/AKR20180126043500030?input=1195m
136 김지혜 기자, 아시아투데이, 〈이마트몰, 온라인 전용센터 확대 구축으로 올 매출 1조3000억 원 목표〉, 2018.02.27. https://www.asiatoday.co.kr/view.php?key=20180226010014786
137 김영진 기자, 미디어펜, 〈롯데, 온라인 사업에 3조 원 투자...2022년 업계 1위 목표〉, 2018.05.15. http://www.mediapen.com/news/view/354666
138 유창진 기자, 한경코리아마켓, 〈"11번가 기업가치 2.5兆~3兆… 쿠팡보다 투자 조건 매력적"〉, 2018.06.06. https://www.hankyung.com/finance/article/2018060529521
139 이희욱 기자, 블로터, 〈네이버 모바일 첫화면 개편…검색창·버튼만 띄운다〉, 2018.10.10. https://www.bloter.net/newsView/blt201810100004
140 김은지 기자, 디지털타임스, 〈유튜브, 검색시장 왕좌 네이버도 위협…10명 중 6명이 유튜브로 `검색`〉, 2019.03.14. https://news.naver.com/main/read.naver?mode=LSD&mid=shm&sid1=105&oid=029&aid=0002514139
141 이수영 기자, 아시아타임즈, 〈카카오, 쇼핑 서비스 정식 출시...네이버-구글에 '맞짱'〉, 2018.10.26. https://www.asiatime.co.kr/207239
142 이지영 기자, 블로터, 〈카카오커머스, 2인 공동 구매 서비스 '톡딜' 선보여〉, 2019.05.23. https://news.naver.com/main/read.naver?mode=LSD&mid=shm&sid1=105&oid=293&aid=0000024145
143 유윤정 기자, 조선비즈, 〈자본 바닥난 쿠팡...3년간 1.7조 적자〉, 2018.04.16. https://biz.chosun.com/site/data/html_dir/2018/04/16/2018041600983.html
144 서은내 기자, 더벨, 〈쿠팡, 단기채무 1조에 재고 2배 늘어…공격 확장 탓〉, 2018.05.21. http://www.thebell.co.kr/free/content/ArticleView.asp?key=201805110100018490001129&svccode=00&page=1&sort=thebell_check_time
145 유다정 기자, 디지털투데이, 〈쿠팡, 日 소프트뱅크서 2조2500억 원 투자 유치...손정의 '재신임'〉, 2018.11.21. http://www.digitaltoday.co.kr/news/articleView.html?idxno=204793
146 윤희석 기자, 전자신문, 〈쿠팡, 네이버쇼핑과 다시 손잡았다...'로켓배송'도 '가격 비교'〉, 2018.11.28. https://www.etnews.com/20181127000184
147 박성의 기자, 이데일리, 〈'1조 적자' 이커머스 對 '1조 투자' 신세계…신선식품 격전 예고〉, 2018.02.17. https://www.edaily.co.kr/news/read?newsId=01180806619111504&mediaCodeNo=257&OutLnkChk=Y
148 장성주 기자, CBS노컷뉴스, 〈우유배달로 시작된 '새벽배송'…4000억대 시장으로 '쑥쑥'〉, 2019.02.14. https://www.nocutnews.co.kr/news/5103716
149 안희정 기자, ZDnet Korea, 〈쿠팡, 하루 170만개 로켓배송 상품 판매...역대 최고〉, 2019.01.24. https://news.naver.com/main/read.naver?mode=LSD&mid=sec&sid1=105&oid=092&aid=0002155094
150 장지웅 기자, 물류신문, 〈쿠팡, 새 택배파트너 누구로 결정될까〉, 2019.02.01. http://www.klnews.co.kr/news/articleView.html?idxno=118817

151 박진영 기자, 머니투데이, 〈쿠팡, 월단위 '플렉스 플러스' 도입한다〉, 2019.03.14. https://news.mt.co.kr/mtview.php?no=2019031323513223215
152 백봉삼 기자, ZDnet Korea, 〈배민장부에 경쟁사 매출이?...요기요 "아이디·비번 수집 중단 요청할 것"〉, 2019.07.08. https://news.naver.com/main/read.naver?mode=LSD&mid=shm&sid1=105&oid=092&aid=0002165806
153 이예화 기자, 벤처스퀘어, 〈우아한형제들-딜리버리히어로 코리아 "데이터 연동 공동 업무 추진"〉, 2019.11.28. https://www.venturesquare.net/797154
154 윤희은 기자, 한경IT, 〈쿠팡이츠, 최저시급 1만8000원 걸고 달린다〉, 2019.08.07. https://www.hankyung.com/it/article/2019080671951?fbclid=IwAR1hlc6c_0DraVRPisfzDlLACjlwJrFVdMBvMkBzC8bcw7KYG-u4s8jhdXs
155 이상우 기자, 블로터, 〈토스, 제3인터넷은행 '토스뱅크' 예비인가 신청〉, 2019.10.15. https://news.naver.com/main/read.naver?mode=LSD&mid=shm&sid1=105&oid=293&aid=0000025334
156 이미준, 아웃스탠딩, 〈'냉장고를 없애겠다'는 마윈의 비전을 실현시키고 있는 '허마셴셩'〉, 2019.09.25. https://outstanding.kr/removefridge20190925 아웃스탠딩에 기고했던 글을 요약하고 재수정함.
157 손요한 기자, 플래텀, 〈카카오 모빌리티, 카풀 시범 서비스 중단 선언…택시 업계와 사회적 합의 먼저〉, 2019.01.15. https://platum.kr/archives/114630
158 최진홍 기자, 이코노믹 리뷰, 〈택시 업계, 이번에는 타다와 풀러스 '정조준'〉, 2019.02.12. http://www.econovill.com/news/articleView.html?idxno=356428
159 한광범 기자, 이데일리, 〈택시 업계, '타다' 고발에…이재웅 대표 "업무방해·무고 맞고소 검토"〉, 2019.02.18. https://news.naver.com/main/read.nhn?mode=LSD&mid=shm&sid1=105&oid=018&aid=0004312814
160 김민선 기자, ZDnet Korea, 〈카풀 하루 4시간 영업 제한…"국민 우선한 결정"〉, 2019.03.07. https://news.naver.com/main/read.naver?mode=LSD&mid=shm&sid1=105&oid=092&aid=0002157655
161 홍지인 기자, 연합뉴스, 〈"승차거부·사납금 없다"…카카오 참여 '플랫폼 택시' 첫선〉, 2019.03.20. https://news.naver.com/main/read.naver?mode=LSD&mid=shm&sid1=105&oid=001&aid=0010705670
162 김민정 기자, 플래텀, 〈타다, 회원 50만 명, 차량 1,000대, 드라이버 4300명〉, 2019.05.02. https://platum.kr/archives/120948
163 김인경 기자, 블로터, 〈타다는 합법? 국토부, "유권해석한 적 없어"〉, 2019.05.24. https://news.naver.com/main/read.naver?mode=LSD&mid=shm&sid1=105&oid=293&aid=0000024160
164 박원익 기자, 조선비즈, 〈울형 플랫폼 택시 '타다 프리미엄' 서울시 인가...경쟁 본격화〉, 2019.06.11. https://biz.chosun.com/site/data/html_dir/2019/06/11/2019061102490.html
165 민혜정 기자, 아이뉴스24, 〈서울시 "타다 프리미엄 택시 인가한적 없다"〉, 2019.06.12. https://news.naver.com/main/read.naver?mode=LSD&mid=shm&sid1=105&oid=031&aid=0000496630
166 백주원 기자, 서울경제, 〈'타다' 등 모빌리티 플랫폼에 운송사업자 지위 부여 추진〉, 2019.06.26.

https://news.naver.com/main/read.naver?mode=LSD&mid=shm&sid1=105&oid=011&aid=0003576648
167 이민우 기자, 아시아경제, 〈국토부 "타다, 상생안 받아들이지 않으면 불법될 것"〉, 2019.07.06. https://news.naver.com/main/read.naver?mode=LSD&mid=shm&sid1=105&oid=277&aid=0004496951
168 권경원·백주원 기자, 서울경제, 〈"렌터카 접고 승합택시로 운영"…'타다'에 백기 들라는 택시〉, 2019.07.11. https://news.naver.com/main/read.naver?mode=LSD&mid=shm&sid1=105&oid=011&aid=0003584952
169 강갑생 기자, 중앙일보, 〈타다 설 자리 잃었다…택시 완승으로 끝난 '김현미 상생안'〉, 2019.07.17. https://www.joongang.co.kr/article/23527320#home
170 김민선 기자, ZDnet Korea, 〈"심야승차난 때 나눠탄다"…반반택시 서비스 시작〉, 2019.08.01. https://zdnet.co.kr/view/?no=20190801170843
171 남도영 기자, 뉴스1, 〈'보유 택시' 늘리는 카카오모빌리티, 전담 '티제이파트너스' 설립〉, 2019.08.08. https://news.naver.com/main/read.naver?mode=LSD&mid=shm&sid1=105&oid=421&aid=0004135160
172 김민선 기자, ZDnet Korea, 〈개인택시, 법원에 '타다' 불법 확인 요청…'파파'는 형사고발〉, 2019.08.13. https://zdnet.co.kr/view/?no=20190813151923
173 임명찬 기자, MBC뉴스, 〈檢 "'타다' 운행은 불법"…이재웅 대표 기소〉, 2019.10.29. https://news.naver.com/main/read.nhn?mode=LSD&mid=sec&sid1=102&oid=214&aid=0000989539
174 장하나 기자, 연합뉴스, 〈새국면 접어든 '타다'…공정위 제동에도 '금지법' 논의 급물살(종합)〉, 2019.12.05. https://www.yna.co.kr/view/AKR20191205099051003
175 이자연 기자, JTBC, 〈"'타다 금지법' 철회해달라" 이재웅 대표, 벼랑 끝 호소〉, 2019.12.09. http://news.jtbc.joins.com/article/article.aspx?news_id=NB11921432
176 박현익 기자, 조선비즈, 〈박재욱 대표, 문재인 대통령에 '타다 금지법' 거부권 행사 요청〉, 2020.03.06. https://news.naver.com/main/read.nhn?mode=LSD&mid=sec&sid1=105&oid=366&aid=0000483213
177 박소현 기자, 파이낸셜뉴스, 〈타다 혁신은 멈췄지만 타다금지법 헌재 간다〉, 2020.05.05. https://www.fnnews.com/news/202005051741577534
178 김경수 기자, YTN, 〈헌재 "타다 금지법 합헌"...타다 측 헌법소원 기각〉, 2021.06.24. https://www.ytn.co.kr/_cs/_ln_0103_202106241519081617_005.html
179 김은지 기자, 디지털타임스, 〈네이버쇼핑의 힘… e커머스 3위로 올라선 네이버〉, 2020.05.12. http://www.dt.co.kr/contents.html?article_no=2020051202109931032005&ref=naver
180 김시소 기자, 전자신문, 〈라인-야후 일본서 쇼핑 연동, 한일 합작 시너지 본격화〉, 2021.08.04. https://news.naver.com/main/read.naver?mode=LSD&mid=sec&sid1=101&oid=030&aid=0002961432
181 구민기·김채연 기자, 한국경제, 〈네이버, 카페24 최대주주 된다〉, 2021.08.08. https://n.news.naver.com/mnews/article/015/0004589003?sid=105
182 김보리·박민주 기자, 서울경제, 〈e커머스 판 흔든다…네이버·이마트 2,500억 지분 교환〉, 2021.03.09. https://www.sedaily.com/NewsView/22JQPTYZ01

183 이수호 기자, 테크M, 〈"게 섯거라 인스타" 훨훨 나는 네이버 블로그...네이버쇼핑 더해 MZ 잡는다〉, 2021.10.25. https://www.techm.kr/news/articleView.html?idxno=89921&fbclid=IwAR0lf_0uov79tk1mUlU1BTGAPGWAfB3KZqACRnAIYExwEOMbR-BdJueBbnA

184 배정철 기자, 한국경제신문, 〈1020 꽂힌 리셀시장…네이버 '1위 굳히기'〉, 2021.08.30. https://www.hankyung.com/economy/article/2021083093141

185 윤선훈 기자, 아이뉴스24, 〈"별점 리뷰 중단한다"…네이버, '키워드 리뷰' 전환〉, 2021.10.27. https://www.inews24.com/view/1415697

186 김다이 기자, 프라임경제, 〈쿠팡 "비싸게 산 마스크, 차액 돌려드려요"〉, 2020.02.28. http://www.newsprime.co.kr/news/article/?no=495250

187 박성의, 비욘드엑스, 〈쿠팡이 적자 개선한 3가지 이유〉, 2020.04.20. https://beyondx.ai/%ec%bf%a0%ed%8c%a1%ec%9d%b4-%ec%a0%81%ec%9e%90-%ea%b0%9c%ec%84%a0%ed%95%9c-3%ea%b0%80%ec%a7%80-%ec%9d%b4%ec%9c%a0/

188 백봉삼 기자, ZDnet Korea, 〈쿠팡, 지난해 결제 금액 21.7조 원 추정...전년 比 41%↑〉, 2021.01.12. https://zdnet.co.kr/view/?no=20210112081158

189 박준호 기자, 전자신문, 〈쿠팡 라이브 14일 첫방…커미션 5% 떼준다〉, 2021.01.12. https://www.etnews.com/20210112000042

190 황희경 기자, 연합뉴스, 〈쿠팡, 택배업 재진출 성공…택배시장 흔드나〉, 2021.01.14. https://www.yna.co.kr/view/AKR20210114079300030?input=1195m

191 오정민 기자, 한경, 〈쿠팡의 화려한 데뷔, …美상장 첫날 40% 뛰어 시총 '100조'〉, 2021.03.12. https://www.hankyung.com/economy/article/2021031248427

192 정소영 기자, 머니S, 〈'짝퉁'으로 뒤덮힌 쿠팡…소비자 분노에도 천하태평?〉, 2021.01.08. https://m.news.nate.com/view/20210108n27275?hc=884696&mal=01

193 박수지 기자, 한겨레, 〈'#쿠팡탈퇴' 이면엔…이익은 누리고 책임 피하는 총수에 대한 분노〉, 2021.06.20. https://www.hani.co.kr/arti/economy/consumer/1000082.html

194 이동경 기자, MBC, 〈[스트레이트] "쿠팡에선 물건이 잘팔려도 걱정이에요"〉, 2021.04.04. https://news.v.daum.net/v/20210404212816462?fbclid=IwAR0JbUVrzNTtC2G_3ZdE4yrfY3nyeaV2ith-Y6OA0TxqSNb9X7R_Ch39XTE

195 김채연 기자, 한경코리아마켓, 〈무신사 3000억 M&A…스타일쉐어·29CM 인수〉, 2021.05.07. https://www.hankyung.com/finance/article/2021050796681

196 배정철 기자, 한국경제, 〈무신사 조만호 대표 사임…임직원에 1000억 내놓는다〉, 2021.06.03. https://n.news.naver.com/article/015/0004556765

197 박해영 기자, 어패럴뉴스, 〈4050 패션 앱 '퀸잇', 1년 만에 거래액 10배 증가〉, 2021.10.13. http://www.apparelnews.co.kr/news/news_view/?idx=193202

198 안효주 기자, 한경닷컴, 〈불붙는 명품 e쇼핑몰 소송전…발란·트렌비·머스트잇 고발당해〉, 2021.09.02. https://www.hankyung.com/society/article/202109027462i

199 최연진 기자, 조선일보, 〈K유니콘 18개… 직방·당근마켓 등 7개 추가〉, 2022.02.16. https://www.chosun.com/economy/industry-company/2022/02/16/DMXHQUGI7ZGBDBFZOE2ZX5P4GQ/

200 조혜령 기자, CBS노컷뉴스, 〈이베이코리아, 독이 든 성배인가…업계 3위지만 5조 가치엔 물음

표〉, 2021.03.31. https://www.nocutnews.co.kr/news/5526181
201 유현욱, 고해상도, 〈신세계의 이베이코리아 인수, 유통전쟁의 끝이 아니라 시작인 이유〉, 2021.11.14. https://contents.premium.naver.com/big/highres/contents/211114125613397Wo
202 이현승 기자, 조선비즈, 〈코로나 특수 못누린 11번가 지난해 적자전환…위메프도 성장 멈췄다〉, 2021.02.03. https://news.naver.com/main/read.naver?mode=LSD&mid=sec&sid1=004&oid=366&aid=0000664447
203 백주원 기자, 서울경제, 〈아마존 효과 사라졌나…이용자 줄어든 11번가〉, 2021.11.10. https://www.sedaily.com/NewsVIew/22TYP333XE
204 노지운 기자 외 1인, 조선비즈 〈티몬, 큐텐에 경영권 매각 협상중.. 매각가격 2000억 원대〉, 2022.06.27., https://biz.chosun.com/stock/stock_general/2022/06/27/OXJRUGSGE5CIXEVZKINMFIY2RI/
205 이나영 기자, 데일리안, 〈야놀자, 인터파크 품는다…"글로벌 여행 시장 공략"〉, 2021.10.14. http://naver.me/FgiWS80i
206 임현우·이인혁 기자, 한경닷컴, 〈네이버·카카오·토스 직격탄…빅테크 금융플랫폼 "사업 접으란 얘기"〉, 2021.09.07. https://www.hankyung.com/economy/article/2021090788241
207 고은비·김수현 기자, 한경닷컴, 〈금소법 유예기간 종료…카카오 "보험판매 중단" 네이버는 "현행 유지"〉, 2021.09.24. https://www.hankyung.com/economy/article/2021092420536
208 김인경 기자, 블로터, 〈공정위 "배민 사려면 요기요 팔아라"...DH "절대 동의 못 해"〉, 2021.11.16. https://www.bloter.net/newsView/blt202011160019
209 이예화 기자, 벤처스퀘어, 〈배달의민족, 수수료 중심 새 요금체계 '오픈서비스' 도입〉, 2020.04.01. https://www.venturesquare.net/805963
210 이형두 기자, 전자신문, 〈배민 사태 확전에 배달 앱 독과점 문제 재점화…합병승인 영향 미치나〉, 2020.04.06. https://m.etnews.com/20200406000249
211 심재석 기자, 바이라인네트워크, 〈배달의민족, 수수료 제도 포기…광고모델도 복귀〉, 2020.04.10. https://byline.network/2020/04/10-107/
212 도다솔 기자, 뉴데일리경제, 〈택배파업 불씨 여전...노조-대리점, 부속합의서 두고 '팽팽'〉, 2022.03.22. https://biz.newdaily.co.kr/site/data/html/2022/03/22/2022032200109.html
213 백민재 기자, 한경닷컴, 〈이커머스 방문자 1위 앱은 '쿠팡'…체류시간은 '당근마켓'〉, 2019.01.18. https://www.hankyung.com/it/article/201901188992v
214 로지켓, 오픈애즈, 〈당근페이 오픈 : 당근마켓의 미래 알아보기〉, 2021.11.29. https://www.openads.co.kr/content/contentDetail?contsId=7347
215 이승호 기자, 중앙일보, 〈컬리, 여성 커리어 플랫폼 '헤이조이스' 인수〉, 2022.01.21. https://www.joongang.co.kr/article/25042470
216 민선희, 서상혁 기자, 뉴스1, 〈토스, '토스머니' 접는다…'토스머니 카드'도 올해말 종료〉, 2021.12.14. https://www.news1.kr/articles/?4521644
217 손선우 기자, 영남일보, 〈스타벅스, 앱으로 주문·결제받자 현금보유량 은행 뛰어넘어〉, 2019.03.21. https://www.yeongnam.com/web/view.php?key=20190321.010210800570001
218 최동준 기자, 뉴시스, 〈금감원, 스타벅스·쿠팡 조사....수천억 충전금 건전성이 초점〉,

2021.10.21. https://newsis.com/view/?id=NISX20211020_0001621129&cID=10401 &pID=1040

219 토스 네이버 포스트, 〈쇼핑몰 없이 온라인 판매 시작하는 법〉, 2021.11.05. https://post.naver.com/viewer/postView.naver?volumeNo=32693952&memberNo=39727918

220 김현진 기자, 서울경제, 〈카카오페이, 결제 리워드 개편〉, 2020.11.02. https://www.sedaily.com/NewsVIew/1ZA92CPIRY

221 송범근기자, 아웃스탠딩 〈클 수 밖에 없는 정신건강시장, 대표 스타트업 3곳을 알아보자〉, 2020.04.17. https://outstanding.kr/mentalhealth20200417/

222 장가람 기자, 아이뉴스, 〈"아 옛날이여"…배달 앱 이용자 '급감' [IT돋보기]〉 2022.06.03. , https://www.inews24.com/view/1487109

223 임훈대 과장, 로고스 로지틱스, KOTRA, 〈[기고] 물류대란과 미국 유통사의 대응방안〉 2021.12.21. https://dream.kotra.or.kr/kotranews/cms/news/actionKotraBoardDetail.do?SITE_NO=3&MENU_ID=130&CONTENTS_NO=1&bbsSn=246&pNttSn=192506

224 신석주 기자, 에너지신문, 〈국제유가 100달러 시대, 정유업계 '비상모드'〉, 2022.5.16., https://www.energy-news.co.kr/news/articleView.html?idxno=82171

225 이정흔 기자, 한경비즈니스 〈WSJ, "스타트업, 파티는 끝났다"〉 2022.05.24. https://n.news.naver.com/article/050/0000060845

226 김형근 기자, NewsQuest, 〈美 기술 대기업에 부는 '인원 감축 바람'… 더 심각한 경제위기로 이어지나?〉, 2022.06.05. https://www.newsquest.co.kr/news/articleView.html?idxno=97359

227 진영태 기자 외 2인, 매일경제, 〈네이버마저 채용 군살빼기...'코로나 특수' 사라진 IT 고용 한파〉, 2022.05.29. https://www.mk.co.kr/news/it/view/2022/05/474371/

찾아보기

ㅇ

대한민국 이커머스의 역사

초판 1쇄 발행 2022년 9월 30일

지은이 이미준(도그냥)

기획편집 도은주, 류정화
SNS 홍보·마케팅 박관홍

펴낸이 윤주용
펴낸곳 초록비책공방

출판등록 2013년 4월 25일 제2013-000130
주소 서울시 마포구 월드컵북로 402 KGIT 센터 921A호
전화 0505-566-5522 팩스 02-6008-1777

메일 greenrainbooks@naver.com
인스타 @greenrainbooks @greenrain_1318
블로그 http://blog.naver.com/greenrainbooks
페이스북 http://www.facebook.com/greenrainbook

ISBN 979-11-91266-57-3 (03320)

어려운 것은 쉽게 쉬운 것은 깊게 깊은 것은 유쾌하게

초록비책공방은 여러분의 소중한 의견을 기다리고 있습니다.
원고 투고, 오탈자 제보, 제휴 제안은 greenrainbooks@naver.com으로 보내주세요.